U0946240

◎本书得到安徽省人文社科重点研究基地——安徽大学舆情与区域形象研究中心以及安徽大学舆情与区域发展协同创新中心专项出版基金资助

Yuqing Yu Shehui Fazhan Luntan (2014) Lunwenji

舆情与社会发展论坛（2014）论文集

主　　编／芮必峰

执行主编／刘　勇

合肥工業大學出版社

《舆情与社会发展论坛(2014)论文集》

编　委　会

总　序

芮必峰[1]

当下中国的舆情研究已经进入一个新的时期，在这期间我们所做的研究是怎样的，以及我们的舆情研究还存在哪方面的问题，我想在这里提出几个问题，这既是我对当下中国舆情研究的几点思考，也希望能够抛砖引玉，以此激发后续的讨论。我这里有四个方面的问题，想提出来请教各位专家和在座的同学。

先谈第一个问题。大概近五年来，几乎每一所大学的新闻传播院系都有舆情研究或设立舆情所，舆论问题何以成为当今的热点问题？实际上在这之前，舆论学是从西方引进来的。西方的“舆论”和中国翻译过来的汉语“舆论”不是一个概念。中国古代也了解舆人之情、舆人之论，但是那样的了解是为了统治、得民心，为了统治者更受人爱戴。而今天的这个“舆论”问题成为社会热点，我认为，大致上有四个方面的原因：第一，改革开放以后，利益开始多元。在过去，实际上只有几本舆论书，其中有几本是翻译过来的，还有几本是拼拼凑凑的。没有像今天这样大规模地、细致地，尤其是定量地分析。过去，利益是一元化的，一元化的利益造成了对这些方面不十分关注。第二，中国在经历改革开放以后，中产阶级的力量相对壮大。他们在社会上产生了一定的作用，这部分人力量的壮大带动了社会其他方面力量的崛起。第三，社会急剧转型带来的各种各样的社会矛盾。因为前面所说的这些变化，加上这些矛盾，各种利益诉求和观点针对社会上的矛盾就要有一个表达的渠道。第四，在这三个前提下，恰恰新媒体开始在中国普及。它的普及也就十来年的时间，而西方也从20世纪90年代中后期才开始兴起，到我们中国就更晚了。这四个条件综合到一起，舆论就受到人们的关注，舆论

① 作者系安徽省人文社科重点研究基地——安徽大学舆情与区域形象研究中心主任；安徽大学舆情与区域发展协同创新中心主任；安徽大学新闻传播学院教授，博士生导师；安徽大学江淮学院院长。

开始成为问题。随着这四个条件的转换,我们的舆论研究和舆论变化,可能还会出现与我们今天所看到的情况不一样的东西。

第二个问题,现在的舆论、舆情、民意等,我们到底怎样看待这些概念,或者说我们现在研究的到底是什么,绝大多数的研究报告研究的到底是什么。其实,我认为,它研究的不是舆论,而是民间的情绪。这种研究有点类似于下述情况:两个人在发生观点争论,我们没有研究这两个人的观点在谈些什么,而是研究旁边的起哄者,看起哄的人谁声音大,占多大的比例。这样来说,我们到底是在研究舆人之情即舆人的情绪,还是舆人之论?如果要研究舆人之情,该怎么研究?这个研究到底有什么意义?无非是谁的嗓门大一些,无非是哪边的人多一些。嗓门大、说的人多,自然它能产生压力,产生一些影响。我们现在究竟在研究什么,舆情是否代表民意,这些问题,我认为还有思考的必要。这里不是死抠概念,我不清楚包括我们现在的舆情中心到底是在研究什么。我看到的一些报告,基本上是民间情绪,我们通过电话访谈,问受访者怎么看,然后比例出来,是怎样的情况;最多,加一点所谓的原因分析。这完全是研究民间情绪,我们似乎还没有达到真正的舆论研究的程度,更不要说在舆论研究中上升到民意的推断。

第三个问题,我们为什么要进行舆情研究?我现在有个担忧,也许这样说不合时宜,当然,高校的应用学科要为社会服务,但是高校为社会服务,到底怎么服务?我发现现在多数的舆情研究或者舆论研究,基本上是在充当"绍兴师爷"的角色——摇摇扇子,帮主子出谋划策。这是不是高校服务社会的主要功能,我们到底应该充当现代化军队里的"参谋长",还是当古代社会的"绍兴师爷"?因为存在这样一个问题,我们现在整个的社会研究一头倒在行政研究上,缺少批判研究;正是存在这样的原因,我们现在的研究一头倒在实证研究上,而在实证研究上,更重要的是倒在量化研究上。现在的质化研究少,量化研究多,凡是转化成数量的东西,基本上取得的是最大的交换值。它把事物最丰富的内涵全部掏空,给你一个简单的数据,其实这数据后面还有很多复杂的东西,我们没有去关照。没有质化研究,更别说在量化和质化基础上的批判研究。因此,现在得到的大量数据和报告,却没有人沉下心来对它们去做更高层次的理论研究,并在这个基础上,形成一些流传下来的社会科学的著作。

最后一个问题,我们整个舆情或者舆论研究是重描述轻规范。描述解决"是什么"问题,这当然是首先需要弄清楚的问题。但是,仅仅停留在这个问题上还远不够。在这基础上还应该进一步研究为什么是这样,还可能有什么样态,应该怎么样等,在"描述"的基础上还需加强"规范"。只有在了解了这些情况后，才对我们国家的社会经济的发展、和谐社会的构建有更大意义。

这四个问题，也正是我在主持我们的研究所工作的过程当中，不断在感受和思考的问题。我的这些问题也希望能给读者带来一些思考。

是为序。

［本文系芮必峰教授在“舆情与社会发展论坛”(2013)开幕式上的主题发言］

目　录

动员与撕裂：城市社会运动中的社交媒体

——以香港“占领中环”运动为例

周春霞

摘　要：运用“社会运动”相关理论，针对当前香港“占领中环”事件中的媒介表现，着重分析社交媒体在此次事件中的作用。文章认为，社交媒体在“街头社会运动”中是必要而有效的方式，一方面起到了动员和资源组织的效果，提升了社会运动的政治机遇；另一方面，社交媒体与传统媒体形成“媒体循环”，加速了政治精英的分化，导致社会运动政治机遇的僵局。

关键词：社交媒体；社会运动；政治机遇结构；占领中环

一、研究问题的提出

关于社会运动，美国著名社会学家戴维·波普诺指出：“现代社会最为显著的特征之一是，为了促进社会和文化的变迁，今天的人们更愿意进行集体的、有目的的行动。伴随而来的最重要的方式之一就是社会运动。”这次香港的“占领中环”运动无论定性为社会运动还是西方媒体话语中的“雨伞革命”，这场因政改所激发的集体抗争运动不但在香港的街头上演，更在传统媒体与新媒体的交织作用下急速扩散其影响。

尤其是人们很容易把此次社会运动中最为活跃的社交媒体（包括facebook、twitter、youtube、香港高登论坛等）所扮演的角色与早前的“阿

基金项目：本文系安徽省哲学社会科学规划项目研究成果（AHSKQ2014D108）。

作者简介：周春霞，安徽大学舆情与区域形象研究中心研究员，安徽大学舆情与区域发展协同创意中心研究员，新闻传播学院讲师，博士。

拉伯之春”（Arab Spring）相比，认为尤其在人力动员、物资调配及唤起国际关注等层面，有助于将运动在各个社会阶层扩散开来，提升社会动员的效果。但这些对社交媒体积极功能的评价可能只是现实的一部分而已，事实上我们同时观察到社交媒体在社会民意的聚集上带来了比街头冲突还要大的矛盾和分化。因此，笔者的目标是探究此次运动中社交媒体对社会运动的作用是什么，它们能够实现的社会功能是什么，而非像“占中运动”的参与者运用社交媒体自我宣称的目标是什么。

二、政治机遇结构视角下的“占中运动”

20 世纪 90 年代以来，网络尤其是新兴的社交媒体与社会运动关系逐渐形成了一个比较稳定的研究领域，出现了多种分析框架，其中占主导地位的是资源动员理论（Resources Mobilization Theory）、政治机遇结构（Political Opportunity Structure）以及框架过程（Framing Prosess）（裴宜理、阎小骏，2006；赵鼎新，2006a，2006b；莫里斯、缪勒主编，2002）①。

传播学者早就注意到社交媒体在社会运动中的角色，但大多是从资源动员理论的脉络切入，强调的是社会运动参与者能够动员社交媒体作为抗争的资源，利用这些资源，社会运动的参与者能够有效地将不满情绪转化为成功的政治行动。

实际上西方社会运动的研究大多认为政治机遇结构的出现是导致社会运动发生或兴起的主要原因，因为这样的结构变迁有助于社会运动的成功。泰罗（Tarrow）把政治机遇结构的组成要素归纳为以下四方面：第一，政治管道的存在。既有的政治局势越是提供人民参与决定的空间，机会则越开放。第二，不稳定的政治联盟。政治局势越是动荡，越能够提供挑战者运作的空间。第三，有影响力的盟友。社会运动需要外来资源的汇入，政治盟友的出现有助于运动的动员。第四，精英的分裂。如果执政党无法

① 赵鼎新，2006a，《社会与政治运动讲义》，北京：社会科学文献出版社。2006b，《社会与政治运动理论：框架与反思》，《学海》第 2 期。莫里斯，艾尔东、卡洛尔·麦克拉吉·缪勒主编，2002，《社会运动理论的前沿领域》，刘能译，北京：北京大学出版社。裴宜理、阎小骏，2006，《社会运动理论的发展》，《当代世界社会主义问题》第 4 期。

采取一致的行动来回应外在要求，即是为挑战者开启了一扇机会之窗①。

在中国语境下，政治机遇结构在社会抗争中也不容忽视，政治机遇结构“是解释中国都市地区集体行动发生的最有力的一个自变量，因为它代表了促进或阻碍社会运动或集体行动的动员努力的几乎所有外部政治环境因素”②。学者们普遍认为，社交媒体的作用在拓展了底层民众的政治参与渠道，从而带来新的政治机会。

政治机遇结构影响社会运动的策略选择。在香港的政治环境中，“求一国之大同，存两制之大异”的“一国两制”在香港的政治磨合过程，其艰巨和复杂程度，远远超出了国际社会、海内外的中国人包括香港人的想象。一方面：“今天的香港，继续坚守法治，实行自由市场经济制度，市民享有充分的言论、新闻、结社、集会，以及所有‘基本法’所规定的其他自由和权利”③。这一点我们从“九七”香港回归以后，集会、游行、示威的密度和规模，一点也没有比香港回归以前减少或减小可以看出。香港相对于内地开放的政治管道提供了各类社会组织政治表达的空间，从2003年的“七一大游行”到2012年的“反对德育及国民教育科运动”，基本上采取的是“融入性策略”（assimilative strategies），如游说、请愿、组团参与选举竞争、向法庭提起诉讼等。连续不断并且卓有成效的社会运动为今天更具有“杀伤力”的“占领中环”运动累积了政治表达的经验。然而，面对2017年特首直选和2020年立法会直选等政治性议题，中央政府的政策出台过程不允许广泛的政治参与，政策实施的策略也非常有力，这使得香港本土不同意见的抗争者在立法会内部采取融入性策略来抗争无效后决定采取“对抗性策略”（confrontational strategies）——“占领中环”。

政治机遇结构同样影响社会运动的结果。在“一国两制”政体下，当中央政府给予香港政府更为开放和自由的施政环境时，社会运动的抗争者有可能从制度的渠道获得参与政策变革的政治机遇，社会运动可能会取得实质性效果，达到社会运动的目的。例如2012年的“反对德育及国民教育科运动”，泛民主派组成“民间反对国民教育科大联盟”展开多次的抗议活动，例如街站、联署、游行、集会及绝食等，要求香港政府撤回德育

---

① Tarrow, Sidney. State and Opportunities: The Political Structuring of Social Movements. Doug McAdam, John. McCarthy&Mayer N. Zald. Comparative perspectives on Social Movement [M]. Cambridge: Cambridge University Press, 1996. p41-61.

② 刘能，怨恨解释、动员结构和理性选择：有关中国都市地区集体行动发生可能性的分析[J]，开放时代，2004，(4)。

③ 董建华，香港特别行政区行政长官施政报告——群策群力，转危为机［EB/OL］. http://sc.info.gov.hk/gb/www.policyaddress.gov.hk/pa98/chinese/speech.htm，1998-10-07.

及国民教育科。而香港政府最终宣布搁置计划。但在普选议题中，中央政府和香港政府均表现出封闭性的强硬的态度，这导致抗争最可能的结果是政治僵局，新旧政策都不可能成功实施，这样就会带来社会发展的“结构性压力”（structural impacts）。

三、社交媒体助推“占中运动”政治机遇的改变

面对既有的政治机遇，“占中运动”的发起人对政治机遇的感知，要比外部力量强弱等因素更能决定社会运动的成败。早在 2013 年 1 月，香港大学法律系副教授戴耀廷以“公民抗命的最大杀伤力武器”为题投稿《信报》，提出“以往的运动抗争方式在争取普选此重大关键议题上效用成疑，因此可能要准备‘杀伤力’更大的武器”[①]，就是‘占领中环”。自此之后，引来政界、社运界以及网民各方的讨论，包括计划是否可行及实际操作方法。从 2013 年的 1 月提出“占中”到 2014 年 9 月 28 日凌晨 1 点 40 分，戴耀廷宣布“占中”正式开始，在长达 1 年 8 个月的运动发酵期，我们清楚地看到了运动发起人和参与者如何利用社交媒体的平台，搭建抗争网络，有意识地寻找外部盟友，将一切可以团结起来的力量纳入运动中，为政治机会的创造积累资源，企图改变原先的政治机会结构，从而为下一步的行动创造机会。

（一）动员：寻找社交媒体上“有影响力的盟友”

在互联网时代，香港社会运动的发起者早就学会通过网络空间学习国际社会运动的经验，以适应全球化时代的社会运动态势。在占中运动启动后，由于担心香港政府切断网络，自 9 月 28 日午后的 24 小时内，FireChat 软件（一款可安装在手机的应用软件，可以在断网的状态下实现联网）在香港多了 10 万用户，使用人数在 28 日夜间达到高峰，有 3 万多名用户同时使用，不断地向周围的人发送“占中运动”的最新消息[②]。

一方面“占中运动”的参与者在占领街道和公共广场向香港市民散发传单、搭建临时演讲台、进行热情讨论，在街头举办嘉年华会式的集会；另一方面在社交媒体同时向全世界的听众广泛发出信息，寻找盟友，有意

---

① 资料来源：http：//www. msn. com/zh-hk/news

② 资料来源：http：//www. ibtimes. com. cn/trad/articles/39406/20140929/705221. htm

思的是这种经由社交媒体发出的盟友寻找让人们相信“不是政客与政客之间的，也不是伟人与伟人之间的，而是公民对公民、个人对个人的”①。无论是在“让爱与和平占领中环”的 Facebook 公共页面上点 Like 的 9 万多人，还是在“帮港出声”页面上点 Like 的 9 万多人，都完全是个人自由选择的结果。无论是黄秋生还是王晶，作为香港的公众人物，当他们在社交媒体上发声表明他们的态度时，都让社交媒体掀起更加热烈的讨论和争议，人们为各自找到的有影响力的盟友而欢呼。

社交媒体正在成为这场社会运动的行动、告知、招募、组织、占领与反占领的优势工具。在 Facebook 上，有关占中的专页约有 13 个，有关“反占中”的专页也有至少 8 个，而召集群众参与“占中”和“反占中”的群组更是不断涌现出来。而学民思潮领导人黄之锋除了个人主页之外，还开设了 3 个交流组来讨论交流有关运动的资讯，而 Twitter 上关于占中的信息也多达千条以上。

由网友个人制作而非运动的组织制作的“占领中环”的主题曲《问谁未发声》最早在“让爱与和平占领中环”的 Facebook 专页传出，在社交媒体上即迅速传播，新版 MV 上载 YouTube 四日就有十多万的点击，包括《相约中环》《占中报佳音》《港府与城墙》等一批改变歌曲在社交媒体的上传和下载，实现了社会运动的情感动员。

在社交媒体上，信息的及时沟通和对警察运用暴力的细致描述，不仅吸引了许多同情者参与到运动中来，而且还影响到国际主流媒体对“占中运动”的报道，这为社会运动寻找到更为广泛的盟友。通过建立广泛的有影响力的盟友，社会运动的组织寻求和政府内部协商对话的机遇。

如果我们仅仅看社交媒体中支持“占中运动”的一方，我们可能会肯定社交媒体的动员效果。正如学者林奇（Lynch，2011）对“阿拉伯之春”的研究所指出的那样，社交媒体在推动社会运动上具有四种动员的效果：一是社交媒体让对政府不满的民众拥有了发生和协同的渠道；二是社会运动组织者可以通过社交网站发送大量鼓励性的信息；三是社交媒体让当权者付出平息运动的代价提高；四是运动组织者透过社交媒体提升了社会运动国际的认可度②。但是，当我们把视线转向社会运动支持与反对两派在社交媒体上的互动时，社交媒体的正向效果可能有待商榷。

---

① Lev Grossman，“Time's Person of the Year：You”，Time，13 December，2006.

② Marc Lynch，《阿拉伯起义》，资料来源：www. cnsunlight. net/template/news_ page. asp? id =3001

（二）撕裂：社交媒体上“精英的分化”

在香港政府内部，关于普选的议题也一直是争议的焦点，建制派和泛民主派仅仅为一大概分类，并不代表同一派别议员在普选的议题上态度一致。社交媒体的双向互动特征让“占中”发起人和“反占中”人士分享政见，通过网络投票，点赞等方式不断巩固己方的阵营。在作为发声平台的Facebook上，两派内部的建制派的民建联、工联会和自由党，泛民主派的民主党、公民党、社民连等多个政党和政治派别成员，呈现出了多元化的声音，导致官方的同盟也呈现出不稳定的状态。例如属于泛民主派阵营的黄洋达尽管在政治观点上支持普选，但他认为由离地的中产带头，只是沿用以往“快乐抗争”一类手段，毫无杀伤力，只会以闹剧形式终结，最终损害港人争取民主的士气。在他旗下的《热血时报》的Facebook里将活动揶揄为“占领光环”，进行一系列反对的宣传①。在占中运动的发酵期，各种政治取向的社会精英纷纷在社交媒体中进行意见交锋，不断上演舆论谴责、人肉搜索、网络恶搞等剧目。经由社交媒体建构的议题，不断把香港的社会精英特别是拥有较多政治资源的精英卷入这场关于“占中运动”的大讨论中，为“占中运动”的启动创造了政治机会。

在社交媒体碎片化、情绪化的表达之外，传统媒体也未失声，在与“占中运动”相关的各个Facebook专页中，我们随处可见粘贴的来自报纸的新闻稿、图片以及电视媒体的视频。而传统媒体的报道中引用来自社交媒体的话题更不少见。以“占中运动”报道中非常活跃的《苹果日报》为例，以“占中”和“Facebook”为关键词搜索其新闻网页，约有59000条新闻，这些新闻大多提到消息源来自相关Facebook的信息。

传统媒体与社交媒体之间相互引用彼此报道的内容，形成了一个“媒体循环”、协同作用，带来了更为迅速的社会群体的意见分化，占中运动的各方陷入僵持状态，政治机遇结构陷入僵局。

四、结　　论

本研究通过对香港占中事件的分析，细致探讨社交媒体对于政治抗争事件中政治机遇的影响。现有的社会运动研究大多从资源动员、抗争策

① 资料来源：黄洋达主页，https：//www. facebook. com/#！/wytat？fref=ts

略、行动扩散等角度探讨新媒体对社会运动的影响，本研究将政治机遇结构理论运用到占中事件的分析中，归纳出适合香港政治语境的解释框架。在将 Tarrow（1996）提出的操作性分析框架与香港现实综合分析后，我们发现，社交媒体一方面由社会运动的发起人自发地用于进行大范围的运动动员和宣传为运动，寻求“有影响力的盟友”，通过将有影响力的组织和个人纳入行动网络中，创造政治机会。而另一方面，社交媒体与传统媒体构成的“传媒循环”，带来了政治精英的分化以及更为广泛的香港社会群体分化，导致占中运动陷入政治机遇的僵局。

参考文献：

[1] 蒂利，查尔斯、西德尼·塔罗．抗争政治［M］．李义中，译．南京：译林出版社，2010.

[2] 黄冬娅．国家如何塑造抗争政治——关于社会抗争中国家角色的研究述评［J］．《社会学研究》2011，(2)．

[3] 莫里斯，艾尔东、卡洛尔·麦克拉吉·缪勒．社会运动理论的前沿领域［M］．刘能，译．北京：北京大学出版社，2002.

[4] 倪云鸽，胡雨．《试析当代政治伊斯兰的生成机制——一种社会运动理论的视角》，《宁夏社会科学》，2009，(4)．

[5] 裴宜理，阎小骏．社会运动理论的发展［J］．当代世界社会主义问题，2006.

[6] 麦克拉吉·缪勒．社会运动理论的前沿领域［J］．刘能，译．北京：北京大学出版社

[7] 张维为．浪漫“革命”之后：埃及困境如何破解［J］．社会观察，2011，(3)．

[8] 赵鼎新．社会与政治运动讲义［M］．北京：社会科学文献出版社，2006.

[9] 社会与政治运动理论：框架与反思［J］．学海，2006，(2)．

应急广播危机传播研究

——以汶川、雅安、景谷三次地震中的应急广播为例

童　云

摘　要： 非典、汶川地震对我国政府应急管理水平提出新的考验和要求，建立国家应急广播被提上议事日程。2011 年安徽成立第一个省级应急广播，2013 年国家应急广播中心成立，2015 年年底前我国将基本完成应急广播体系建设，建立灾前预警、信息发布、抢险救援、灾后修复重建的统一调度指挥平台，这将成为我国公共危机管理的重要载体和互动渠道。文章以雅安、芦山、景谷等地震中的应急广播为例，对国家应急广播体系的技术保障、层级架构、社会联动、社会功能及其目前存在问题进行梳理，试图为政府危机管理和媒体危机传播提供一定的参考。

关键词： 应急广播；危机传播；架构；功能；机制

一、引　　言

自然灾害始终伴随着人类历史，因发生突然、危害范围大、受灾人群数量多等因素，成为威胁人类社会的“天敌”。民政部、国家减灾办会同工业和信息化部等部门对 2014 年前三季度全国自然灾害情况进行会商分析核定，各类自然灾害共造成全国 24521. 9 万人次受灾，606. 7 万人次紧急转移安置，269. 2 万人次需紧急生活救助；42. 4 万间房屋倒塌，300. 9 万间不同程度损坏；农作物受灾面积 24899. 3 千公顷，其中绝收 2853. 9 千公顷；直接经济损失 3182. 6 亿元。前三季度我国自然灾害以干旱、洪涝、台风、地震灾害为主，风雹、山体崩塌、滑坡、泥石流、风暴潮、生物灾害

作者简介： 童云，安徽大学舆情与区域形象研究中心研究员，新闻传播学院讲师，中国科技大学博士生。

和森林草原火灾等灾害也有不同程度发生①。此外，社会转型期各种矛盾激化，事故灾难、公共卫生事件、社会安全事件频发，人们逐渐意识到危机管理的重要性和迫切性。美国早在1951年为防止他国空袭建立了国家级警告系统，1963年建立预防战争威胁的紧急预警系统（The Emergency Broadcast System，EBS）。1997年，美国建立一套覆盖全美的紧急报警系统（Emergency Alert System，简称EAS），所有的调频调幅广播电台、电视台和有线电视系统都被纳入EAS系统。EAS允许广播电视台、有线电视、卫星公司以及其他相关部门，在无人监管的情况下迅速、自动地按事件级别发送、接收紧急信息，实现自动唤醒与应急预警信息播放。日本的紧急警告系统（Emergency Warning System，EWS）依托NHK建立从国家到各区域的应急广播体系，连接全国广播电台、电视台、有线电视、地面数字广播、数字卫星广播、移动广播，按照紧急事件的级别和发生区域，向特定地区公众迅速发布紧急报警信息。2011年3月日本大地震前，日本应急广播系统自动开启居民家中关闭的广播电视，提前65秒播报地震预警，提前25分钟播报海啸预警，为民众逃生争取了宝贵时间②。美国、日本、加拿大，以及欧洲一些国家应急广播机制较为完善，能够为我国提供可借鉴的经验。从世界范围看，建立应对人类危机事件的应急传播体系，是国家抗风险能力建设的重要内容。

2003年“非典”疫情使长期被忽视或漠视的公共知情权引起重视，政府开始承认“灾难”和“危机”在我国存在③。西方危机管理和危机传播理论逐渐被介绍到国内，引起政治学界、新闻传播学界的广泛重视，学者们意识到天灾人祸危机不仅威胁国家经济发展和社会稳定，而且对政府的应对能力、管理能力和管理体制提出挑战，因此，建立国家应急管理体系迫在眉睫。我国应急广播概念的提出源于2008年，南方特大风雪和汶川地震给媒体应急报道能力带来严峻的考验，在大灾面前，由于缺乏应对和处置经验，媒体在快速反应、资源调配、灾情救助等方面留下深刻教训。2013年国家应急广播中心正式挂牌。2013年4月20日上午8点零2分，在四川省雅安市芦山县（北纬30.3，东经103.0）发生7.0级地震，中央人民广播电台首次联合四川电台、雅安电台、芦山广播电视台开办“国家

---

① 记者陈郁：《前三季度自然灾害直接经济损失超3182亿元》，中国经济网，2014年10月28日。

② 北京人民广播电台：《“公共应急广播”：大灾难中吹响的“集结号”》，北京广播网，2012年8月3日。

③ 吴廷俊、夏长勇：《我国公共危机传播的历史回顾与现状分析》，《现代传播》2010年第6期。

应急广播·芦山抗震救灾应急电台”，从4月22日开播到5月23日结束，历时32天，在芦山、宝兴两地通过灾民安置点高音喇叭、调频、中波、短波等广播频率、卫星和网络等渠道第一时间发布信息。2014年10月7日21时49分，云南省普洱市景谷县境内发生6.6级地震，震后18小时，中央人民广播电台与地方台第三次联合，开办“国家应急广播·景谷抗震救灾应急电台”，通过调频100.5兆赫覆盖震中永平镇，标志着区域性应急电台模式日渐成熟。

在应对战争、自然灾害等公共危机事件中，广播发挥了其他媒体不可比拟的优势，例如在地震、海啸、泥石流等自然灾害中，停水、停电、电缆中断、通信失联、道路受阻、交通瘫痪、其他媒体无法发挥作用、灾区切断与外界联结时，空中电波突破地形地貌的束缚最先到达灾区，打破“信息孤岛”局面，首先开始抢险救援。广播作为国家应急管理体系中的子系统，直接深入灾区一线设置电台，成为媒介先锋，在开办定向应急频率过程中，广播电台积累大量宝贵经验，为日后国家应急广播体系高效率运转提供借鉴和启示。因此，本文以2008年汶川地震、2013年雅安地震、2014年景谷地震为个案，从比较研究和实践分析视角，关注国家应急广播体系构建，防灾减灾应具备的基本架构、关系、功能，梳理现阶段面临的亟待解决的问题，希望抛砖引玉，为政府危机管理提供有益借鉴和参考。从国际上较为普遍的观点来看，广播的概念既包括声音广播，也包括电视，随着新媒介时代到来，广播概念又有更深远的延伸和拓展。限于篇幅，本文所述应急广播主要是指狭义上的以声音符号传播为主的广播电台，广义的国家应急广播体系包括模拟广播电视、手机、多媒体移动终端、有线广播电视、数字广播电视、卫星广播电视、户外大屏、农村大喇叭等媒介。

二、应急广播政策保障

我国应急广播体系建设以法律保障先行。2003年“非典”之后政府开始重视突发公共事件中的危机管理，着手建设全国性应急管理体系。2004年9月党的十六届四中全会明确提出：要建立健全社会预警体系，形成统一指挥、功能齐全、反应灵敏、运转高效的应急机制，提高保障公共安全和处置突发事件的能力。2006年1月国务院发布《国家突发公共事件总体应急预案》，明确各类突发公共事件分级分类和预案框架体系。2006年7

月发布《国务院关于全面加强应急管理工作的意见》，提出应急管理的明确目标、要求和一系列具体政策措施。2007 年 7 月《国务院办公厅关于加强基层应急管理工作的意见》出台，指出要建立“横向到边、纵向到底”的应急预案体系，建立健全基层应急管理组织体系，提高群众公共安全意识和自救互救能力。2007 年 11 月颁布实施《中华人民共和国突发事件应对法》，规范突发事件应对活动，规定“国家建立统一领导、综合协调、分类管理、分级负责、属地管理为主的应急管理体制”，新闻媒体应当无偿开展突发事件预防与应急、自救与互救知识的公益宣传。2010 年国务院颁布《自然灾害救助条例》，规定当发生重大灾害性事件时，“启动自然灾害预警响应或者应急响应，需要告知居民前往应急避难场所的，县级以上地方人民政府或者人民政府的自然灾害救助应急综合协调机构应当通过广播、电视、手机短信、电子显示屏、互联网等方式，及时公告应急避难场所的具体地址和到达路径”。2011 年党的十七届六中全会《中共中央关于深化文化体制改革推动社会主义文化大发展大繁荣若干重大问题的决定》中提出要“建立统一联动、安全可靠的国家应急广播体系”。各省市县政府部门相继制定出台本区域应急法规和应急预案。根据“十二五”规划 2015 年年底前我国基本完成应急广播体系建设。

三、应急广播层级架构

国家应急广播体系是指在突发公共危机事件状态下，政府通过广播电视、移动多媒体、卫星覆盖网、户外终端、“村村响”等媒介，向公众提供防灾减灾信息和服务的广播电视网络体系。政府是传播主体，应急信息生成后由政府发布，建立自上而下的应急信息发布和应急管理国家体系。国务院设应急管理办公室，履行值守应急、信息汇总和综合协调职责，发挥运转枢纽的作用。地方各级人民政府是本行政区域突发公共事件应急管理工作的行政领导机构，设立地方应急管理办公室，负责本区域突发公共事件的应对①。

应急广播体系将由“三制一案一网”五个部分构成，“三制”是指应急广播体制、应急广播机制和应急广播法制，一案是指应急广播预案，“一网”是指国家应急广播网，采用中央平台—地方平台—播出前端/台站

① 中国政府网。

的分级分层架构体系。从行政级别来看，原先“四级办”广播电视体系（即中央级、省级、市级、县级广播电视台）在应急广播中依旧发挥作用，实现分级传播。从技术架构来看，应急广播技术系统包括国家应急广播中心、地方各级应急广播中心和应急广播传输覆盖网，建立纵向一条线、横向一个面的应急信息流通途径，其技术构架包括信息生成、信息调度、信息发布、前端台站接收、终端接收等环节，主要技术路线如图1所示。

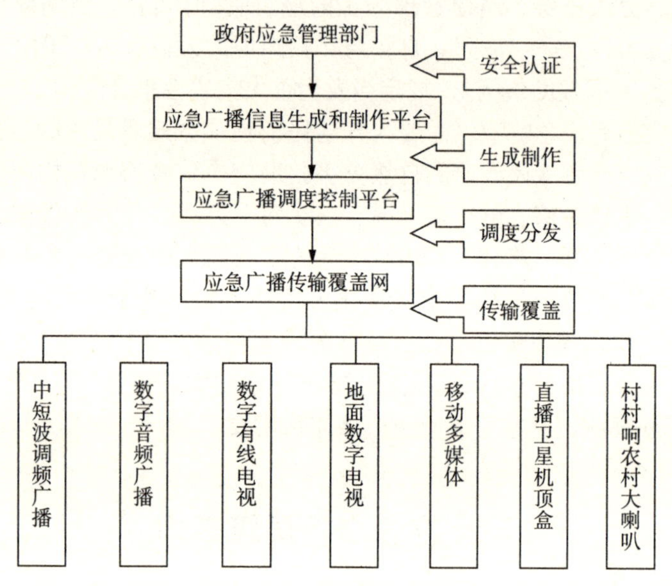

图1　应急广播技术构架

在图1的技术路线中，来自国家应急部门的应急信息经过安全认证、解析、存储、完整性校验、加密打包等环节，制作生成规范格式，根据事件级别、发布区域，快速形成应急调度指挥方案，分发给各级应急管理中心和应急覆盖传输网。各级平台之间实现互通互联，各数据交互节点需要进行身份认证，确保数据的安全、准确、可靠。应急广播体系可通过远程唤醒技术，自动唤醒居民家中和人群聚集地区的终端设备，中断正在播出的广播电视节目，向社会公众发送定向应急信息。

四、应急广播联动机制

应急广播联动机制主要包括各级覆盖传输平台之间的纵向联动、广播电视网与政府职能部门之间的横向联动和应急广播台内的联动等。

（一）从中央到地方应急平台的纵向联动

各级政府应急办公室等职能部门、气象、地震、卫生、广播电视等社会各应急部门制定本部门的应急预案，各自形成自上而下的垂直管理和联动。例如，2011 年中国气象局启动国家突发公共事件预警信息发布系统建设，依托现有信息化基础设施和信息发布渠道进行扩建和完善，形成覆盖全国的突发公共事件预警信息统一发布系统，包括预警信息平台、预警信息发布手段、预警信息发布流程和技术标准规范、安全保障体系和网络通信系统四个方面，实现国家、省、地、县各级气象部门与同级政府、相关部门应急指挥平台的连接，实现多部门突发事件预警信息的统一收集、管理和发布。目前我国已建立覆盖省、市、县、乡四级的全国传染病与突发公共卫生事件网络直报系统，人员密集场所抗震设防等级和电力等基础设施的安全设防标准提高，江河沿海的防洪防潮工程建设加强，气象、地震等监测网络基本完善。

应急广播从顶层设计开始逐渐向省、市、县三级铺开地域性网络。2013 年中央人民广播电台国家应急广播中心成立，国家应急广播社区网站同时上线，利用广播网优势统筹协调从中央到地方的各级电台，省市县各级广电部门设置相应的地方应急广播中心，国家应急广播体系进入全面建设阶段。目前，北京、上海、重庆、广东、浙江、四川、山西、贵州、湖北、山东、安徽等省市都已筹建区域性应急广播，有些地方建立广播联盟，如浙江省政府构建省市县三级统一联动、安全可靠的农村应急广播系统，提升政府的应急管理能力。作为应急传输覆盖网络终端节点之一的社区广播也引起重视，在突发危机事件时，社区广播可以疏散人群、指导逃生救灾、帮助群众，实施救援。2012 年北京在东城、西城、朝阳、石景山和怀柔 5 个社区试点安装应用民政应急广播系统，应急广播装置造型酷似家用台灯，平时插上电源处于蓄电状态，既可以当台灯使用，也可以打开收听广播节目，一旦遇到紧急情况，相关部门可通过发射装置将居民家中的广播强制打开，播放疏散逃生信息①。

（二）应急广播与政府应急部门横向联动

应急广播与政府各职能部门建立联动机制，时刻保持信息通畅和交换，在应对突发公共事件过程中，成为政府对外发布信息、沟通民情、对

① 左颖：《社区应急广播年底前投用》，《北京晚报》2012 年 12 月 19 日第四版。

话民意、实施救援和社会调度的重要平台。应急广播按照平战结合原则，建立应急预案，进行台内人员配置、社会资源配置和传播网络配置。

以安徽应急广播为例，2011 年依托安徽交通广播电台建立全国首家省级应急广播平台，与省政府应急办、交警、公安、消防、高速、路政、城管、卫生、气象、民政等政府各职能部门形成社会联动机制。例如芦山应急广播开播后，迅速联合当地各界力量，整合地震、卫生、消防、武警、供电、供水、通信等各方资源，及时播出政府救灾与安置的政策措施、次生灾害预警，发布灾情救援与灾民求助信息，传播卫生防疫知识，解决灾区群众生活难题。

（三）应急广播内部联动机制

应急广播在本台内部形成应急报道机制，当发生突发公共事件时，能迅速调度人力资源，分派记者，联系社会相关部门，掌握和报道应急事态。如中国之声建立突发新闻及时报告制度，公共危机事件突发时，相关人员须在第一时间通知值班主任，重要信息并报频率值班总监，调动频率各部门力量全力配合，通过插播、跟踪、滚动直播、搭建应急电台、官方微博、微信、论坛、公众号等方式进行报道。以冰雪、暴雨、沙尘等异常天气为例，编辑部、时政采访部、特别报道部在接到指挥中心启动应急方案指令时，派出记者发回连线报道，前往地铁站了解客流情况，有无限流措施，是否缩短发车间隔等；前往公交公司或公交站台了解公交干线站、路情况；前往中小学校了解学生接送、到校情况，是否采取应急措施；前往医院了解因异常天气受伤或发病的市民救治情况，医生温馨提示等；此外，特派记者前往菜市、市政管理部门、供暖公司、交管局指挥中心、机场、火车站、交通部指挥中心等地发回最新消息。“跑口记者”与对应单位随时保持信息通畅和联动。

五、应急预案

应急预案是政府、社会各界和群众应对突发公共危机事件的应急计划和方法，包括预防、救援、管理、指挥、调度、重建等规定和措施，旨在提高政府保障公共安全和处置突发公共事件的能力，最大限度地预防灾情和减少损害，保障公众的生命财产安全，维护国家安全、社会稳定和经济发展。

2006年，我国政府出台《国家突发公共事件总体应急预案》，根据突发公共事件的发生过程、性质和机理，把突发公共事件主要分为四类：自然灾害、事故灾难、公共卫生事件、社会安全事件。各类突发公共事件按照其性质、严重程度、可控性和影响范围等因素，一般分为四级：Ⅰ级（特别重大）、Ⅱ级（重大）、Ⅲ级（较大）和Ⅳ级（一般）。全国突发公共事件应急预案体系包括：突发公共事件总体应急预案、专项应急预案、部门应急预案、地方应急预案、企事业单位应急预案、重大活动应急预案等，应急预案的运行机制包括：预测与预警、应急处置、恢复与重建等。我国的各类应急预案还在不断补充、完善过程中。应急广播体系中，每个级别的广播电视台都建立一套完整的应急预案，当公共危机事件突发时立即启动应急预案，全台记者、编辑迅速投入危机报道和危机应对中。

对比汶川、雅安、景谷三次地震危机传播基本信息发现，由于我国应急预案体系逐渐健全，政府、媒介、社会组织和群众应对和抵抗灾难的能力正在提升，完善的应急预案能够有效帮助灾区减少人员伤亡，减轻损失（见表1）。

表1　汶川地震、雅安地震、景谷地震震后应急预案启动及救援信息对比表①

事　项	汶川地震	雅安地震	景谷地震
时间	2008年5月12日14时28分04秒，四川省阿坝藏族羌族自治州汶川县发生里氏8.0级地震	2013年4月20日上午8点零2分在四川省雅安市芦山县发生7.0级地震	2014年10月7日21时49分，云南省普洱市景谷县境内发生6.6级地震
应急预案启动	1.5小时后启动	17分钟	提前67秒向昆明预警，提前15秒向普洱市预警
通信	2天后恢复对外通信，147小时恢复7个信息孤岛的对外通信	26小时电信恢复13个乡镇通信，2天8小时以宝兴县明礼、陇东、五龙、永富四个“孤岛”的移动通信抢通	半小时后永平镇移动基站全部恢复通信。不到22小时通信基站全部恢复，通信平稳。震区无乡镇级行政区域通信全阻

① 根据中国之声、央广网、人民网、新华网等媒体报道数据整理。

（续表）

事　项	汶川地震	雅安地震	景谷地震
交通	3天7小时后打通汶川县城仅有的生命线——马尔康-理县-汶川线	3小时后第一支救援部队达到震中，8小时打通救援生命线	2小时10分钟后通往震中永平镇的道路打通，18小时与震区相连的所有国省干线公路全部抢通。2小时14分钟第一架航班搭载首批救援人员抵达普洱
供电	4天后恢复重要部门的供电	27小时恢复供电，46小时灾区共有34座35kV及以上变电站恢复21座，恢复率为61.8%；264条10kV及以上输配电线路恢复169条，恢复率为64%	3小时恢复政府应急指挥部门和医院供电，12小时9成用户恢复供电
首场新闻发布会	26小时后	3.5小时后	2小时40分钟
第一批救援物资	不到两天第一批铁路运输物资到达汶川震区	8小时送达救援物资	3小时15分钟后，第二架救灾航班从昆明飞往思茅，搭载133名救灾官兵、15只搜救犬和部分救灾物资
伤亡人数	69227人死亡，374643人受伤，17923人失踪	196人死亡，失踪21人，11470人受伤	1人死亡，324人受伤

在表1中，三次地震中通信、交通、供电恢复能力增强，救援物资到达时间缩短。政府预案启动提速，信息公开也越来越快。由于应急预案越来越完善，应对大灾经验增多，联动机制运转效率较高，政府和社会应对大灾的能力增强。汶川地震发生4小时32分钟后，即5月12日19点播出抗震救灾特别直播节目《汶川紧急救援》，次日7点《汶川紧急救援》24小时直播，这是中央台历史上第一次全天开通直播节目，《新闻和报纸摘要》《全国新闻联播》同时大量播发抗灾报道。雅安地震发生后的第三天，“芦山应急电台”对灾区民众定向播出，24小时直播。景谷地震后18小时即搭建应急广播定向频率，24小时播出。与汶川地震、雅安地震报道相

比，由于应急预案准备较充足，电台搭建和播出具有经验，“景谷应急电台”在启动速度、技术运营、团队成员配合、节目编播安排以及多级电台联动协作等方面都比以往更加成熟和完善。

六、应急广播传播功能

（一）灾情预警，信息发布

在大灾面前，利用无线电波发射和接收的广播具有即时通信、干扰小、成本低、应对速度快、传播方式灵活、语言沟通方便等先天优势，成为灾区不可或缺的通信工具，在第一时间用最简单的方式发布信息，有利于政府信息公开，保障听众的知情权。国家应急广播建立从中央到地方广播电台的“四级联动”应急信息传输模式，承担发布预警信息和应急信息的重要任务。根据“十二五”规划，2015 年年底前我国各类灾害预警将能通过国家应急广播体系实时发布，预警信息从信源到接收终端的传输速度将极大提升。例如“村村响”工程可作为一套智能化应急广播平台，纳入国家级应急广播规范体系，平日可播放新闻、歌曲，一旦收到灾害预警信息，就能马上切入插播应急消息。

广播声音传播特性决定其在应急状态下的传播速度比其他媒介快，信息传递更加及时、快速、方便。芦山应急电台、景谷应急电台在直播中不间断地向灾区发布天气预报、次生灾害预警信息，提醒群众防灾避险。在电线电缆中断的情况下，记者手持海事卫星电话就可以与电台直播室连接，最早发出报道。如 2008 年 5 月 25 日《唐家山堰塞湖抢险指挥部确定新的抢险方案》中国之声播报时间比新华网早 3 小时 20 分；堰塞湖抢险中国之声比国内第一新闻网站每次都早播发 1 到 3 小时以上[①]。芦山应急广播截至 4 月 27 日下午 3 时派出 27 路记者奋战在抗震救灾一线，共播出“芦山地震特别直播”71 小时；播出现场连线超过 1000 条、录音报道约 330 条、消息简讯 3000 余条；现场转播抗震救灾新闻发布会十余场；采访救援官兵、受灾群众、地方干部、地震专家近千人次[②]。芦山应急电台和

① 中国之声：《中国之声“汶川紧急救援”抗震救灾报道总结》，中华新闻传媒网，2008 年 6 月 6 日。

② 刁莹：《中央人民广播电台：芦山抗震救灾应急电台掀开新篇章》，中国记协网，2013 年 4 月 27 日。

景谷应急电台直接把直播室搭建到灾区，掌握第一手信息，深入灾民生活，抢先发布大量宝贵的一线信息（见表2）。此外，由于广播中主持人和嘉宾、受众的沟通对话具有真实性、个性化、人格化特点，对话节目传递出来的新闻信息比微博、微信等碎片化信息更具有完整性，应急广播使信息公开透明程度越来越高。

表2　三次地震期间中央人民广播电台应急播出情况

事　件	汶川地震	雅安地震	景谷地震
播出时间	36分钟后中国之声第一时间插播地震消息，4小时32分钟后直播《汶川紧急救援》，次日7点全天24小时直播，从5月12日19：00至6月2日15：00共播出420小时	中国之声官方微博53秒后发布消息，2天后即4月22日开播到5月23日结束，历时32天	18小时后应急电台搭建成功开始播音，从10月8日16时到10月11日18时结束，历时3天2小时
播出方式	播出抗震救灾特别直播节目《汶川紧急救援》，同时《新闻和报纸摘要》《全国新闻联播》大量播发抗灾报道。	调频92.7兆赫、短波9.8兆赫和12兆赫，在芦山、宝兴两地24小时滚动直播	通过调频100.5兆赫覆盖震中永平镇，24小时直播，发射功率300瓦，覆盖半径10～15公里，覆盖人口7万多。
播出渠道	中国之声频率，第一次全天24小时直播	国家应急广播·芦山抗震救灾应急电台，第一个定向频率	国家应急广播·景谷抗震救灾应急电台

从表中可以看出，应急电台不仅传播速度快，而且从中央到地方传播渠道畅通，搭建简便灵活，应对能力强，与其他媒体相比，在突发公共事件危机传播中担任主力军角色，特别适合作为国家应急管理的信息发布平台。

（二）调配整合，社会救援

根据系统论理论，危机是一种改变或破坏系统平衡状态的现象，这种失衡状态的恢复过程就是危机管理的全过程。灾情发生后急需调配社会救援物资，整合救援力量，合理有序地安排救援，尽快恢复和重建。应急广播及时引导社会救援力量分布，发布物资需求信息，有针对性地安排灾区救援物资发放，帮助灾民重建家园，对于全国性和国际性的救援行动起到引导和协调作用。

如《汶川紧急救援》多频次滚动播出汶川、青川、绵竹等灾区急需抢修物资、生活物资的信息；灾区严重短缺小型机械设备，交通运输部门在节目中播发消息，号召全行业积极捐赠，得到广泛响应，各地捐赠小型机械228台、发电机组70套①。社会各界捐赠的食品、水、帐篷、药品、棉被、衣服等生活必需品源源不断地运送到灾区，依照应急广播和政府发布的需求路线准确有效地投放。互联网、移动媒体、社交媒体也展现出威力和价值，QQ、微信、微博等社交应用网络成为灾民发布信息的重要平台，无人机飞往灾区测绘，百度地图、超图软件、小型卫星基站、便携卫星基站等新技术调配前往灾区，为信息发布和灾情预警提供帮助。各种热情的民间力量自发前往灾区，因道路不畅，救援人员拥堵，甚至造成各种事故，芦山应急广播呼吁社会理性救灾，做到“作为不乱为，帮忙不添乱”，及时、有序、高效、依法、科学救灾。

（三）沟通政府，治理舆情

“危机管理中信息的传播和反馈是重要环节，美国政府将广播纳入国家危机管理体系中，通过广播对国民进行应对危机的动员和管理，经过多年发展，美国广播听众已经形成比较稳定而忠诚的受众群体”②。应急广播作为政府危机管理的传播终端，在危机传播中起上情下达、下情上传的作用。在微博、微信、facebook，twitter等网络媒体、社交媒体、移动媒体迅速壮大的今天，更加需要政府与媒体密切合作，向社会发布真实、客观、全面、权威的信息，从源头上遏制谣言滋生，引导社会舆论，构建政府、媒介与民众的良性互动关系。从这一点看来，纳入政府应急管理体系的应急广播所肩负的社会责任不容推卸。

灾害发生时，如果来自政府和媒体的信息缺位，会造成小道消息和谣言滋生，因为契合了社会关注度，这些小道消息和谣言在微博、微信、QQ群等社交网络中呈裂变式传播，微信谣言基于熟人朋友圈的信任关系，加上部分灾民和社会民众缺乏认知判断能力，传播呈现信任程度较高和反复

---

① 中国之声：《中国之声“汶川紧急救援”抗震救灾报道总结》，中华新闻传媒网，2008年6月6日。

② 曹璐：《广播新闻理念与实务创新研究》第279页，中国广播电视出版社2007年。

传播等新特点。例如雅安地震谣言："救援军车坠崖"；"地震躲在桌子旁的生命三角救生法"；"一个叫徐敬的女士请速回水城县人民医院，妈妈伤得很严重，想见她最后一面"；"一条搜救犬很忙，汶川地震时救了32人牺牲了，玉树地震中又救了32人牺牲了，再后来的温州动车事故中又救了32人再次牺牲，雅安地震中再次救32人被牺牲了。"如此状态下，应急广播在危机传播中社会责任凸显，及时查证事实，消除误解，避免谣言再传播。

应急广播在舆情治理方面具有特殊优势。首先，应急广播具有严密的技术层级架构，在预警信息的处理和发布方面，可从技术层面保障信号传输安全、数据交换安全和组网安全，保障终端信息传播的准确和权威，有利于从源头上控制舆情。其次，应急广播在网络舆情爆发时启动应急联动机制，连接政府职能部门和社会各界，高效率解决问题，政府和各界积极配合，对社会舆情治理和危机管理起至关重要作用。第三，应急广播连线政府应急部门、专家、民众等采访对象具有筛选机制，以现场直播方式及时访问、连线、求证、辟谣，现场记者、新闻当事人或关联人与听众直接对话，用事实和细节说话，消除由于信息的不确定性和碎片化而带来的种种猜疑，切断谣言在应急广播体系中的传播链条。第四，应急广播传播正能量，报道体现人文关怀，消解因恐慌带来的不实信息、主观臆断和谣言。

（四）科学普及，心理安抚

救援和善后恢复阶段群众需要了解灾情及救护知识，如怎样预防余震、次生灾害，如何救护生命，如何修复重建房屋，如何安全饮水、灭虫灭蝇、预防传染病等，应急广播向灾区听众进行科学普及，知识救援和物质救援同等重要，切实为灾民解决问题和困难。

从心理学角度讲，"出于紧张状态中的人对声音有异乎寻常的敏感，对有吸引力的话语有极度渴望"①。广播语音交流方式深入人的内心世界，消除灾民紧张心理，寄托情感，引发共鸣，进行深层次心理疏导和安抚，具有感染力的话语和音乐注入人文情怀，促进人们对灾难冷静思考，应急广播成为灾区民众的"心理减压器"。节目中大量采用现场连线、录音特写等听觉文本形式和故事化叙事方式，如《高中生杨庆宇的日记》《武警战士付小军》《简易帐篷里的临时工作点》等，描写细腻，音响丰富，真

① 曹璐：《广播新闻理念与实务创新研究》第289页，中国广播电视出版社2007年。

实感人，深深打动听众。

收音机成为灾区群众的必需品，芦山应急电台带去的手摇发电应急广播“小绿绿”受到灾区民众欢迎。应急收音机一般手摇发电，可发出报警声、闪光，具有照明、通话、电台和 GPS 定位功能。

七、现阶段问题探讨及展望

（一）层级系统对接和执行力问题

目前应急广播顶层设计方案已经基本形成，下一步将进行完善和细化，需要解决的难题是：多媒体网络覆盖到位，多媒体终端远程唤醒和自动响应，应急标准规范体系，此外，应急广播和政府等信息发布部门之间还需进一步完善信息对接机制。

从技术层面看，互联网时代应急广播系统今后不仅仅是广播层面实施，更重要的是建立传输覆盖网络多媒体联动机制，解决多媒体信息编码统一规范问题是重中之重。“编码规范是实现信息制作、调度调控、传输覆盖网前端台站、终端接收、发布效果采集、效果评估等每个环节之间的联动接口的兼容和规范”①。在新技术利用方面，应急广播应用远程唤醒技术，实现系统分区域自动控制和播发信息，保证各类多媒体终端在规范编码和格式下能够被分区域自动唤醒和响应。

从层级体系看，“四级办”体制下应急广播体系从信源到终端的覆盖传输适合扁平化结构，提高系统执行力，一旦确认预警信息准确，需要在尽可能短的时间内，通过最简单的流程，到达个人终端，给灾区民众留下足够的逃生时间。如果行政干预环节增多，层层验证无异于层层设卡，势必延误信息预警发布时间。如雅安地震前 57 天，四川省地震局测绘工程院根据一系列实地考察数据预测：2 月 25 日至 5 月 10 日之间雅安一带将发生 6～6.9 级地震，这是汶川地震后鲜为人知的、我国地震专家在短期地震预测方面取得的进步，然而遗憾的是，由于技术、体制、观念、人才等方面羁绊，它未能走上政府决策案头，就消失在地震会商行政程序中，最终“预测”没有转化为“预报”②。除四级办体制中广播电台、电视台主流媒体外，还有学校、商场、地铁、隧道、车站、机场、高速公路、社区、农

① 杜国柱：《国家应急广播系统建设思路及关键技术》，《现代电视技术》2014 年第 1 期。

② 柴会群：《雅安地震：这一次本来预测中了》，《南方周末》2013 年 5 月 17 日。

村大喇叭等各种终端，需要进一步提高应急信息到达的速度和效果，解决好应急信息传播“最后一公里”问题。

从管理层面看，国家应急广播要与地方应急广播实现互通互联，实现危机管理数据库的资源共享。国家顶层设计完成后，区域性应急广播也亟待跟上步伐，加快建设。地方应急广播需要根据当地实际情况建设，比如西南山区多发地震、泥石流，东南沿海台风、海啸频发，必须有针对性地建设本地应急广播子系统，面临的问题是各地应急广播子系统不宜各自为政造成区隔，应考虑预留国家应急广播系统和下一级应急广播子系统的对应接口，遵循统一标准，规范编码和数据格式，以利于建立统一大数据资源库，否则可能在系统对接时造成成本增加和资源浪费。

（二）应急广播体系的新技术融合问题

预警，是应急广播体系最关键环节，利用新技术进行灾情预警是危机传播的重中之重。媒介融合时代卫星技术、云计算、大数据、移动互联网、多媒体等技术快速更新换代、日新月异，除应用调频副载波技术、无线射频识别技术、远程终端唤醒等技术外，应急广播与新媒体、新技术融合应用，寻找预警信息传播新突破点，是应急广播的必经之路。CMMB（China Mobile Multimedia Broadcasting 中国移动多媒体广播，俗称手机电视）已开发面向手机、电脑等终端的紧急广播功能，发射电视、广播、数据信息等多媒体信号。自媒体传播时代，媒体去中心化，人人都是社会网络中的一个节点，信息传输方向在应急广播技术架构里是纵向传播，在社会网络中则形成复杂、流动的个体或群体传播，因此统筹民间力量将成为国家应急广播体系有力的支撑和助手。

景谷发生 6.6 级地震后，由一个民间组织成都高新减灾研究所自主研发的 ICL 地震预警系统利用地震波与电波的时间差，及时发出警报，提前 15 秒给普洱市接收终端用户提供预警，提前 67 秒给昆明用户提供预警，云南省内 23 所学校地震警报拉响，为民众争取宝贵的逃生时间。该系统首次向地震预警手机用户推送提示，请用户将其感知的灾情和震感等信息通过该软件上传至地震预警中心，开放双向互动平台进行数据采集、发布、处理、分析、研判，这是该所 3 年来第 18 次成功对破坏性地震发出预警，被网民誉为“预测神器”①。美中不足的是接收预警信息基于手机用户必须自主下载 APP 客户端，或在学校等场所安装专业软件，应用不足，手机用

① 盛利:《基于地震预警灾情采集平台在景谷启用》,《科技日报》2014 年 10 月 9 日第三版。

户下载量仅10万多人，学校才400多个，无法对所有终端进行强制性远程唤醒，且布设力量有限，因而效果不够显著。应急广播国家体系如何与民间力量积极合作，协同创新，也是需要面对的问题。

（三）专业人才需求问题

未来应急广播体系基于互联网大数据等新技术平台，对于专业人员素养、知识和技能要求提升，一些新型岗位急需专业人才，如架构师、数据分析师、舆情分析师等，有针对性地培养应急管理和危机传播方面人才，是国家应急广播体系急需解决的问题。行政体系内的应急部门机构设置，目前已基本普及基层，基层应急办的执行能力和执行效率需要提高，应急部门工作人员的专业素养、职业精神和工作技能也急需专业培训和学习，因为每一个岗位都是应急体系中的重要环节，当危机事件发生时，每个环节的工作效率都直接关系到民众生命和财产安全，这对应急系统工作人员的职业素质提出了更高的要求。

此外，笔者建议在应急广播体系中用知识地图框架建立专家资源库，建立知识索引地图或目录，重视专家智库和知识资源价值。如遇突发危机事件，编辑记者即使使用高级搜索引擎也无法获知很多专业知识，知识地图能够立刻能从智库中获取防灾减灾专业信息和知识，指导民众科学合理避险，化解危机。知识地图和智库将成为未来国家应急广播体系和应急管理战略的核心竞争力。

综上所述，以汶川、雅安、景谷地震中应急广播留下的经验和教训来看，应急广播体系尚存在许多未开发的应用空间，在未来多屏合一的趋势下，应急广播将突破声音传播的有限形态，建立融合发展平台、渠道和终端。国内目前对于应急广播研究主要借鉴美国、日本和欧洲经验，欧美等国把数据资产上升到国家信息战略高度，提高从大型复杂数字数据中提取知识和观点的能力。我国应充分考虑我国的国情特点，建立适合我国国情的高科技应急广播体系。应急广播体系事关国民幸福、国家安全，不仅在预警发布和挽救生命财产方面具有重大意义，也在应急数据收集、存储、管理、回传、分析、共享方面，在利用大数据挖掘更高价值信息和知识方面，以及提高国家软实力等方面具有战略意义。

参考文献：

［1］［英国］维克托·迈尔-舍恩伯格，肯尼思·库克耶．大数据时代［M］．盛杨燕，周涛译．杭州：浙江人民出版社，2013.

[2] 汤书昆．传媒知识管理［M］．科学出版社，2007.

[3] 杨溟．媒介融合导论［M］．北京大学出版社，2013.

[4] 熊卫平．危机管理——理论、实务与案例［M］．杭州：浙江大学出版社，2012.

[5] 刘辰瑶．中国启动国家突发公共事件预警信息发布系统建设［EB/OL］．（2011-11-22）．中国新闻网．

[6] 杜国柱．国家应急广播系统建设思路及关键技术［J］．现代电视技术，2014，（1）．

[7] 苗勃，吴力夫，赵翩．建立应急广播系统的框架技术方案及建议［C］//中国新闻技术工作者联合会2011年学术年会论文集．

[8] 陈运泰，杨智娴，张勇，等．从汶川地震到芦山地震［J］．中国科学·地球科学，2013，（6）．

[9] 陶然．从灾害报道看公共危机中广播的应急传播力［J］．现代传播，2014，（8）．

[10] 左志红．应急广播：灾难来临时的最佳传播载体［EB/OL］．（2014-10-16）．中国新闻出版网．

[11] 马艳，杜国柱，李晓明，等．美国有线应急广播EAS标准解读［J］．广播与电视技术，2014，41（5）．

"集体喝农药"事件背后的抗争逻辑生成机制研究

高　涛

摘　要：理解当下中国频繁出现的"自杀式抗争"，关注抗争者的抗争逻辑的生成机制尤为重要。通过对泗洪县访民"集体喝农药"事件的分析，文章认为在司法救济缺失、信访体系失灵、官强民弱的现实下，底层民众会转向极端的消极抗争。同时，文章就访民的抗争策略进行了分析。而抗争策略的选择之于抗争是否成功密切相关，7名访民运用自身的弱者身份、采用话题性极强的自杀方式，借助媒体的力量成功获得舆论支持，进而获得政府有关方面对其抗争的正面回应。

关键词：底层抗争；抗争逻辑；自杀式抗争；上访

一、问题的提出与研究梳理

当前我国正处于社会转型与变革时期，由此带来的社会矛盾层出不穷。在这些问题中，尤其是以底层民众的遭遇及其抗争问题居多。底层民众在中国数十年快速发展的进程中贡献颇多，而相对于其他社会群体，发展的成果并没有更多地惠及他们。在中国的特定政治生态下，底层民众遭遇不公，有人选择默默忍受，也有人选择奋起抗争。近年来，底层抗争事件层出不穷。而当抗争者在面临社会司法缺失、信访渠道失灵后不少抗争者转向"以身抗争"，更有甚者采取自杀的方式进行抗争。自杀式抗争的频发揭示着"社会不和谐"、给政府有关方面带来相当大的压力。诸如富士康的"跳楼"、安庆老人赴死反抗殡改制度等事件，这些经由媒体集中报道而进入公众视野的自杀式抗争事件更是发人深思。底层民众的抗争究

作者简介：高涛，重庆大学新闻学院硕士生。

竟为何走向“自杀式抗争”这一极端？为何他们的利益表达直至“以死抗争”的程度才为社会知晓？本文即以此为主题，选择中青报社门口“集体喝农药”事件，探讨自杀式抗争者抗争逻辑的生成轨迹与策略选择问题。

谈及“自杀式抗争”，首先要回顾的“底层抗争”这一概念。国内研究者对底层抗争的关注是从农民维权抗争研究开始的。在前期的底层抗争研究中，政策、法律的重要性被高度强调，且研究者局限于对“以法抗争”抗争逻辑的研究。李连江和欧博文在《当代中国农民的依法抗争》（1997）一文中归纳出中国农民维权的“依法抗争”模式，“依法抗争”即以政府的政策作为对抗基层政府的土政策，以上级为诉求对象，采用上访等方式期望获得上级关注，从而解决问题[①]。于建嵘（2003）在此基础上归纳出“以法抗争”模式。在《当前农民活动的一个解释框架》（2004）一文中，他进一步指出“依法抗争”与“以法抗争”的区别。依法是间接意义上的以法律为抗争依据，以法是直接意义上的以法律为抗争武器。他认为在新阶段，农民的维权方式已经发生演变，他们的抗争方式更为主动，他们“以法抗争”的基本目标具有十分明确的政治性，已经从资源性权益抗争向政治性权利抗争方向发展[②]。这一模式遭到应星、吴毅等人的质疑。他们认为以法抗争这一模式并不符合日常逻辑，有将底层抗争泛政治化的倾向。当代的底层抗争依旧仅是一种非组织化的、局部性的、具体化的利益之争。应星在《草根动员与农民群体利益的表达机制——四个个案的比较研究》（2007）一文中质疑于建嵘关于抗争精英的说法，她认为作为草根行动者的农民是一个既不完全认同于精英，也不完全代表底层，而是有着自身独特行动目标和逻辑的行动者。她以合法性困境为基点分析了农民群体利益表达中草根动员的弱组织化特征和非政治化取向[③]。吴毅（2007）对于底层抗争的政治化的倾向持更为保守的态度，他通过研究农民在一起石场纠纷中采取的维权路径，认为在诸多日常状态下，底层群众在抗争时往往会忌惮于官权，受权力-利益的结构之网阻隔，他们对于抗争总是显得很谨慎，而且在多数情况下会适可而止而非不达目

① 李连江，欧博文．当代中国农民的依法抗争［C］//吴国光．九七效应．香港：太平洋研究所，1997.

② 于建嵘：当代农民维权抗争活动的一个解释框架［J］．社会学研究，2004（2）.

③ 应星：草根动员与农民群体利益的表达机制——四个个案的比较研究［J］．社会学研究，2007，（2）：1-23.

的绝不罢休[①]。

近年来，底层抗争研究者逐渐关注到抗争主体在抗争过程中的能动作用，底层民众不再局限于既有政策、法律法规下进行抗争。研究者开始从抗争者的主体立场分析他们的抗争力量和策略选择。在合法、合理的抗争框架下，底层抗争者正小心翼翼地与抗争对象展开博弈。如石发勇在《关系网络与当代中国基层社会运动——一个街区的环保运动个案为例》（2005）论证底层民众利用关系网络抗争。董海军（2008）通过调研发现，农民在维权斗争中常常利用自己作为弱者的或自视为弱者的身份来进行抗争。徐昕（2008）在《为权利而自杀——转型中国的农民工的"以死抗争"》中率先提出"以死抗争"，即本文论及的"自杀式抗争"。他认为农民工在面临严重的社会不公，且权利不能获至适当救济时才会出此下策。"以死抗争"主要表现为自杀姿态，是以身体和生命为赌注的一种威慑机制，强制抗争对象接受自己提出的解决方案[②]。王洪伟（2010）认为，"以身抗争"是当代中国社会底层抗争的新动向，他认为这一概念涵盖徐昕的"以死抗争"和董海军的"以弱者身份抗争"。抗争者通过身体的毁灭、伤害进行抗争，实际上是在面临以法抗争逻辑行不通的情况下，一种求助于自身的抗争逻辑[③]。王平（2012）则在研究中发现，越来越多的底层抗争者意识到报纸、广播、电视、网络的积极作用，他们将传媒作为武器，进行自身的利益表达与抗争。

综上所述，学术界对底层抗争的研究集中于"以法抗争"和"以身抗争"两种抗争逻辑。而两种抗争逻辑的区别在于前者始终属于在既有政策、法律法规框架内求助于外的底层抗争逻辑，而后者则是在当代中国社会转型期另一种与之相反的求助于内的底层抗争逻辑。但我们更应注意到日常的底层抗争是个动态的过程。在开始抗争时，抗争者首先考虑最经济、最常规的模式进行抗争，而在抗争受挫后才会寻求另一种途径进行抗争。因此，在抗争事件里，抗争者往往会采取多种抗争策略，以求抗争对象接受他们的利益诉求，单一的抗争逻辑在解释抗争事件时是乏力的。

---

① 吴毅."权力-利益的结构之网"与农民群体性利益的表达困境——对一起石场纠纷案例的分析［J］. 社会学研究，2007，(5).

② 徐昕. 为权利而自杀——转型中国农民工的"以死抗争"［J］. 中国制度变迁的案例研究，2008，(6)：255-305.

③ 王洪伟. 当代中国底层社会"以身抗争"的效度和限度分析一个"艾滋村民"抗争维权的启示［J］. 社会，2010，(2)：215-234.

二、“集体喝农药”事件简述

之所以将“集体喝农药”作为研究案例，是因为在整个事件的过程中，抗争逻辑之于抗争行为的发生、变化休戚相关，加之抗争事件从引发媒体关注，又遭到媒体质疑，其本身具备很强的话题性。因此，以该事件为例进行分析，有利于考察“自杀式抗争”中抗争者抗争逻辑的演变以及其抗争策略的选择。

旗杆小区，7 名访民居住的地方，位于江苏省泗洪县青阳镇。2013 年，泗洪县有关部门通过了旧城改造项目中有关旗杆庄、大修厂危旧片区改造的方案。旗杆小区位列其中。为城镇化建设让步，旗杆小区必须拆迁。政府提供给旗杆小区的房屋征收补偿标准为 2300～2500 元/平方米。按照有关规定，对被征收房屋价值的补偿不得低于同时期类似房地产的市场价格。尽管泗洪县有关部门为拆迁户配建的安置房价格仅为同地段商品房价格的 60%，但项目周边新建的商品房价格已达 3000～3400 元/平方米。更有市价 4500 元/平方米，却仅补偿 1500 元/平方米。补偿标准相对偏低，因而引发了一些拆迁户的不满。但政府却觉得自己提供的方案足够公平。因此，一方走上了上访之路，另一方选择重拳打压。

据不完全统计，2013 年以来，喝农药的 7 名访民就该危改项目的补偿问题，通过写信、走访和网上投诉等正常信访达到 29 次之多，其间，他们遭遇过截访、被约谈、被逼迫签订协议，甚至被限制人身自由，从而使矛盾非但没有解决，反而进一步激化。

在信访之路走不通的情况下，访民开始寻求媒体帮助。2014 年 3 月和 5 月，他们曾两次来到中青报递材料，结果却杳无音讯。于是，访民们酝酿着更为极端的抗争方式，2014 年 7 月 16 日，执着上访的访民选择在中青报社门口以集体喝农药的方式“以死抗争”。这一次，他们的抗争行动得到了舆论的广泛关注，泗洪县官方也被抛向舆论的风口浪尖。

在“集体喝农药”事件发生后的第 3 天，江苏省委派出调查组调查泗洪县在 2013 年开展的旧城改造项目。22 日下午江苏省省委常委会确认“有关部门在 2013 年旧城改造项目中确有违规问题”，并据此给予泗洪县委书记徐德党内警告处分。被通报的泗洪县有关部门“违规行为”有三：“首先，在对项目地块挂牌出让时，违反了建设用地使用权需‘净地出让’的有关规定，采取了‘毛地挂牌，净地交付’的做法；其次，土地出让后，在未完全公开征收调查结果和书面征求被征收人意见的情况下就急于拆迁，就此埋下隐患；此外，多名涉事项目拆迁户反映，去年9月在江苏省信访局正常上访时，曾被地方政府截访并限制人身自由，个别人滞留时间超过24小时。”

可以说，上级政府部门的调查使访民的“自杀式”抗争得到了回应，他们反映的问题悉数被调查组证实。但戏剧的是，7名喝农药上访人员（经救治后，身体并无大碍）却因集体喝农药——涉嫌寻衅滋事罪被刑事拘留。一边是党政党纪对涉事官员的小施惩戒，另一边是刑事拘留的重重一板。孰轻孰重不言而喻，一时，舆论哗然。

三、“集体喝农药”事件中抗争逻辑的演变轨迹

20世纪60年代后，社会学家纷纷以“理性选择理论”来解释社会运动。理性选择理论认为，人们的集体行动绝不是非理性的，而是有成本-收益分析的。底层民众经常性地对政府进行抗争也不属于一种病态状态，而是完全理性的。抗争者选取何种抗争路径取决于其实际的理性考量与选择。

（一）抗争初期：29次上访

面对泗洪县有关方面在旧城改造项目中存在的违规问题。民众在一年多的抗争中始终没有运用司法进行抗争。实际上，他们手里头有很多关于当地有关部门违规操作致使他们利益受损的证据，但他们最开始的选择便是上访。

“信访不信法”已成为中国社会的一个怪象。底层民众对于上访的偏爱与其对于政治生态的认识密切相关。如果选择以法抗争，意味着将事件的处理权交给泗洪县政府，这或许是访民们对下层政治状况最直接的看法。在我国，虽然法制的力量被着重强调，但官治统摄法治的格局并未有根本变化。泗洪这样一个小地方，民众忌惮地方官员强大的官权力，他们更愿意相信地方官员会官官相护。他们将抗争指向泗洪县政府，就不会把主动权交给自己的抗争对象，因而选择上访无疑是更理性的决策。底层民众对于上访的青睐既有前文谈及的对“下层政治状况”不信任的微妙心理，又包含着他们对于上级政府更高的期待和信任。我国地方各级官员的政绩考核、待遇安排、升迁机会等核心资源掌握在“上面”，上级拥有地

方民众所不拥有的对官员进行处理的权力。因此在“只有上级政府才能解决问题”的心态驱使下，底层民众源源不断地进行上访，希望通过上层政府对下层施压，从而获取抗争的胜利。这或许就是泗洪县访民选择上访的原因。

但泗洪县也绝非等闲之辈。对于处置上访事件，泗洪县政府的应对颇有心得，这或许源于其多年处置上访事件积累的经验。面对7名访民一年期间29次高密度的上访，他们成功地打压访民期望通过上访解决纠纷的努力。2013年9月23日，11名涉事项目拆迁户在江苏省信访局正常上访时，被泗洪县驻省局接访人员拦住并通报了青阳镇。青阳镇政府连夜约谈访民，有访民提及政府还曾逼迫他们签订协议。而国家、省、市信访部门将该事件重新退回地方处理更是纵容泗洪县的违规行为。因而，事件相关部门——泗洪县住建局和青阳镇政府始终未能正面回应信访人诉求。

（二）抗争中期：求助媒体

在经历上访抗争后，访民与泗洪县政府的对立关系渐趋激化。在上访过程中，访民不断希冀上层出手相助，改变自身在抗争中的弱势地位。但在一次次上访受挫后，他们与地方政府的博弈却愈发被动。在利益表达机制不够健全完善的情况下，借助一定的社会力量，抗争者希望“能够增强利益抗争场域中资本力量的对比关系，从而使利益纠纷的解决朝着有利于自身方向发展”①。因而下一步他们选择寻求媒体的力量进行抗争。

在底层民众利益表达与权益维护遭遇困顿时，媒体业已成为法律、政策框架范围外重要的民情表达补充渠道。就目前而言，现代传媒确实具备覆盖面广、公信力强的特点，它们拥有独特的话语权力。同时，媒体本身承担着社会职责，需要将一些底层抗争行为、权益维护事件作为新闻话题，从而反映社会各阶层的生活画面和利益诉求。近年来，我们时常注意到在土地征用、房屋拆迁、贪腐问题上，媒体正担负起底层民众抗争代言人的角色，民众的利益诉求通过媒体真实深刻地被反映出来。凭借媒体舆论制造出的声势，政府部门迫于舆论压力只能正视民众提出的利益诉求。

正是抱着对媒体作为社会公器的认知及其他抗争事件依靠媒体成功获得关注的心态，2014年3月和5月，“集体喝农药”事件中的访民前后两次向中青报递交材料。《中国青年报》是具有重大影响力的全国性综合日

---

① 王伦刚．法治进程中当代中国农民工非正式的利益抗争［D］．成都：西南财经大学，2010.

报，在国内主要报纸公信力调查中，连续10年位居前3名。访民们对中青报寄予厚望，但这一次，他们的抗争又遭到了无情的忽视。绝望情绪日益郁积，有访民对记者称：第二次去报社的时候，就打算喝农药了。

（三）抗争末期：自杀式抗争

不平则鸣，多次上访、向媒体求助，泗洪县的访民的抗争始终未进入官方和舆论讨论的议程。7月16日，7名访民再次来到中青报报社门口，这一次他们不是递交材料，而是集体服毒进行自杀式抗争。

从20世纪90年代中期特别是2000年以来，部门底层民众诉诸以自残甚至跳楼、投河、服毒、自焚、剖腹等自杀手段进行抗争，实际上折射了底层民众的抗争困境。为权利而自杀的抗争逻辑显示了抗争者在走投无路的状况下心理调适的失衡。但究其原因，症结在于“强政府、弱访民”的严峻现实，上级信访部门由于上访事件众多，往往将上访事件退回下级处理。而下级政府本身就是抗争对象，甚少有案例表明他们愿意舍弃自身利益而与抗争者进行妥协。泗洪县有关部门的恣意与傲慢，使访民逐渐失去抗争理性，进而走向消极抗争的极端。

而在“集体喝农药”事件中，中青报两次拒绝为泗洪访民发声也是抗争者走向自杀式抗争的另一导火索。正因如此，事件发生后，中青报也遭遇舆论的质疑。而思考中青报当初为何拒绝泗洪访民，我们无从获取内部消息。但可以猜测在抗争事件如此频发的当今社会，主流报纸接收到的抗争请求并不比信访部门少，出于时间、精力、资金、人员的考虑，他们不可能对所有的抗争请求都进行回应，只能在类似的新闻选题里进行选择报道。

四、自杀式抗争的武器

抗争事件的最后，政府部门相关责任人被处以党政纪律处分，7名访民以寻衅滋事罪被刑事拘留。从这一结果中，我们无法认定抗争双方谁是赢家。当然，抗争事件中本就没有赢家。但从舆论生态来看，访民的自杀式抗争奏效了，他们用这样一种极端、消极、无奈的抗争方式得到了来自媒体和公众的多方声援。

（一）以弱者的身份进行抗争

学者董海军在对湖南塘镇的调研中发现了被众多研究者轻视的抗争机

制——即利用弱者这一身份进行抗争。单就弱者与官方间的博弈而言，弱者的力量可谓渺小。但正因弱者的渺小，才能引发同情。中国媒体历来对弱者的抗争持宽容、支持和同情的态度。例如夏俊峰案和开胸验肺事件，不管弱者的抗争属于积极抗争（带有血债血偿的原始道义色彩）还是消极抗争，媒体和公众都愿意为弱者说情喊冤。

7名访民在进行抗争时选择自杀、选择向媒体讲述他们在上访时遭遇的阻力向公众告知自身的弱者身份，从而引来社会力量的关注，进而获得舆论的支持。南方都市报首席记者韩福东质问："普通人强行绑架公民，拆毁私宅，要判多少年？官员策划绑架案，私拆民宅，搞黑监狱，有几个受到处分的？七个被强拆户策划那么久，去中青报门口喝农药，要被刑拘，举国关注，官员则只要党纪政纪处分即可。可见党政职务是免罪符。"新京报也发表社论扼腕叹息，称假如泗洪县有关部门能够在城市建设中，恪守法律法规，真正从公众利益出发，制定合理的征收补偿标准，并在民众同意、服从的情况下动迁，就不会人为制造出诸多矛盾。就此，双方之间的博弈态势迅速反转。

同时，"集体喝农药"事件揭露了国内常见的房屋拆迁纠纷，这些纠纷因地方政府的强势难以获得舆论关注。而在经历失败的上访经历后，7名访民坚持以自杀式抗争表达诉求，实则是对官强民弱惯常政治生态的一种反叛。访民们不愿意妥协，宁死抗争的信念里全是弱者在苦难关头迸发的力量，这样无奈又悲壮的选择，让社会大众为之肃然起敬。

（二）以自杀获取舆论支持

自杀，人类生活最具悲剧性的行为。选择自杀式抗争有强烈的悲剧色彩，但实际上也是最能激发社会大众同情、吸引社会关注的一种途径。"富士康"跳楼事件、"安庆老人赴死反抗殡改制度"事件，两起事件中离世的民众生前并未进行公开的抗争。但他们用结束生命的方式控诉企业、政府却引发社会的强烈反响。富士康改变工厂内的管理方式，安庆市政府则放缓殡改制度的推行。可以说，事件发生后，公众和媒体主动承担起自杀者的抗争角色。在一浪高过一浪的舆论声势中，抗争者的利益诉求得到满足。

鉴于自杀式抗争对于抗争对象具有强大的威慑作用，又能获取社会大众的同情与支持。近年来，不少底层抗争者以自杀或表演自杀的方式进行抗争。例如在农民工讨薪时，爬上高楼，声称不给工资就跳楼。社会舆论也往往一边倒地支持抗争者。

7 名访民也希望效仿此法。但他们的自杀式抗争被《中国青年报》认为有策划之嫌，因而他们的举动更应该被称为表演自杀。按常识来讲，表演自杀的设想是完全行得通的。对于"剂量决定毒性"的农药而言，如果你决心以死抗争，几秒之内喝下一瓶农药并非难事。但我们必须从人道主义的角度去看待访民的这一抉择。抗争的合理性并非因为访民是策划自杀就会改变，只要利益诉求是正当的，我们就应该正视访民提出的问题。正如专栏作家刘远举在评论"集体喝农药"事件系策划时所说："是非在那里，一点都不变。"

（三）借助媒体造势

既已选择最极端的方式进行抗争，就要让抗争取得最佳的效果。而能否获得大众的支持与同情至关重要。因此，访民们还选择了另一种抗争武器——媒体。访民们对这一武器的利用不仅表现在借助媒体为自杀式抗争行为造势，更表现在将抗争地点选择在曾两次拒绝他们投递材料的中青报报社门口，这颇有一石二鸟的意思。

正如前文说言，现代传媒具备覆盖面广、公信力强的特点，它们拥有独特的话语权力。如果媒体介入，他们的利益诉求会被成倍地放大。

因此，泗洪县访民利用自己的弱者符号，运用话题性极强的自杀式抗争，成功制造了符合媒体报道规律并具备新闻价值的事件。而报社门口集体喝农药，想必是任何一个编辑都不会错过的新闻选题。这一次，就连之前拒绝他们的中青报也不得不加入报道，毕竟这是发生在自家门口的自杀式抗争。

以下是媒体对于事件的关注：7 月 16 日，"集体喝农药"事件发生，《南方都市报》在事发后第一时间介入报道。其报道短时间被新浪、网易等多家门户网站转载，事件迅速引发网民的关注和热议。16 日下午，新生的澎湃新闻进一步跟进事件的报道，披露了这起自杀式抗争背后更多的细节，泗洪县政府被推至舆论的风口浪尖。17—18 日，《环球时报》等媒体发表评论文章。7 月 28 日，国家信访局公布事件调查结果，再次引发媒体的广泛报道。事件关联方《中国青年报》也在 29 日刊发文章，指责当地政府驻京办工作人员为"土匪强盗"。为期一年多的抗争，7 名访民在 7 月 16 号的自杀式抗争之后，终于获得舆论的关注和官方的正式回应。

四、结语：对自杀式抗争的思考

自杀是严肃的社会问题，如大量底层抗争者试图通过自杀进行抗争，实际上表明正义的实现机制存在严重障碍。中青报报社门口“集体喝农药”事件折射了我国在发展进程中日益累积的社会矛盾，也给社会底层抗争事件带来了不良的示范效应。与其让公民奔波上访、绞尽脑汁地选取抗争策略，不如疏通正义的实现机制，让民众的利益诉求得到满足，让抗争事件中的矛盾得到解决。同时，政府制定决策时一定要倾听民众的呼声，科学、民主地进行决策。在与民众发生矛盾时，则应该拿出开放的心态与民众进行协商，切不能用权力压倒民众的反对声音。此外，媒体也应该承担起自身的职责，为保障底层民众话语权尽一份力。

本文从“集体喝农药”事件为切入点，旨在通过剖析底层民众自杀式抗争的抗争逻辑演变轨迹和抗争策略来揭示制度的缺陷和政策的失衡，进而提出解决问题的方向。但自杀式抗争事件的抗争原因繁多，单就个案的研究难以全面反映中国自杀式抗争的情景，对于解决此类问题的方法本文也未能做进一步探究。本文的研究意义及不足之处即在于此。

参考文献：

[1] 李连江，欧博文．当代中国农民的依法抗争［C］//吴国光．九七效应：香港．中国与太平洋．香港：太平洋研究所，1997.

[2] 于建嵘．当代农民维权抗争活动的一个解释框架［J］．社会学研究，2004（2）．

[3] 应星．草根动员与农民群体利益的表达机制——四个个案的比较研究［J］．社会学研究，2007，(2)：1-23.

[4] 吴毅．“权力-利益的结构之网”与农民群体性利益的表达困境——对一起石场纠纷案例的分析［J］．社会学研究，2007，(5)．

[5] 徐昕．为权利而自杀——转型中国农民工的“以死抗争”［J］．中国制度变迁的案例研究，2008，(6)：255-305.

[6] 王洪伟．当代中国底层社会“以身抗争”的效度和限度分析：一个“艾滋村民”抗争维权的启示［J］．社会，2010，(2)：215-234.

[7] 王伦刚．法治进程中当代中国农民工非正式的利益抗争［D］．成都：西南财经大学，2010.

[8] 王平．作为弱者武器的传媒：农民利益表达与抗争的策略选择[J]．人文杂志，2012，(4)．

[9] 陈颀，吴毅．群体性事件的情感逻辑以 DH 事件为核心案例及其延伸分析 [J]．社会，2014，(1)，34.

[10] 于建嵘．农民维权与底层政治 [J]．东南学术，2008，(3)．

[11] 蔡禾，李超海，冯建华．利益受损农民工的利益抗争行为研究——基于珠三角企业的调查 [J]．社会学研究，2009，(1)．

[12] 徐达内．自杀式上访 [N]．媒体札记，2014-7-29.

污名化："城管"的媒介话语建构

——基于20家主流媒体新闻报道的实证研究（2000—2013）

张 洋

摘 要：基于框架理论，通过对20家代表性报纸2000年至2013年涉及城管的新闻报道进行内容分析与文本分析，研究发现：在"新闻主题"与"新闻报道立场偏向"的设置中，因"新闻版面"的分配偏好，造成了城管报道失衡；传统媒体在"新闻体裁"的选择上，深度报道与评论文章的数量相对较少；媒体在新闻事件中较少进行一手材料获取，"新闻来源"上存在转载新媒体、自媒体的现象，因此无法保证新闻的客观性；在"新闻语言"的运用上，媒体通常采用明示性意义与暗示性意义相结合的手法对城管进行污名化。究其成因，主要在于客观事实、刻板印象、原型沉淀效应与主体话语权缺失；商业运作规律下媒体的负面新闻偏好；新闻生产中"标签化"的操作模式。而重申新闻专业主义，坚持"城管"新闻的客观性；遵循新闻伦理规范，改善"城管"新闻报道的平衡性；超越个案、挖掘深度，增强"城管"新闻报道的宏观性，则成为重构城管媒介形象的可尝试路径。

关键词：城管；媒介形象；污名化成因；重构路径

一、研究缘起

"城管"是近年新闻中的热门词汇，且已然成为持续性的社会热点话题。2013年12月25日，中国社会科学院社会发展战略研究院发布《中国社会发展年度报告（2013）》中指出：城市居民对政府各职能部门的信任评价中，对城管部门的信任比例最低，仅占24.0%。

作者简介：张洋，中国人民大学新闻学院博士生。

2014 年 5 月 26 日，社科院蓝皮书发布《形象危机应对研究报告 2013—2014》，调查结果显示，2013 年群众认为形象最差的官员群体中，城管位列首位。以上报告再次提醒我们，城管在城市管理中发挥重要作用的同时，被贴上了贬低性的标签，面临着形象危机。城管的形象危机源自客观事实、认知基模、刻板印象、原型沉淀效应、妖魔化与标签化下的共振，作为拥有行政执法权的"强势群体"，城管群体正在遭受污名待遇。

以"夏俊峰案"为例，2009 年 5 月 16 日，夏俊峰和妻子在马路上摆摊被沈阳市城管执法人员查处。在勤务室接受处罚时，夏俊峰与执法人员发生争执，刺死城管队员两名后又重伤一人。从 2009 年 5 月案发到 2013 年 9 月判决执行，媒体对该案持续关注。吊诡的是，在媒体的高密度报道下，舆论对夏俊峰的遗孀表示出热切的同情。自始至终，被刺死的两名城管的家属却无人问津。不难看出，在污名化的机制下，媒体与舆论呈现出明显的是非偏差。媒体通过议程设置，造成城管的污名，由此影响舆论；而舆论的反馈又再次强化了媒体的议程框架，使城管的污名愈演愈烈。"城管"是当下中国社会矛盾的载体与缩影，研究"城管"的媒介污名化现象极具现实意义。

二、文献综述

（一）污名化

污名（stigma）一词起源可以追溯到古希腊，当时的统治者在社会最底层的人们身上做标记，以表明他们的社会身份低下[1]。在现代社会中，对污名做出深刻分析的学者首推欧文·戈夫曼。戈夫曼认为，污名是一种社会性状，当污名持续性叠加，则出现污名化（stigmatization）现象。"污名化"是社会给某些个体或群体贴上的贬低性、侮辱性的标签，进而导致社会对被贴标签人的不公正待遇。"污名化"使其对象的身份受损，其对象即被贴标签者的社会地位被贬低，在他人眼中丧失了原有的社会信誉和价值，并遭受到社会的排斥[2]。诺贝特斯·埃利亚斯则强调"污名化"是一个动态的概念，其意涵是指一个群体将人性的低劣强加在另一个群体之上并加以维持的过程[3]。随后，研究者把污名化过程进一步分解为由五个相互关联的社会要素所构成，分别是：贴标签、原型化沉淀、地位损失、社会隔离和社会歧视[4]。

（二）城管

城管的出现可以追溯到20世纪90年代。1996年，北京市宣武区成立了全国第一支获得法律授权的城市管理监察大队；2000年后，城市管理综合执法工作逐渐在全国铺展开来。在污名化的过程中，城管自身确实存在问题。但是，城管的问题涉及政府管理与社会体制，城管问题是社会矛盾的缩影和载体，且对于一个群体而言，出现问题的毕竟是个体化行为。而在个体化行为被放大的过程中，媒体对城管的话语建构也起到了推波助澜的作用。

（三）话语建构与媒介形象研究

从社会建构的观念来看，所谓的现实是人们根据自己的解释和有意识或无意识的认知行为再生产出来的[5]。传播学领域建构主义研究的重点在于，分析媒介如何将各种符号、意义、政治议题及文化因素通过小到遣词造句大到选题、确定编辑方针等方式组合建造成一个有机的整体[6]。记者在新闻生产中，总是选择一些信息而排除另一些信息，从而影响公众舆论与受众对特定事件或者问题的理解[7]。这种选择性的话语呈现对于媒介形象建构，具有方向性的决定作用，新闻所主张的“事实”是对信息碎片的选择性重组，不同框架的视角会产生不同的意义[8]。有关污名化的媒介研究，国内目前更多地聚焦于“农民工”[9,10]“艾滋病患者”[11]“网游青少年”[12]等弱势群体，而对居于社会管理阶层的城管的污名化，实质上暗合了中国社会转型的背景，反映了公民意识的变迁。有关“城管”污名化的研究，迄今多采取个案切入，以选取热点事件的起止时间为节点，研究对象常常是一家媒体。如匡文波以人民日报新浪官方微博为研究对象，以武汉“双面城管”练摊、广州小贩围打城管两个事件为例，分析城管执法问题的网络舆情的特点[13]。季兴帅以《华商网》为例，收集了2011年1月1日到2011年11月1日的新闻样本，分析网络媒体对城管形象的建构[14]。然而，上述研究的代表性、典型性难以辨析，普遍性无法得到验证，对城管新闻报道的研究不够系统。本研究试图扩大研究样本的历时与规模，通过实证研究，使研究成果更具有普遍意义。

三、研究方法与研究设计

本文基于戈夫曼的框架理论，采用内容分析与文本分析相结合的研究方法，选择多家具有代表性的媒体、历时性地呈现媒体对城管的报道，希冀可以较为全面地反映媒体对"城管"污名化的过程。在研究对象上，从发行量与影响力两方面考虑，本文内容分析的对象是大陆具有代表性的20家纸媒①。诚然，"城管"新闻的发端与乱象更多地呈现于网络，然而根据麦田的"三棒传播理论"，即便在网络热点事件中，报纸等传统媒体承上启下，负责了第二棒传播[15]。可见，在"城管"的相关报道中，传统媒体依然起到了重要的作用。在样本选取上，鉴于城管这个行业出现的时间节点，本文取样的时间跨度是2000年至2013年，通过系统抽样，每年随机起始点抽取9个构造周，合计抽取882天。借助慧科数据库，以"城管"为关键词搜索，共找到样本1812篇，有效样本1736（见表1）。在分析框架上，本研究的测量编码设立了新闻主题、新闻版面、新闻报道立场偏向、新闻体裁、新闻来源、记者是否直接采访当事人、是否有直接引语、是否有间接引语共八项测量指标。编码员选取两人，编码员间的信度计算采用史考特Pi指数。经测量，编码员间信度为0.812，编码信度可靠。

表1　编码表

测量内容	编码类别	类别说明
A　新闻体裁	（1）动态消息	报道事件的最新进程且无过多的深入调查和观点
	（2）深度报道（新闻）	系统地阐述重大新闻事件和社会问题
	（3）评论文章（观点）	除事件客观描述外，有记者的观点和表达
	（4）网络语录	纯粹摘引网络上的观点
B　新闻来源	（1）原创稿件	媒体记者或评论员、专栏作家的文章
	（2）转载传统媒体、新媒体	稿件来源为其他传统媒体或者门户网站、新闻网站等新媒体
	（3）转载自媒体	文章来源为网络，未经证实

① 本研究选取的20家纸媒包括：中央党报（人民日报、光明日报）、地方党报（解放日报、文汇报、广州日报）、都市报（北京：北京晚报、北京晨报、北京青年报、新京报；上海：新民晚报；广州：南方日报、南方周末、南方都市报、羊城晚报；天津：今晚报；深圳：深圳晚报；成都：成都商报；西安：华商报；武汉：楚天都市报；济南：齐鲁晚报）。

（续表）

测量内容	编码类别	类别说明
C　新闻版面	（1）头版	第一版，如第一版为导言则第二版视作头版
	（2）非头版要闻	非头版的专属要闻版面
	（3）非头版非要闻	非头版且非专属要闻版面
D　新闻报道立场偏向	（1）正面（肯定、认同、支持）	价值判断偏向"城管"
	（2）负面（批评、质疑、贬斥）	价值判断偏向叙事另一方或批判"城管"
	（3）中性	无明显偏向
E　新闻主题	（1）客观报道	只报道事件，不呈现媒体观点
	（2）解释事件	报道进一步解释事件，对事件定性，分析事件的缘由
	（3）提出建议	通过事件提出建设性解决方案
F　记者是否直接采访当事人	（1）是	当事人接受了媒体采访
	（2）否	当事人未接受媒体采访，采用话语为他处摘抄
	（3）未知	无法判断话语的来源
G　是否有直接引语	（1）是	出现当事人话语的直接引用
	（2）否	未出现当事人话语的引用
H　是否有间接引语	（1）是	出现媒体转述当事人的观点
	（2）否	未出现媒体转述当事人的观点
I　报道主题	（1）正常执法	
	（2）先进事迹	
	（3）执法受害	
	（4）职务犯罪	
	（5）暴力执法	
	（6）政策管理	
	（7）宏观问题	
	（8）其他	
	（9）个体问题	

四、研究发现

在频频曝出的负面新闻中，城管"粗暴""蛮横""打人"，对管理对象动辄打伤、重则致死，大众对城管的认知基模已基本形成，其刻板印象是暴力执法者[18]。城管的媒介形象缘于媒体的话语建构。记者在新闻生产中，通过选择策略，强调一些信息并排除一些信息，从而影响公众舆论与受众对特定事件或者问题的理解[16]。这种选择性的话语呈现对于媒介形象的塑造具有方向性的决定作用，新闻所主张的"事实"是对信息碎片的选择性重组，不同框架的视角会产生不同的意义[8]。依托框架理论，本文采用内容分析与文本分析相结合的方法，从新闻生产的宏观、中观、微观三个层次上分析媒介对"城管"的话语建构[17]。

（一）新闻宏观层次分析

从表 2 中可见所示，主题占比超过 10% 的分别是正常执法 510 篇（29. 38%）、政策管理 325 篇（18. 72%）、暴力执法 270 篇（15. 55%）、执法受害 182 篇（10. 48%）。"正常执法"主题多为描述城管日常进行的有效管理；"政策管理"主题通常是相关部门出台的新规定以及城管部门内部规制；"暴力执法"主题多数与重大新闻事件重合，且呈现逐年上升的趋势；"执法受害"主题通常描述城管在执法中遇到的障碍和困境，乃至给个体造成的损害。

表 2　新闻主题（2000—2013）

	2000	2001	2002	2003	2004	2005	2006	2007	2008	2009	2010	2011	2012	2013	总计	占比（%）
正常执法	6	8	34	47	29	30	56	37	31	35	33	49	41	74	510	29. 38
先进事迹	2	0	4	3	8	5	15	10	7	12	30	51	16	4	167	9. 62
执法受害	3	2	2	4	16	12	32	32	8	27	10	7	1	26	182	10. 48
职务犯罪	0	0	0	3	0	6	5	14	8	10	13	10	22	4	95	5. 47
暴力执法	0	0	0	3	4	21	12	18	27	49	29	47	25	35	270	15. 55

（续表）

	2000	2001	2002	2003	2004	2005	2006	2007	2008	2009	2010	2011	2012	2013	总计	占比（%）
政策管理	1	5	12	0	14	32	15	29	41	49	18	46	47	16	325	18. 72
宏观问题	0	1	1	0	3	2	8	24	18	12	35	16	9	22	151	8. 70
其他	0	0	1	0	0	5	4	3	4	6	4	5	1	3	36	2. 07
总计	12	16	54	60	74	113	147	167	144	200	172	231	162	184	1736	100

整体而言，“暴力执法”主题的数量明显少于“正常执法”主题，在比重上接近“执法受害”主题，媒体似乎是做到了客观均衡的报道。然而，“暴力执法”又何以成为大众最为深刻的媒介认知？解答该疑窦，不妨参考另一指标“新闻版面”。

因新闻主题是分类无序变量、新闻版面是分类有序变量，对二者的内容进行卡方检验后，显示结果呈显著相关性（见表3）。再对“新闻主题”的部分内容与“新闻版面”进行线性回归分析。分析发现：（1）“正常执法”主题对“头版”版面呈显著负影响，对“非头版非要闻”版面呈显著正影响；（2）“政策管理”主题对“头版”“非头版要闻”版面呈显著负影响，对“非头版非要闻”版面呈显著正影响；（3）“暴力执法”主题对“头版”“非头版要闻”版面呈显著正影响，对“非头版非要闻”呈显著负影响。（4）“执法受害”主题对“头版”版面呈显著负影响，对“非头版要闻”版面呈显著正影响。可见，“暴力执法”主题更多的居于“头版”与“非头版要闻”版面，“正常执法”“政策管理”“执法受害”主题多见于“非头版要闻”“非头版非要闻”。因此，尽管“正常执法”“政策管理”主题在报道数量上多于“暴力执法”主题、“执法受害”主题在报道数量上接近于“暴力执法”主题，但是在版面位置上，“暴力执法”主题居于更为重要且凸显的位置。

表3　新闻主题与新闻版面的线性回归分析

	头版			非头版要闻			非头版非要闻		
	常量	系数	sig	常量	系数	sig	常量	系数	sig
正常执法	. 319	–. 136***	. 000	. 266	. 037	. 134	. 279	. 178***	. 000
政策管理	. 166	–. 117***	. 000	. 240	–. 072***	. 001	. 191	. 048**	. 035

(续表)

	头版			非头版要闻			非头版非要闻		
暴力执法	.154	.010**	.037	.146	.013*	.060	.160	-.053**	.024
执法受害	.119	-.078***	.000	.048	.077***	.000	.108	-.044	.102

注:* 表示 $p<0.1$,** 表示 $p<0.05$,*** 表示 $p<0.01$。

值得注意的是，在主题中归为"其他"的报道中，涉及的是微观至个体的问题，与城管群体并无关系，媒体却将"城管"二字凸显，进行相关报道。如2013年主题划为"其他"的三篇报道。10月2日，北京青年报《北京大爷训城管：你车占了骑车道》一文，报道内容本是一件微末小事，只因涉及市民对城管的指责便登上了报端。10月11日，深圳晚报《不想和城管打架　正在学习做个好人》一文，文章内容是围绕网民建议前拳王迈克·泰森与城管对战这一"段子"而对泰森进行的专访，文中并未涉及城管的内容，却将城管做了报道的噱头。11月3日，楚天都市报《赤壁一城管人员行骗获刑》一文，该文描述了某人行骗并获刑的经过，这本无稀奇，只因其"城管"身份而具有了新闻价值。不难看出，以上报道均暗含了对城管的负面评价，将"城管"话题作为了新闻主题的卖点。

(二) 新闻中观层次分析

从新闻报道立场偏向来看（见表4），负面报道呈现出明显的逐年上升趋势。然而在总体占比来看，负面报道211篇（12.15%），远少于中性报道1006篇（57.95%）、正面报道365篇（21.03%），那么是否可以认为有关城管的报道做到了中立客观？本研究认为，新闻的报道立场偏向如同新闻主题，需要参考版面位置来进行分析（见表5）。

表4　新闻报道立场偏向（2000—2013）

	2000	2001	2002	2003	2004	2005	2006	2007	2008	2009	2010	2011	2012	2013	总计	占比(%)
正面	4	1	6	3	21	27	22	40	40	55	67	30	32	17	365	21.03
负面	0	0	0	2	3	9	6	27	16	20	24	17	39	48	211	12.15
中性	8	15	48	55	50	77	119	100	88	125	81	30	91	119	1006	57.95
总计	12	16	54	60	74	113	147	167	144	200	172	231	162	184	1736	100

表5　新闻报道立场偏向与新闻版面的 Spearman 相关系数分析

		头版	非头版要闻	非头版非要闻
正面	Spearman 相关系数	0.055	0.031*	0.028
	Sig. （双侧）	0.076	0.015	0.240
	N	1736	1736	1736
负面	Spearman 相关系数	0.043**	-0.001	-0.058**
	Sig. （双侧）	0.007	0.956	0.001
	N	1736	1736	1736
中性	Spearman 相关系数	-0.077**	0.028	0.065**
	Sig. （双侧）	0.001	0.246	0.007
	N	1736	1736	1736

**. 在0.01 水平（双侧）上显著相关。

*. 在0.05 水平（双侧）上显著相关。

通过“新闻报道立场偏向”与“新闻版面”的相关性分析发现：(1)“正面”报道与“非头版要闻”版面呈显著正相关；(2)“负面”报道与“头版”版面呈显著正相关、与“非头版非要闻”版面呈显著负相关；(3)“中性”报道与“头版”版面呈显著负相关，与“非头版非要闻”版面呈显著正相关。可见，“负面”报道更多的居于“头版”版面，“正面”“中性”报道多见于“非头版要闻”、“非头版非要闻”。因此，虽然“正面”、“中性”的报道数量上远大于“负面”报道，但是在版面位置上，“负面”报道通常居于重要位置。

在涉及“城管”的报道体裁上（见表6），动态消息1419篇(81.74%)、深度报道187篇（10.77%)、评论文章123篇（7.09%)。鉴于上述涉及城管报道中“新闻版面”对“新闻主题”和“新闻报道立场偏向”的影响，虽然动态消息的数量和占比较大，但其是否遵循了客观性，是需要商榷的。同时，作为解释事件的深度报道与提出建议的评论文章占比过小。这一方面将导致事实不能真实、全面地呈现给读者；一方面也易诱使读者陷入对个别案例与城管群体的审视，无法宏观把握问题。

表6　新闻体裁（2000—2013）

	2000	2001	2002	2003	2004	2005	2006	2007	2008	2009	2010	2011	2012	2013	总计	占比（%）
动态消息	12	14	43	44	68	105	136	135	117	169	140	207	126	103	1419	81.74

（续表）

	2000	2001	2002	2003	2004	2005	2006	2007	2008	2009	2010	2011	2012	2013	总计	占比（%）
深度报道	0	1	10	14	5	5	5	10	11	16	16	13	27	54	187	10.77
评论文章	0	1	1	2	1	3	6	22	16	15	16	11	8	21	123	7.09
网络语录	0	0	0	0	0	0	0	0	0	0	0	0	1	6	7	0.40
总计	12	16	54	60	74	113	147	167	144	200	172	231	162	184	1736	100

参照表7、表8、表9，未采访当事人的新闻报道有947篇（54.55%）、是否采访当事人未知的新闻报道有218篇（12.56%）。而采用直接引语的新闻报道有670篇（38.59%），采用间接引语的有1006篇（57.95%）。对比上述数据，发现吊诡之处是，使用直接引语、间接引语的新闻数量大于采访当事人的报道数量。如果没有对当事人进行采访，直接引语与间接引语的来源是哪里？重新对内容分析的材料审核发现，很多报道引语是转载其他媒体，抑或是出自网络论坛、微博等新媒体。部分所谓的原创报道疑似是作者参考了相关新闻，在对事件进行梳理时，不经注明地摘引了相关报道的内容作为直接引语与间接引语，这种做法明显违背了新闻真实性的原则。因此，在分析新闻来源的统计数据时，虽然原创稿件1539篇，比重高达88.65%，但是其原创性真实与否是需要质疑的（见表10）。此外，新闻来源为转载传统媒体、新媒体、自媒体的现象日趋显著。因此，在这样一个全媒体时代，传统媒体需要一如既往地保持其长期培养的公信力，记者应该奔赴一线进行采访，以获取第一手资料，而不应将自身等同于文字编辑，更不应在自由、随意的网络表达空间中丧失其新闻求真、求实的精神[18]。

表7　采访当事人（2000—2013）

	2000	2001	2002	2003	2004	2005	2006	2007	2008	2009	2010	2011	2012	2013	总计	占比（%）
是	8	10	43	41	24	39	44	38	47	56	29	65	31	96	571	32.89
否	0	4	5	17	43	63	89	115	84	130	106	139	77	75	947	54.55
未知	4	2	6	2	7	11	14	14	13	14	37	27	54	13	218	12.56
总计	12	16	54	60	74	113	147	167	144	200	172	231	162	184	1736	100

表8　直接引语（2000—2013）

	2000	2001	2002	2003	2004	2005	2006	2007	2008	2009	2010	2011	2012	2013	总计	占比（%）
是	0	2	4	9	14	38	48	71	55	85	69	127	84	64	670	38.59
否	12	14	50	51	60	75	99	96	89	115	103	104	78	120	1066	61.41
总计	12	16	54	60	74	113	147	167	144	200	172	231	162	184	1736	100

表9　间接引语（2000—2013）

	2000	2001	2002	2003	2004	2005	2006	2007	2008	2009	2010	2011	2012	2013	总计	占比（%）
是	2	5	8	19	41	71	97	120	93	142	101	155	75	77	1006	57.95
否	10	11	46	41	33	42	50	47	51	58	71	76	87	107	730	42.05
总计	12	16	54	60	74	113	147	167	144	200	172	231	162	184	1736	100

表10　新闻来源（2000—2013）

	2000	2001	2002	2003	2004	2005	2006	2007	2008	2009	2010	2011	2012	2013	总计	占比（%）
原创稿件	12	16	54	55	71	109	146	161	132	189	151	201	118	124	1539	88.65
转载传统媒体、新媒体	0	0	0	5	3	4	1	5	12	10	16	19	26	34	135	7.78
转载自媒体	0	0	0	0	0	0	0	1	0	1	5	11	18	26	62	3.57
总计	12	16	54	60	74	113	147	167	144	200	172	231	162	184	1736	100

（三）新闻微观层次分析

框架理论在微观层面上关注的是新闻报道的语言和修辞，且通常与文本分析的方法相结合[19]。根据对抽样资料的分析，新闻媒体呈现“城管”

群体的媒介形象时，语言上存在使用贬义词与敏感词的现象；修辞上偏好使用明示性意义与暗示性意义相结合的手法。

1. 新闻报道的语言

抽取新闻媒体对城管的211篇负面报道，采样标题与描述事件的章节，利用ROST WordParser词频分析软件检测，发现单字"打、殴、骂、砸、扔、拽、踢"和词组"强拆、打人、殴打、辱骂、呵斥、打死"等带有明显贬义且涉及肢体冲突的动词在标题以及文章中均有较高的出现频率。

2. 新闻报道的修辞

对抽样资料进行文本分析发现，媒体涉及城管报道的修辞多采用明示性意义与暗示性意义相结合的手法。明示性意义主要表现在对符号能指形式的刻意运用、夸张表达上；暗示性意义主要发生在相关符号形式的刻意关联，或者运用暗示方法产生特定意义[20]。如2013年6月21日，南方都市报《看城管当卧底，听雷政富谈廉政……》一文，该报道以武汉城管摆摊一事为发端，大量转载了新浪微博上的讨论。该文章的话题多元，仅在开头处涉及城管、在结尾处戏谑了雷政富。然而，该文标题却将城管与雷政富并列，运用了"刻意关联"的修辞手法将二者等同化处理。"雷政富谈廉政"充满着讽刺意涵，而上下句对照，则暗示了"城管当卧底"一事的荒诞。又如2010年2月5日，齐鲁晚报《收到过假币，遭遇过城管，小哥俩为爱心坚持街头摆摊"希望山里小伙伴过个好年"》一文，文章讲述了两名小学生在街边摆摊售卖小物件以捐助希望小学，这是好人好事，但是街边摆摊是违反规定的，因此受到了当地城管的劝阻。城管的行为属于秉公办事，是无可厚非的。但是在文章题目中，记者却将"城管"和"假币"做了并列，并采用了近于贬义的动词"遭遇"，其手法即暗示性表述，其结果是将"城管"置于好人好事的对立面。

五、结论与讨论

城管隶属国家公职人员群体，其负面的新闻可以频繁见诸报端，体现了新闻报道的自由，是社会进步的象征。然而不容忽视的是，城管群体正在遭受在污名化。在污名化下，受众很易形成对城管的认知基模。在城管"暴力执法者"的媒介形象影响下，受众很难再对涉城管信息进行理性分析与判断。这既对城管个体不公，也不利于城管的正常执法，更可能成为社会不稳定的因素。如上文所述，媒介在城管污名化的过程中起到了决定性的作用，传统新闻媒体对城管形象的建构是“暴力执法者”，其过程中存在诸多失范。第一，在“新闻主题”与“新闻报道立场偏向”的设置中，因“新闻版面”的分配偏好，造成了城管报道失衡。第二，传统媒体在“新闻体裁”的选择上，深度报道与评论文章的数量相对较少。第三，媒体在新闻事件中较少进行一手材料获取，“新闻来源”上存在转载新媒体、自媒体的现象，因此无法保证新闻的客观性。第四，在“新闻语言”的运用上，媒体通常采用明示性意义与暗示性意义相结合的手法对城管进行污名化。

参照新闻媒体在城管新闻报道中存在的问题，在媒介层面，本研究对“城管”媒介形象污名化的成因与重构路径有以下考虑与建议：

（一）“城管”媒介形象污名化的成因

1. 客观事实与主体话语权的缺失

毋庸置疑的是，涉及城管的负面报道与日俱增，其根本原因是城管群体自身确实存在着问题，这是不容否认的客观事实。作为办事人员阶层，城管的位置颇为尴尬，他们听命于上级，但在一定程度上变本加厉地执行以便得到个人获利的机会。城管大都出身于民，但因为吃了公饭而有了权力优越感和施展空间；又由于杂乱的出身和低文化程度，造成其公务执行的随意和过激。由于执法中操作苛刻，往往导致民怨沸腾[21]。然而，城管存在的问题不应视作个体问题或是单一群体的征候，而是管理与制度上存在缺陷，是整个社会问题的缩影。

客观事实经过媒介的放大后，按照沃尔特·李普曼“依据性别、种族、年龄或职业等特征进行社会分类，形成关于某一类人的固定印象”这一刻板印象的定义，人们对城管群体形成了“暴力执法者”的刻板印象。同时，媒体对类似负面事件的频繁报道，在强化受众刻板印象的同时，又将个体事件中的人物角色、人物行为进行了“原型沉淀”。“原型沉淀”起源自瑞士心理学家荣格的集体无意识理论，指独立交际的、反复出现的意象、象征、主题、人物、情节母题，或结构单位。学者曾庆香指出，新闻话语中也沉淀着原型。她认为原型沉淀效应是指媒介唤起了人类童年时期就隐藏、沉淀在人们心中最底层的某种情感，使得似曾相识的经历得以重温，让受压抑的情感得到满足[22]。沉淀之后的原型恰恰符合人们的“社会心理”，符合人们的集体记忆模式，进而唤醒了人们的集体共鸣。长期的“原型沉淀”效应将导致“个体”形象上升至“群体形象”[23]。在客观事实下，潜在问题所引发的执法纠纷事件成了城管污名化的助推器，刻板印象与原型沉淀效应相互叠加，进而加重了城管的污名化。此外，城管部门在媒介上缺失话语权。在固有的执法者思维与陈旧的行政手续下，城管与媒体的沟通途径匮乏。城管的新闻发言人系统尚不健全，负面报道中城管当事人又往往处于缺席的状态，在主动放弃辩驳机会后，舆论的一边倒自然成为洪水之势。

2. 商业运作规律下媒体的负面新闻偏好

美国新闻学者 J. 加尔通和 M. 如歌认为，负面性事件的处理是一种特殊的新闻价值观。自新闻产生以来，媒体就对负面的、非常态的信息情有独钟[24]。媒体和受众对于负面新闻有着浓烈的兴趣和深究动机，媒体对负面新闻事件的报道率与媒体的信誉度已直接挂钩。是否报道负面新闻以及如何报道负面新闻，不仅关乎媒体的社会责任感和社会形象，也关乎媒体的利益和生存情况[25]。道格拉斯·凯尔纳将那些能体现当代社会基本价值观、引导个人适应现代生活方式，并将当代社会中的冲突和解决方式戏剧化的媒体文化现象定义为媒体奇观[26]。在某种意义上，“城管”不啻媒体吸引眼球的工具。

媒体在新闻事实方面的失范在于，涉及城管的新闻报道广泛采取了选择性观察。媒体较多地采用典型的、个别的、特殊的事实，特别是偏向于采用那些与他们头脑中建构的或者他们希望看到的形象相符合的事实，而忽略掉大量与他们期望不吻合的案例，以及与他们的想法相冲突的信息[27]。在事实真实和媒介真实之间形成了真实事件媒介化呈现，通过编码的聚焦、放大、删减和扭曲，最终酿制成了一系列立场单边倒的负面媒介事件。

3. 新闻生产中“标签化”的操作模式

在涉及“城管”的新闻报道中，“贴标签”的新闻操作模式是十分凸显的。大众媒体在定义“城管”群体的过程中，利用“标签化”操作，抽离了群体与个体差异，呈现出“污名化”效果。贴标签对于新闻媒体来说，可以用最少的文字传递最大量的信息，符合了新闻报道的简洁性原则；另外，标签的模糊神秘效应能引人联想甚至起到煽情效果，易引起读者的兴趣。追溯我国大众传媒话语生产中“标签化”的操作模式，通常是借助“贴标签”策略对农民工、艾滋病人等社会弱势、边缘群体进行“污名化”，使得本身就式微的群体更难引起社会关注和获得融入社会的机会。而媒体对隶属管理阶层的“城管”所运用的报道立场偏向发生了改变，不再是强势阶层拥有无可撼动的霸权地位，这种对社会强势群体的“标签化”处理，本质上体现了社会的进步。然而，“标签化”的负面效果却更需分析和反思。

“标签化”的操作模式将放大群体偏向负面的特征，使受众形成刻板印象，从而使标签成为群体特征对应的能指。媒体在建构“城管”媒介形象的同时，也在被建构的“城管”媒介形象所影响。媒体从业人员持有职业群体的共同文化，对社会面貌的认知与想象相近，这些观念与市民阶层基本雷同，易受到社会中污名化现象的影响。这种影响遍及记者、编辑对新闻的选择，乃至报道中的叙事方式、情感偏向、态度和评价，影响并形成恶性循环，最终将导致报道对象的污名化程度不断加深[28]。

（二）“城管”媒介形象的重构路径

1. 重申新闻专业主义，树立“城管”新闻的客观性

在商业运作规律下，媒体呈现出对负面新闻的偏好，甚至出现了所谓的“合理”想象，这种行为违背了新闻的真实性原则。真实性是新闻存在的基本条件，新闻真实性的深层要求是：现象真实与本质真实要辩证统一，微观真实与宏观真实要有机结合[29]。新闻专业主义要求新闻从业者是社会的观察者、事实的报道者，而不是某一利益集团的宣传员，也不是政治、经济利益冲突的参与者或鼓动者[30]。因此，新闻从业者应尊重事实，尽量获取第一手资料，应坚持新闻专业主义“客观、独立、自由”的原则，加强对事件当事人的采访，避免标签化思维对“城管”群体的污名化新闻操作。

2. 遵循新闻伦理规范，改善“城管”新闻的平衡性

对新闻从业人员来说，所谓的客观报道是以一种公正、超然及不含成见的态度来报道新闻[31]。媒体不应迎合甚至夸大民间某种激进的情绪，依靠煽动民粹主义来吸引眼球，而应对各方意见进行均衡表达。超脱、平衡、公正地对待事物，是对新闻从业者伦理道德的要求[32]。平衡报道的内涵是以一种不表态的方式探讨问题，让听众、观众和读者能够了解所有重要的论点[33]。平衡报道要求记者在新闻报道中要兼顾矛盾双方，从不同的消息源获取信息，并将对立面的事实和观点同时予以报道。平衡报道不仅包括信息报道中不同意见、态度和观点的平衡，还包括信息获取来源、手段和途径的平衡[34]。在涉城管的新闻报道中，媒体应注意不同新闻主题、新闻报道立场偏向文章的报道版面分配平衡，要规范“新闻语言”的运用。

3. 超越个案、挖掘深度，增强“城管”新闻的宏观性

污名化建构了我们的集体记忆，其本身具有一定的积极效用。污名化

将强势阶层的种种现实问题进行放大，可以促使政府正视现实社会问题的严重性和紧迫性，采取必要的政策性措施作为回应，以达到问题倒逼改革的目的。然而，从现实层面上看，我国应对"城管"问题的整治措施比较单一，聚焦的是单个案例，却没有从制度的本质上对问题进行分析并解决。这种治标不治本的执法措施，造成了管理成本的浪费，而问题依旧频仍。鉴于此，利用"污名化"解决社会问题并不具备可执行性。同时，污名化的过程是一种对群体贴标签的过程，人们仅仅通过自身已有的、习惯性的分析框架去看待某些社会事件或现象，这将对个体利益造成损害。因此，对"城管"的新闻报道不应一味就事论事，应尝试挖掘新闻深度。这就意味着要增加深度报道与评论文章的比重。

参考文献：

［1］刘能．艾滋病、污名和社会歧视：中国乡村社区中两类人群的一个定量分析［J］．社会学研究，2005，（6）：136-164.

［2］Goffman. E. Stigma. Note on the management of spolled identity ［M］. New York：Simon&Schuster，1963.

［3］管健．污名的概念发展与多维度模型建构［J］．南开学报，2007，（5）：126-134.

［4］Link，Bruce G，Jo C. Phelan，Conceptualizing Stigma，Annual Review of Sociology，2001：27.

［5］彼得·伯格，托马斯·卢克曼．现实的社会建构［M］．北京：北京大学出版社，2009.

［6］邱林川．多重现实：美国三大报对李文和的定型与争辩［J］．新闻与传播研究，2002，（1）.

［7］Entman R M Framing. Toward clarification of a fractured paradigm ［J］. Journal of Communication，1993，（4）：51-58.

［8］袁艳．"城中村"的媒介话语建构［J］．新闻大学，2007，（1）：20-27.

［9］李洪涛，乔同舟．污名化与贴标签：农民工群体的媒介形象［J］．二十一世纪，2005，（7）.

［10］詹小路，李欣．弱势群体的媒介形象——以"城市畸零人"农民工为例［J］．当代传播，2012，（6）：39-41.

［11］景军．艾滋病谣言的社会渊源：道德恐慌与信任危机［J］．社会科学，2006，（8）.

[12] 燕道成，黄果．污名化新闻报道对网游青少年的形象建构［J］．国际新闻界，2013，(1)：110-117.

[13] 匡文波．网络非理性情绪的产生、蔓延与应对策略——关于城管执法问题的网络舆情分析［J］．学术前沿，2013，(9)：72-79.

[14] 季兴帅．网络媒体对城管形象的构建——基于《华商网》的定量分析［J］．今传媒，2012，(2)：92-93.

[15] 李彪．舆情：山雨欲来——网络热点事件传播的空间结构和时间结构［M］．北京：人民日报出版社，2011：76.

[16] Entman. R. M. Framing：Toward clarification of a fractured paradigm［J］. Journal of Communication，1993，(4)：51-58.

[17] 臧国仁．新闻媒体与消息来源——媒介框架与真实建构之论述［M］．台北：三民书局，1999：6-18.

[18] 谢耘耕，王平．从"金庸去世"看微博假新闻的传播与应对［J］．新闻记者，2011，(1)．15-18

[19] See Todd Gitlin. The Whole World Is Watching：Mass Media in the Making and (Un) making of the New Left［M］. Berkeley：University of California Press，1980：6.

[20] 张潮，黄超．新闻媒体对"官二代"的话语建构——对33家代表性报纸相关报道的内容分析［J］．新闻记者，2013，(3)：39-44.

[21] 许燕．以近年热点事件及其应对为例看中国社会各阶层媒介话语重构（下）［J］．新闻大学，2013，(1)：60-68.

[22] 曾庆香．新闻话语中的原型沉淀［J］．新闻与传播研究，2004，(2)：66-72.

[23] 张潮，张洁．社会现实、集体记忆和标签化报道的互动："官二代"媒介形象的建构及其成因（2009～2012）［J］．湖南师范大学社会科学学报，2013，(6)：133-142.

[24] 格雷姆·伯顿．媒体与社会：批判的视角［M］．史安斌，译．北京：清华大学出版社，2007：297.

[25] 廖志坤．论负面新闻的适度传播［J］．湖南师范大学社会科学学报，2013，(5)：131-137.

[26] 道格拉斯·凯尔纳．媒体奇观：当代美国社会文化透视［M］．史安斌，译．北京：清华大学出版社，2003：2.

[27] 冯莉．"富二代"媒介形象建构研究［J］．新闻记者，2012，(2)：47-52.

［28］董小玉，胡杨．风险社会视域下媒介污名化探析［J］．当代传播，2011，(3)：41-43.

［29］陈绚．大众传播伦理案例教程［M］．北京：中国人民大学出版社，2012：75-77.

［30］陆晔，潘忠党．成名的想象——中国社会转型过程中新闻从业者的专业主义［J］．新闻学研究，2002，(4)：71.

［31］吴飞．新闻专业主义研究［M］．北京：中国人民大学出版社，2009：40.

［32］陈力丹．新闻理论十讲［M］．上海：复旦大学出版社，2008：69.

［33］John Wilson. Understanding Journalism：A Guide to Issues［M］. London：Routledge，1996：45.

［34］杜建华．风险传播悖论与平衡报道追求——基于媒介生态视角的考察［J］．当代传播，2012，(1)：67-70.

信息流瀑：群体极化下的网、媒互动

——以“4·15香港幼童便溺”事件为个案的研究

周　洲

摘　要： 网络舆论成为影响中国社会发展的重要力量。网络平台提供了意见交换的公共场域，也成为群体极化滋生的温床。在人人都是麦克风的新时代，网络群体的集结以前所未有的发声优势夺取并占领了媒体和公众的关注高地。无法回避的事实是，在虚拟领域掀起的语意狂欢已经悄然无息地渗透进现实社会的各个角落。文章通过案例，分析在网络与媒体绞聚的合力下，网民信息是如何遭遇分流并最终极化，并如何对社会产生波动的。

关键词： 群体极化；幼童便溺；网媒互动

2014年4月15日，一起“大陆小童在香港街头便溺”的小事经由网络报道后迅速发酵，最终演变为牵动内地和香港人神经的事件。截至目前，在社交媒体新浪微博上共有130万人关注“孩子香港街头小便”的讨论话题，调查数据显示，占总数85.5%的被调查者[①]认为：“孩子尿急当街小便可以理解，香港人对内地人有偏见。”与此同时，香港电视台Now TV公布民调，港人在面对“如何看待内地小童随街便溺事件”问题时，75%的受访者表示“内地人不文明”。针对同一事件，网民表达出截然相反的群体意见，让“幼童便溺”一跃成为当季热门关键字。随着内地和香港媒体的介入，一股相互对立的敌对情绪在网络和社会上蔓延，群体在互动中折射出的极化现象引起广泛关注。

作者简介： 周洲，香港中文大学文学院硕士生。

① 截至目前，共有244341人参与投票调查，209140人认为尿急小便可以理解，占调查总数的85.5%

一、小童便溺与群体极化

群体极化作为舶来词，意指持有相似观点的群体在讨论之后，原有观点得到进一步的巩固和强化并且趋向极端的社会现象。美国哈佛大学教授凯斯·桑斯坦（Cass R. Sunstein）在其论著《极端的人群——群体行为心理学》中指出，进行讨论的一个群体的成员通常到最后所采取的立场，与讨论前成员所持有的倾向总体相同，而且更为极端[①]。这种基于小组讨论形式的典型模式在政治社会中得到印证，也同样遍及于文化、媒体以及人际传播等领域。网络技术的成熟与普及，使得他者的信息交互在跨界、跨时区的条件下成为可能，网际网络提供了群体讨论最为便利的条件，这也使得极化现象在互联网社会中显得尤为突出。

当我们从群体极化的角度审视“香港幼童当街便溺”事件时，两派群体就会显现出来：一派是以香港媒体和网民为代表，在他们看来，随处便溺“是违法行为，是不道德行为，是有害于公共卫生的行为”（《明报》，2014 年 4 月 30 日，A32 版），“所有小孩均会大小便，但随地便溺则非正常人类所为”（《太阳报》，2014 年 4 月 21 日，A18 版）；另一派则以大陆媒体和网民为主，认为“当地公共设施不健全、引导服务缺失，才导致孩子无奈街头便溺”（《新快报》，2014 年 4 月 23 日，A32 版），指责港人“不在乎别人的感受、不体谅别人的难处，绝不是文明的表现”（《人民日报》海外版，2014 年 4 月 24 日，03 版）。

一件街头小事会成为公众关注的焦点、引发内地和香港传媒的大讨论，很大程度上也是得益于群体极化的外现。毫不夸张地说，“幼童当街便溺”并不具备所谓的带有普遍性的新闻价值。媒介生产的惯例向来是运用新闻价值来衡量社会事件并以此决定是否报道。无论是从新闻的时新性、重要性，还是从显著性和趣味性等标准来考量，“香港幼童便溺”事件的新闻价值都不尽如人意。很明显，港陆两派群体的极化，将原本植根于网络的争议性议题搬到更广的台面上。群体的意见越是走向极端，媒体就越有必要将其公之于众，以期使公众达成对事件整体的基本共识。因此，“香港幼童便溺”事件与其说是被媒体嗅到了新闻价值而大做文章的

① ［美］凯斯·R. 桑斯坦. 极端人群：群体思维的心理学［M］. 伊宏毅，郭彬斌译. 北京：新华出版社，2010：4

结果，不如说是群体极化推动下的新闻产物。

可惜的是，由于两派持有的立场对立鲜明，大众传媒的介入反而令事态火上浇油，双方各执己见，由最初的就事论事演变为捍卫自我观点的辩论战。事件最初起源于网站 youtube 上盛传的一段视频，拍摄的是一对大陆夫妇纵容小童当街便溺，被港人发现后双方发生激烈的冲突。此时港陆两派的网络舆论一边倒地指向大陆夫妇，批评其缺乏文明素质。时隔一天，一则完整的视频被上传网络，受众发现大陆夫妇原先是排队如厕，迫于生理需求小童就地解决，港人王某用相机拍下小童便溺情景，大陆夫妇发现后索要相片未果，继而引发争执。随着事件细节的不断披露和原有消息的不断更正，两派群体的争论焦点逐渐从"幼童能否当街便溺"转向了"幼童是男孩还是女孩""母亲有没有用纸接住排泄物""幼童的排泄物是大便还是小便""母亲是否打了港人耳光"等细枝末节上。诚然，我们也可以看到传媒在为尽快平息争端做出的种种努力。然而，在事件未完全明朗化之前，传媒不遗余力地将自己的碎片化认知公布于众，反而加剧了舆论的火焰。由于立场不尽相同，内地和香港传媒披露的信息越多，相互矛盾的观点越盛，受众对事件真相的渴望也就越热烈。

在群体极化的过程中，群体的思维也并没有盲目地把"小童在香港当街便溺"置于"可接受"与"不可接受"的二元对立模式下。桑斯坦指出，群体思维（groupthink）旨在弄清楚哪些可以预料会导致某些形式的极端主义的决策的过程[①]，"群体极化提供一项简单和明确的预测……群体思维的想法则要复杂和难以驾驭得多[②]"。在事件中，我们也看到港媒对香港的反思，指出"港人的'唯我独尊'心态，在于只看到内地人在街上便溺的'不文明'，却看不见自己拍摄行为的'不文明'"（《大公报》，2014 年 4 月 21 日，A03 版）。反观陆媒亦然，承认这对夫妇也有不当的地方，"他们若能尽量找个偏僻场所，或向本地人士求助，后来的事情可能就不会发生"（《京华时报》，2014 年 4 月 23 日，A02 版）。由此可见，群体极化并不是非理性的，群体思维也吸纳了多元的声音，只是由于不符合主流趋势而被群体极化所压抑了。这种压倒性的观点"令组织内部的信念和观点变得更加统一、类似，并因此抑制了组内的分歧和信息多样化"[③]。

---

① ［美］凯斯·R. 桑斯坦. 极端人群：群体思维的心理学［M］. 伊宏毅，郭彬斌译. 北京：新华出版社，2010：109

② ［美］凯斯·R. 桑斯坦. 极端人群：群体思维的心理学［M］. 伊宏毅，郭彬斌译. 北京：新华出版社，2010：114

③ ［美］凯斯·R. 桑斯坦. 谣言［M］. 张楠迪扬译. 北京：中信出版社，2010：10

二、极化运行机制：偏见同化与群体认同

恐怕极化的创建者也没有料想到事态的严重性：一段自媒体时代的“随手拍”会引发港陆间的轩然大波。极化是自发的，也是计划中的，媒介的报道议程从最初的关注网络骂战转变为媒体之间的口诛笔伐。当双方传媒发觉自己已经深陷你来我往的“口水战”而难以自拔时，两极群体的意见已经达到了剑拔弩张的状态。在这个过程中，理解了群体极化的生成机制，也就能够理解为何媒介参与没有达到预期的消除极化，反而推动了群体极化。

在信息沟通方面，群体极化最重要的原因在于，人们把自己所知道的告诉对方，而他们所知道的却在一个可以预测的方向上呈偏斜状态①。由于港人和大陆人对彼此已经持有成见，基于固有的认知结构，针对“小童便溺”就会产生本能的反应：港人会倾向于认为大陆人“不讲文明”“没有素质”；而大陆人则会觉得香港人“不够包容”“小题大做”。当两派群体被标签化，预先设定的立场左右了港陆人的价值判断，极化趋势就开始显现。“人们愉快地倾向于对别人的论点做出反应——而在一个倾向于特定方向的群体中，观点的集合就会不可避免地朝着原先倾向的方向偏斜”②。

那么，为何媒体在不断地跟进报道中提供了进一步的证据，群体依然没有去极化的迹象？桑斯坦指出，人们的意见之所以被证明极端，仅仅是由于他们最初的观点得到进一步证据的证实，还在于了解到别人的相同看法后，他们变得更加自信满满③。在事件中，香港媒体指责小孩直接将排泄物置于地上，大陆媒体跟进调查，指出小童便溺时母亲“用一片尿不湿接着，小孩站立后，地面并无湿迹”④。随后港媒提供新的照片，点明小童

---

① ［美］凯斯·R. 桑斯坦. 极端人群：群体思维的心理学［M］. 伊宏毅，郭彬斌译. 北京：新华出版社，2010：28

② ［美］凯斯·R. 桑斯坦. 极端人群：群体思维的心理学［M］. 伊宏毅，郭彬斌译. 北京：新华出版社，2010：29

③ ［美］凯斯·R. 桑斯坦. 极端人群：群体思维的心理学［M］. 伊宏毅，郭彬斌译. 北京：新华出版社，2010：30

④ 2014 年 04 月 23 日星期三北京青年报内地幼童香港街头小便真相调查。http：//epaper. ynet. com/html/2014-04/23/content_ 53770. htm？div=-1

的排泄物与地面直接接触，尿不湿实际上是用来遮盖排泄物的纸巾[①]，随即立马遭到大陆网民质疑“照片为 ps 之作”[②]，为陷害大陆妇孺“别有用心”[③]。整个过程中，双方固执己见，进一步的证据使得各自的观点得到进一步的证实，对自己的立场也就更加深信不疑。

如果群体成员认为他们具有一种共同特征和高度的团结一致，极化的程度就会加深[④]。这也就解释了为何港陆间的全民大讨论未能将两极的观点向中央转移——双方自始至终都把对方看成辩论的对立面，将对方的言论都视为其在捍卫所在群体的利益做出的努力。这种为争取群体利益所带来的团结，抑制了不同意见的产生，群体成员通过“香港人”或“大陆人”的情感纽带，以言行一致的方式来维护集体荣誉感。身份认同之于“香港人”是“高度自律并严守法制的”，“大陆人”则是“具体问题具体分析的”。在“想象的共同体”（安德森 Benedict Anderson，1983）的包裹下，“香港人”或“大陆人”的身份认同“处于危机状态时，就会被激烈辩论”[⑤]，而“小童便溺”事件正是这一危机可能发生的一种情境。众所周知，香港与内地的矛盾加剧了双方关系的对立，事件之外积怨已久的对立情绪与群体内部的团结一致形成联系，会使极化加重。

除了抱有偏见的辩论和维护身份的认同感，名誉感也在扮演着极化的幕后推手。人们希望得到群体的其他成员的好感，并对自己有好感[⑥]。当我们听到别人的看法，我们中的一些人就会稍稍地朝着占据主导地位的立场调整自己的观点，这样一来，我们就有可能克制自己所持的相反意见，表达观点便成为偏好的自我展示。之前谈到，群体内部的相反意见容易被主流思想压抑。那么，如果群体内部的相反意见是由意见领袖提出的呢？很显然，在进行讨论的群体中，即使是意见领袖，如果他们对别人拒绝接

---

① http://v.cqnews.net/first/2014-04/23/content_ 30562711.htm

② http://big5.3mt.com.cn/g2b.aspx/ido.3mt.com.cn/Article/201404/show3610405c12p1.html

③ http://big5.3mt.com.cn/g2b.aspx/ido.3mt.com.cn/Article/201404/show3610405c12p1.html

④ ［美］凯斯·R. 桑斯坦．极端人群：群体思维的心理学［M］．伊宏毅，郭彬斌译．北京：新华出版社，2010：53

⑤ Chris Barker. 文化研究：理论与实践［M］．罗世宏译．台北：五南图书出版有限公司，2012：279.

⑥ ［美］凯斯·R. 桑斯坦．极端人群：群体思维的心理学［M］．伊宏毅，郭彬斌译．北京：新华出版社，2010：34.

受的观点穷追不舍，就会“冒着遭到群体反对的风险”①。事件中的一个突出例子，是闾丘露薇在新浪微博发表评论，被大陆网民认为是“制造谣言”②、“言辞欠妥”③，在叙述事实时有失偏颇④，被喝令“滚出新闻界”⑤。而香港也有类似的情况发生：政府官员苏锦梁在面对媒体采访时呼吁港人以“包容的态度”⑥ 来对待，就遭到港民的反感，并收到匿名人士寄送的粪便邮包⑦。可见，群体在名誉的自我捍卫过程中，形成了难以动摇的价值体系，而群体内部的异见分子会被认为是不尊重群体名誉的另类，即使是意见领袖也会招致集群的排斥。

三、衍生：情绪感染与社会秩序

按照桑斯坦的说法，极化有两个作用，一是“揭示了隐藏的信念与欲望”，二是“创造了新的信念与欲望”。根据第一种说法，民众往往对一系列问题具有“被压抑的、但却深切的关注”⑧。一般情况下，这些关心的问题不会出现在社会生活中，通常人们也不会对此加以评论。群体一旦进行交谈，人们对事件的看法和觉悟就会有所提高，自我沉默的态势就会被打破，人们很容易找到抒发情绪的视窗。通过“小童便溺”事件，我们可以清楚地看到两岸民众对于事件本身的、潜藏的内心情绪。这些情绪往往带着强烈的个人诉求和集体诉求，也让人们清楚地看到两岸民众在思想观念、文化差异、生活习惯等方面的分歧点。这些分歧点暴露在公共舆论

---

① ［美］凯斯·R. 桑斯坦. 极端人群：群体思维的心理学［M］. 伊宏毅，郭彬斌译. 北京：新华出版社，2010：36.

② 4月21日，闾丘露薇转发由凤凰视频发布的事件网络视频并发表评论，其中“孩子母亲打了路人一耳光”一句后被证明不属实。4月24日，闾通过微博道歉，表态“有很多对我批评指责，我接受批评”。

③ 4月22日，闾丘露薇针对事件再次发表评论：“另外，不要在公开场合暴露孩子身体是做父母常识，找不到厕所，找个角落避一避。帮孩子换内衣都应该去厕所，或者角落，不要当着陌生人，这是爱孩子的表现。如果真的厕所和人口比太低，要求政府多建公厕。另外在香港，再有道理，动手一定违法，要维权，比如要删除照片，主动报警，电话999”，招致网友炮轰。

④ 网民普遍认为，闾丘露薇在评论时过滤“夫妇事先排队如厕，小孩忍不住才当街便溺”“港人发难阻挠夫妇离开才会被婴儿车顶撞”等事实，放大了大陆人的陋习。

⑤ http：//www. taihainet. com/news/media/2014-04-23/1240880. html

⑥ http：//tv. sohu. com/20140430/n398999130. shtml

⑦ http：//www. wenxuecity. com/news/2014/05/08/3248921_ print. html

⑧ ［美］凯斯·R. 桑斯坦. 极端人群：群体思维的心理学［M］. 伊宏毅，郭彬斌译. 北京：新华出版社，2010：39

下，有助于全社会对解决争端做出有益的思考。例如，针对来港游客寻厕难等问题，有香港网友制作“完全香港寻厕手册”，广受大陆网友好评。

如果将“两岸矛盾表面化便于厘清分歧”称为是群体极化下的自然产物，那么由此引发的社会冲击让我们意识到极化现象“剑走偏锋”后丑恶的一面。4 月 22 日，内地网民在网络论坛呼吁发起“罢游香港”和“五一期间带小孩来港便溺”行动。与此同时，香港网民不甘示弱地号召“遍地黄金摄影大赛”，鼓励民众拍摄大陆客在港街头便溺情况。4 月 27 日，约 30 名港人携带粪便道具，于尖沙咀购物城内模拟小童便溺，与大陆游客对骂。一群具有一定程度共性的人在不满情绪方面达成共识，并诉诸非理性的解决方式，这样的后果是令人担忧和深思的。受极化刺激的社会运动势必会影响两岸的稳定与发展。

同时，事件之外的毫不相干的议题亦受到牵扯，部分受众借题发挥，将两岸之前的瓜葛一并纳入讨论框架之中。自香港回归以来，两岸在对话交流过程中的摩擦有增无减，自由行、跨境学童、双非孕妇、社会综援等与港人利益休戚相关的社会问题一直得不到妥善解决，这种积怨在“小童便溺”事件下得以迸发，受众不再“就事论事”，而是将事件扩大至更深远的社会议题。这也正是部分媒体将事件称为“导火索”的原因，因为一次偶发的街头便溺，是远不可能引发两岸的激烈争辩的，大讨论的背后是“冰冻三尺非一日之寒”的社会纠葛。

值得一提的是，我们或许应该反思媒体在事件中的作用。首先，事件伊始，两岸媒体站在道德的制高点指责对方，这样的做法是不对的，不利于事情解决，反而推动群体极化。当群体被激化至一定程度时，媒体为熄火降温再采取补救，难免为时已晚。其次，媒体在新闻报道中措辞也值得商榷。“他们”和“我们”“香港人”和“大陆人”等这样的人称代词给受众造成一定的困扰，暗示这两组关系先天是对立的，是存在隔阂的，容易产生敌对情绪。而敌对情绪是目前压力下的产物，它不是来自遥远的过去，它是当前和最近的，媒体不应当人为地扩大群体鸿沟。最后，媒体把原本不是新闻的材料硬做成新闻，在间接上也推动了事件的扩大化。事件中两岸媒体争相登载对方不同的观点和立场的报道，媒体陷入景观生产的循环圈，无疑在为争端火上浇油。需要指出的是，香港的确存在一些偏激的报刊，试图挑起陆港矛盾，一味把事情闹大。对于这样的媒体我们也要看清它，对他们提供的别有用心的讯息源要保持头脑清醒，不能给予其兴风作浪的机会。

四、结　　论

在希腊神话故事里，有一位名叫皮格马利翁的雕刻家，他爱上了自己雕刻的女神像，从此每天对着雕像说话，最终感动了女神雕像，女神成为真人并与之长相厮守。这就是著名的皮格马利翁效应，它预示现实是会受到自我或他人的期望而影响的。反观“香港小童便溺”事件，群体思维之所以极化，归根结底在于群体固守偏见，以自身立场揣摩对方的观点或看法，使得对方的形象越来越妖魔化，群际隔膜也随之扩大。因此，互动不是解决群体极化的途径，相反，抱有偏见的互动反而会促使群体走向极化。群体往往不善推理，却急于采取行动①。当我们摘下有色眼镜，心平气和地聆听多元的意见和声音，以提供更自由的信息流通和更充分的对话时，或许在不久的将来，两岸关系能够迎来新的春天。

参考文献：

[1]［美］凯斯·R. 桑斯坦．极端人群：群体思维的心理学［M］．伊宏毅，郭彬斌译．北京：新华出版社，2010.

[2] Chris Barker 着．文化研究：理论与实践［M］．罗世宏译．台北：五南图书出版有限公司，2012.

[3]［美］凯斯·R. 桑斯坦．谣言［M］．张楠迪扬译．北京：中信出版社，2010.

[4]［法］勒庞着．乌合之众：大众心理研究［M］．宇琦译．长沙：湖南文艺出版社，2011.

① ［法］勒庞．乌合之众：大众心理研究［M］．宇琦译．长沙：湖南文艺出版社，2011：3.

网民“怒潮”的兴起与消减特征

——以新浪微博上关于“平度事件”的言论为例

郝丽婷

摘　要：网民“怒潮”是指网民通过互联网围绕某一个议题展开的带有反抗性质的评论潮，是互联网时代特有的舆论现象之一，其兴起与消减都是一个不断变化的过程，对这个过程的研究有利于把握网民舆论起伏的特征，对引导网民舆论、化解社会危机、进行社会管理有益。文章采用内容分析法，以新浪微博3月21日—4月4日关于平度事件的微博评论为研究样本，分析总结了其中“怒潮”发展的四个阶段，即怒潮形成、怒潮高涨、怒潮消减、怒潮反复中的微博内容指向，并进一步总结出网民“怒潮”的兴起与消减的特征。

关键词：网民“怒潮”；兴起；消减；平度事件

一、概念界定

（一）网民怒潮

网民通常指过去半年内使用过互联网的6周岁及以上的中国公民。2013年7月17日CNNIC发布的《第32次中国互联网发展状况统计报告》中的数据显示，截至2013年6月底，中国网民数达5.91亿，互联网普及率为44.41%，较2012年年底提升了2.0个百分点。网民已成为一个重要的舆论主体。

作者简介：郝丽婷，中国传媒大学新闻学院硕士生。

随着信息技术发展和个人 PC 的普及，网民的数量与日俱增。与此同时，网民对网络的熟悉程度提高，对网络多功能应用能力增强。网民评论是指网民借助互联网平台发表的评论，它是网络评论的重要组成部分。网民评论区别于正规的新闻评论，它来自网民的思考抑或随意的情绪发泄；形式上，有评论文章或只言片语。网民评论有积极效应，但也会聚集成为集体性的运动，即所谓的“网民怒潮”。

“怒潮”常用来比喻波澜壮阔的反抗活动。本文认为网民怒潮指网民通过互联网围绕某一个议题展开的带有反抗性质的评论潮。

（二）平度事件

“平度事件”即指 3・21 平度村民守征地被焚事件。因对开发商征地手续有异议，没有拿到征地补偿，山东省平度市杜家疃村村民在已被圈占的被征地施工入口搭起帐篷，阻止施工。2014 年 3 月 21 日凌晨，帐篷起火致 1 死 3 伤。3 月 25 日，此案已成功告破：李某、李显某、柴培某、刘长某 4 人受王月某指使（均为平度人），窜至现场实施纵火后逃跑。王月某是受崔连某（贵和置业有限公司法人代表，系开元城御景二期工地承建商）和杜群某（杜家疃村主任）的指使实施犯罪。7 名犯罪嫌疑人被刑事拘留。4 月 3 日，平度市人民检察院以涉嫌放火罪，依法批准逮捕 7 名犯罪嫌疑人。

事件发生后，平度市在官方微博中对公众质疑进行了一些回应，称征地“手续合法”，“征地补偿均已到位”。但在当前的社会舆情下，这样的简单回应远远不够。公众需要了解更为详尽的事实，例如，征地是否符合有关规划，被征地块是否基本农田？唯有说清征地本身是实实在在的“手续合法”，才有助于人们对后续事实做出正确与否的评判。于是，公众对信息的需求与相关部门的沉默形成矛盾，使得事件从一开始就充满了争议性，微博上关于此事的评论持续增长，形成“网民怒潮”。

本文将以平度事件中网民怒潮的兴起与消减为例进行研究。原因如下：一是该事件的时效性强，为近期发生的在网上引发轰动的典型事件之一；二是该事件具有突发性和典型性，3 月 21 日事件发生后，媒体与网民立刻关注，微博上一片轰动，同时，由于事件初期地方的一些做法引起了网民的“愤怒”，具有典型性；三是影响力大，由于去年平度陈宝成案的关联，此次平度事件一出，网民们的观点喷涌而出，影响力大。

二、研究方法

本文使用内容分析法，辅以文本分析法，对新浪微博上关于平度事件的微博为主要研究对象。

（一）选取新浪微博的原因

新浪微博是目前我国主要的微博平台之一。新浪微博是由新浪网推出的微博服务网站，于2009年正式推出，以模仿美国微型博客服务网站Twitter推出，其推广策略以邀请名人参与并使用其服务为主力来吸引用户注册并使用其服务。早在2011年，《华尔街日报》印刷版援引市场研究公司RedTech Advisors于2011年第一季度发布的调查数据显示，按用户数量计算，新浪微博是目前占据中国微博市场份额最大的微博网站，占总用户量的57%。

另外，新浪微博自带的“高级搜索”功能对于研究文本的选择具有很大的作用，且其微数据、微报告等应用也为研究提供了便利性。基于以上原因，本文选取新浪微博为研究对象。

（二）选取的微博样本

本文根据事件发展时间，截取了2014年3月21日（村民被烧死）——2014年4月4日（嫌疑人被刑拘）作为时间段。

样本抽样使用新浪微博高级搜索，以“平度事件”为关键词进行搜索，对搜索出的微博样本进行分析。

三、研究分析

通过对3月21日—4月4日新浪微博每日微博数量的趋势变化（见图1），且参考新浪微博微指数关于“平度”热词的热议度曲线图（见图2），可见二者在此阶段内的热度变化趋势基本一致。根据对微博内容的文本分析，本文将平度事件在微博上的评论议程分为四个阶段。即怒潮形成、怒潮高涨、怒潮消减、怒潮反复，时间见表1所列。本研究对每个阶段的网民评论内容的类别、情绪进行进一步分析，以下将对其做详细论述。

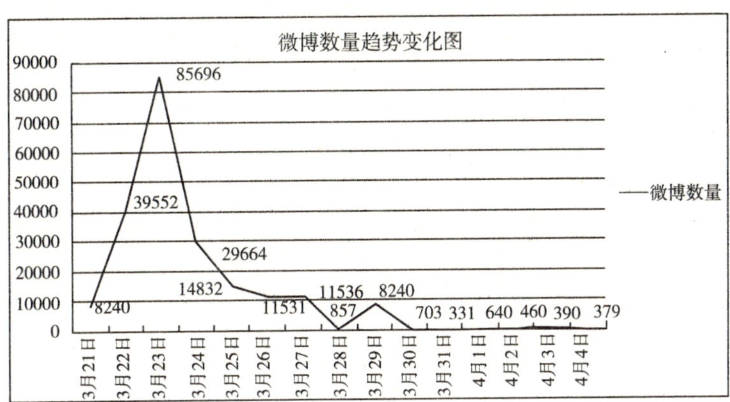

图 1　平度事件新浪微博数量趋势图

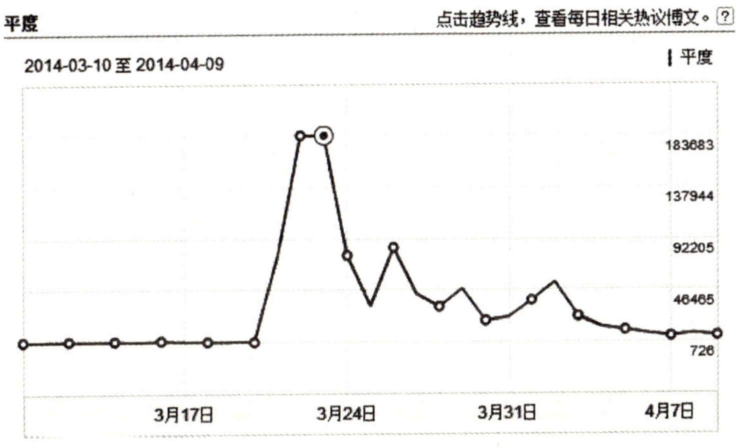

图 2　新浪微博“平度”热议指数一个月内趋势图

表 1　平度事件网民怒潮发展阶段

阶段	怒潮形成	怒潮高涨	怒潮消减	怒潮反复
日期	3 月 21 日—3 月 22 日	3 月 23 日—3 月 24 日	3 月 25 日—3 月 28 日	3 月 29 日—4 月 3 日

（一）事件发生：怒潮形成

自 3 月 21 日凌晨两点，村民耿福林被烧死的消息陆续传开。10：18

分，《南方都市报》首席记者韩福东在其新浪微博账号@韩福东上，发表了第一条关于事件的消息（见图3）。该微博对事件的一些基本信息进行了概括。随后，微博上关于该事件的评论开始“热”起来，一直到次日即3月22日，网民的“怒潮”都在一个发酵与形成的状态中。这个阶段的微博评论内容主要有以下方面：

【平度杜家疃拆迁又现血案，看地村民凌晨两点被泼汽油焚烧造成一死两重伤一轻伤！】平度多位拆迁户证实，因政府占地，未得到补贴的村民在自家地里守护，3月21日凌晨两点，“被政府找来的社会人物”浇汽油焚烧，造成村民耿富林死亡，李崇德、杜永军重伤，李德连轻伤！平度拆迁户在案发现场！@朱孝顶律师

3月21日 10:18 来自iPhone客户端　　(250) | 转发(3356) | 收藏 | 评论(799)

图3　新浪微博上关于平度事件的第1条微博

第一，追问真相，追问凶手。以一种强烈的问句诘问事件真相是这个阶段最为常见的评论；如@徐昕：平度要拿出实打实的证据，回应公众疑问。对于征地拆迁，我国有《土地管理法》等一系列法律法规予以规范。在山东平度的这次事件中，我们需要追问征地过程是否合法正当？村民是否依法通过正常途径得到救济？平度若要平息质疑，要拿出实打实的证据回应公众疑问，绝不能有所搪塞。

第二，对于微博@平度发布中公布的关于事件的信息以及说法的不满；如：@杨学林律师：前面说是“起火”，后面说要“严办”。为了掩盖真相，平度官方开始胡言乱语了。呼吁公安部直接调查，山东回避。

第三，谴责。如@蓝鲸财经记者工作平台：用残忍的手段烧死睡梦中守护自己家园的人！什么是恐怖行为？这就是！平度强拆事件已进行好久，这事件爆发太摧毁人的心理底线了，强烈谴责平度政府的不作为！

总之，这段时间的微博评论仍处于对事件真相的追问以及谴责中，很多网友的愤怒言论也是针对平度官方对信息含糊不清的披露而评。

（二）事件发展：怒潮高涨

从图1和图2都可以看出，3月23日—3月24日两天是微博评论的高潮，同时也是网民怒潮的高潮。此时，案件没有告破，且新的信息不断被媒体披露出来，事件发生30小时后，死者尸体匆匆火化、“抢尸”“灭口”

等信息被媒体报道，激起网民愤怒。在媒体报道中，一位自称来自平度的男子在拒绝接受记者报道时，说的“采访要经过我批准”被网民大肆批评。这段时间微博愤怒评论主要有以下方面：

第一，继续追问真相，追问结果。如@饺子加米饭：对于山东平度事件：首先，我想知道这是一场什么性质的“火灾”。其次，我想知道伪造村民签名手续这事是不是真的。然后，我想知道村委会在征地中扮演什么角色。最后，我想知道法院会怎么判这场“民告官”的官司。擦亮眼睛等着看……

第二，质疑官方，担心事件不了了之。这种言论有愤怒情绪在，但更多的是失望与麻木。如@瘦子学霸等着我：即便现在我们都心怀愤怒，但这种呼声大概会像平度抢尸事件一样，总是有各种解释，到最后都不果而果——马航那两百多条人命可能成为永远的孤魂野鬼，冤死在某个角落里……

第三，从对事件的愤怒过渡到对社会愤怒的发泄。这种愤怒言论所占比例不小，很多网民会把对事件的看法扩散到对社会的不满。如@儿时的槐花：贱民，贱民哟，为什么公务员那么吃香，为什么他的工资不是很高，甚至现在连一些小福利都没了，那么多人还是挤破头想去考呢？因为当上了公务员就是国家的人了，国家的法律就会保护你了。作为一个农民，说好听点是农民说难听点就是贱民，贱民的命不值钱啊，对于平度事件有感而发。

在这一阶段，网民愤怒达到顶点，微博成为一个重要的宣泄口，不论是追问质疑，还是担心失望，抑或是纯粹的发泄，都共同构成了这段时间的网民怒潮。

（三）事件结果：怒潮消减

3月25日，案件初步侦破，7名犯罪嫌疑人被刑事拘留，案件在进一步审理中。消息传来，微博上一篇沸腾，同时，网民怒潮开始消减，一直到3月28日，微博数量从14832条降到了857条。这一消减过程是缓慢而渐变的，怒潮虽在消减，但仍然存在。内容主要有以下方面：

第一，对事件处理结果的猜疑。如@茶花很美：不知道又有几个替死鬼。平度事件给中国的各级政府都敲响了警钟，为所欲为的日子已经在远去。非法拆迁这几年，死了多少冤魂？平度事件出了，土地开发可能也会降温，因为暴利时代可能会过去，官员们也会小心又小心，也不敢再像前几年那么猖狂吧？但愿会有所改变。让民众看到这个还有的希望吧！

第二，由该事件而生的感慨，认为此类事件还会有很多。如@启海真人7：平度事件被烧死的村民成了英雄，因为死在抗拆守地的帐篷里；活着的家属成了富豪，因为接纳了数额可观的封口费。草民一死成名，家属一夜暴富，政府一锤定音，真他妈皆大欢喜！土匪依然是土匪，不会因虚惊一场而有所收敛；奴才始终是奴才，不会因为命如草芥而同仇敌忾。悲剧还会上演。

第三，对以事件为代表的社会问题的反思。如@老马识途1号的诱惑：基层农村在土地拆迁补偿方面的腐败触目惊心，由此引发的暴力、官商勾结鱼肉百姓、侵害农人利益事件层出不穷令人发指。贫苦农民在农村恶势力打压下，勉力抗争，沦为直接受害者。平度事件只是全国此类事件的代表。

当事件有了初步结果后，对事件的猜测和质疑怒潮会慢慢消减，怒潮内容变为感慨和反思，这是一个缓慢的变化过程，且与事件处理的及时性与新的新闻热点出现有一定的关系。

（四）事件追踪：怒潮反复

从趋势图中可以看出，3月39日之后，微博数量大大降低，但还是出现了几次小的反复，这主要表现在两方面，一是由于媒体对平度事件的进一步追踪及相关事件的报道，使得网民的愤怒情绪再次被激发。如关于当地政府工作人员驱散向中央巡视组反映情况的村民之报道引发的热议；二是其他新的社会热点爆发，网民将平度事件与其放在一起发表观点，发泄愤怒。如@V5女郎兔：平度纵火案事件与建三江警察殴打律师案事件，暴露出的地方政府权力使用乱象，他们利用手中权力，指示着一群没有自我思想的脑残摧残着百姓的人身，践踏着国家的法律。

到4月3日，平度市人民检察院以涉嫌放火罪，依法批准逮捕7名犯罪嫌疑人。事件有了初步正式结果，关于该事件的评论与愤怒才趋于缓和。

四、网民怒潮的兴起与消减

通过上文对“平度事件”相关微博的阶段式分析，笔者将进一步分析从中反映的网民“怒潮”的兴起与消减过程及其特征。

（一）网民“怒潮”的兴起及其特征

根据心理学大师弗洛伊德的理论，人的心理能量在积攒到一定程度之后便要寻求释放。其实，“怒潮”是关于愤怒情绪的表达，形成“怒潮”

就必然先会形成愤怒情绪。在当代中国，经济快速发展，社会矛盾突出，公众的心理处于一个高压且脆弱的边缘地带，当典型的社会事件发生时就会成为公众愤怒情绪的导火线。且随着互联网的普及，微博等社交媒体的使用普遍，网络成为网民宣泄情绪、发表观点的主要平台。微博的交互性与节点式传播特性也使得消息在瞬间蔓延，情绪相互影响，甚至相互传染，经过一番简短酝酿后，“怒潮”兴起。其特征为以下几点：

1. 由“典型”事件触发

“典型”事件主要指在当代中国常常刺痛公众愤怒神经的案例，如强拆、农村土地征收、贫富差距、腐败、官商勾结等问题，都是近年来激起网民热议的典型案例。网民对于这些事件的愤怒其实不单来自事件本身，也是一种长期积攒的社会认知与不满的爆破口。平度事件涉农村土地问题、官商勾结问题，官民之间的冲突且有伤亡，使得这一事件成为典型事件。消息一传开，网民的愤怒情绪就被触发。

2. 酝酿时间短

微博由于其发布内容较短和节点式的传播模式，因此从其内容发布到得到反馈的时间差很小甚至没有时间差，这直接带来了其舆论反应的迅速性。从上文的分析可以看出，从事件消息爆发到形成怒潮只用了 2 天时间，“怒潮”的酝酿时间短，网民在获知消息后随手即可发表自己的观点和评论，及时将自己的情绪发泄出去，缩短了“怒潮”的形成周期。

3. 观点的多元性

在微博传播中，公众的地位是平等的，每个人都有表达自己观点的权利，传统媒体长期以来所具有的话语霸权被消解，实现了自媒体时代的公共话语权。与传统媒体舆论相比，微博舆论的个体化特征突出。因此，网民怒潮绝不仅仅是一种观点的传递，而是多种观点的集合体。如平度事件中的怒潮有质疑、有诘问真相、有对社会的失望等多种观点，这种多元化使得“怒潮”更有影响力。

4. 与事件信息模糊的关联性

网民“怒潮”的兴起一定程度上与事件信息的模糊性相关，事件信息越不完整、越模糊，网民的猜测与质疑也就越多，愤怒情绪也会相应高涨。在平度事件中，微博@平度发布虽然也不断地发布事件信息，但由于其用词模糊、前后不一致等现象，更加剧了网民的“怒潮”，成为怒潮兴起的添加剂。

（二）网民“怒潮”的消减及其特征

既然称为“潮”，那么就有“潮起潮落”。网民怒潮形成高潮后会逐渐回落。随着事件信息完整性的披露、事件的不断解决以及新的微博热点的出现，网民怒潮会慢慢消减。特征如下：

1. 怒潮消减过程缓慢

相比于网民“怒潮”兴起与形成的迅速，怒潮的消减过程显得缓慢至极。一方面，很多消息获取滞后的网民刚刚加入评论队伍，不断补充着愤怒情绪；另一方面，事件的解决、结果到被接受也是一个过程，这使得怒潮消减呈现缓慢性。

2. 怒潮消减中会出现反复

怒潮的消减过程不是一直呈下降趋势的，而是会有反复过程的出现，即在整体下降中会出现一些小的“高潮”。如平度事件中，微博评论在3月29日和4月1日分别出现了增长，这与事件新的信息被披露、新的发展有关。可见，在怒潮消减中一旦出现新的问题，网民敏感的神经将会被再次触动而引发怒潮反复。

3. 消减中的怒潮观点转移性

当问题初步解决，怒潮消减过程中往往伴随着观点转移的现象。这一阶段，原来的观点都已经不再新颖，且随着对事件的进一步了解会激发出新的观点倾向。在平度事件的怒潮消减期，观点转移体现在两个方面：一是将对事件的看法扩展到对整个社会的批判，包括对执法部门、政府官员、法制建设等的不满；二是一些反思的出现，包括对十八大以来暴力拆迁减少、平度事件给社会敲响的警钟等的反思。前一种观点转移越发激烈，后一种观点转移趋于平缓。

4. 新的网络热点加剧怒潮消减

由于网络信息传递的及时性、交互性等特征，网络热点总是层出不穷。旧的热点会被新的热点所冲击，从而加快其舆论热度消减。在平度事件热议过程中，3月28日—3月30日凌晨，文章劈腿事件成为微博第一热点，使得平度事件的热度下降，网民“怒潮”快速消减。

五、结　　论

本文以新浪微博3月21日—4月4日关于平度事件的微博评论为研究样本，以文本分析的方式分析总结了其中“怒潮”发展的四个阶段中的内容指向，并进一步总结出网民“怒潮”的兴起与消减的特征。网民怒潮的形成时间迅速，消减时间却相对较长；怒潮由刺痛网民的典型事件触发，是一个多元观点的结合体，且事件信息越模糊越缺乏，怒潮的激烈程度就越高；随着事件的发展与问题的解决，更多事件的信息被披露，网民怒潮观点会出现积极和消极并存的转移；网民怒潮的消减过程缓慢且有反复，同时，新的网络热点出现时对旧热点形成的网民怒潮有冲蚀作用，加快了怒潮消减。

随着当下我国经济的快速发展、社会各项改革的推进，社会神经脆弱而敏感，而网民“怒潮”是网络时代特有的现象，它有时会推动事件的发展与问题的快速解决，有时会使负面情绪蔓延，影响到事件的正常发展，严重时甚至会干扰司法公正。研究网民“怒潮”的兴起与消减特征，有利于把握一般性的规律，从而为有效引导舆论提供参考。有关部门应该把握规律，正确引导网民舆论，疏解网民愤怒情绪，同时吸取网民的有效意见和建议。当有关事件发生时，应积极调查，及时解决问题，提高工作效率，同时尊重公众的知情权，不掩盖真实信息，不提供模糊信息，尽快推动事件的平息。

参考文献：

[1] 郝永华，芦何秋．网民集体行动的动力机制探析——以“郭美美事件”为研究个案［J］．国际新闻界，2012，(3)．

[2] 廖红霞．网民评论的舆论效应——以“杭州飙车案”为例［J］．新闻世界，2010，(5)．

[3] 董迦德，王宇轩．网语演变折射出的网民暴众心理研究及对策分析［J］．安徽文学，2013，(8)．

网络政治参与可操纵性刍议

郑兴刚

摘　要： 网络政治参与可操纵性表现为信息的可操纵性，而信息的可操纵性主要是通过信息轰炸和信息伪造两种方式实现的。网络政治参与的可操纵性主要缘于网络技术的特点及资本、权力与敌对势力的恶意操控。网络政治参与的可操纵性极易引发网民的非理性参与，导致社会的隐性控制。

关键词： 网络政治参与；可操纵性；表现；成因；危害

网络政治参与是一把典型的双刃剑，它一方面增进了政治表达、优化了政治决策、强化了政治监督、涵育了公民文化，同时也丰富了政治参与形式、拓宽了政治参与渠道，在很大程度上推动了中国政治民主的发展；另一方面也存在一些掣肘性因素，如参与的非平等性、参与的非理性化、参与的可操纵性等，这些掣肘性因素不但制约了网络政治参与民主功能的正常发挥，而且还危害了政治稳定与社会和谐。本文拟就网络政治参与可操纵性这一问题进行深入探讨，以科学揭示其表现、成因及危害。

一、网络政治参与可操纵性的表现

网络政治参与是以信息为基础的参与，因而网络政治参与的可操纵性就表现为信息的可操纵性，而信息操纵主要是通过信息轰炸和信息伪造两种方式实施的。

信息轰炸是指在政府组织、非政府组织及个人深谙“隐藏一滴水的方式是将它放进一片海洋中”的奥妙，在短时间内在网络上投放超量信息，

作者简介： 郑兴刚，西安工程大学政管学院讲师，博士后。

甚至过时、冗余、虚假、反动信息，使民众湮没在“信息的海洋”中而感到真假难辨、无所适从，从而达到扰乱民众视听的效果，实现其操控民众思想的目的。网络具有信息复制性强、传播速度快、传播范围广、传播成本低、监管难度大等特点，这就给网络信息的爆炸式增长提供了机会。一些政府机构采取一种新的政治策略，它们不是限制信息的自由流动，而是让大量的信息充斥公众的头脑，以此达到浑水摸鱼、混淆视听的目的①。置身于鱼龙混杂、泥沙俱下、信息过载的网络媒体信息环境中，大多数网民由于缺乏对信息的甄别力而感到茫然不知所措，对过量的信息应接不暇而变得麻木不仁，在信息的丛林里丧失了主见，从而在不知不觉中做了海量信息的俘虏。

信息伪造，是指政府组织、非政府组织及个人在网络中通过技术的方法伪造出一个以假乱真的信息环境来欺骗公众②，操纵民意。一些别有用心的人和敌对势力利用网络信息传播的特点，故意散布一些虚假、甚至有害信息以混淆视听、误导民众。美国学者罗斯扎克曾不无忧虑地指出，利用人们过分信赖计算机输出数据的特点，计算机可以比手工更加巧妙地编辑和操纵信息③。官僚主义的经理、公司精英、军事当局、安全和监视系统都可以利用计算机里的数据来制造混乱、散布神话、进行恫吓和控制别人④。美国学者戴森曾尖锐地批判网络信息伪造问题，认为“数字化世界是一片崭新的疆土，可以释放出难以形容的生产量，但它也可能成为恐怖主义和江湖巨骗的工具，或是弥天大谎和恶意中伤的大本营。”⑤ 国内学者也对网络信息伪造持同样批判态度，认为“现在的互联网络则起到‘一面大墙’的作用，造谣者可以自由地在上面胡乱涂鸦，让全世界阅读”⑥。

---

① ［美］西奥多·罗斯扎克：《信息崇拜》，苗华健、陈体任译，中国对外翻译出版公司1994年版，第150–152页。

② 宋华琳：《互联网信息政府管制制度的初步研究》，载陈卫星主编：《网络传播与社会发展》（新世纪网络传播发展论丛），北京广播学院出版社2001年版。

③ ［美］西奥多·罗斯扎克：《信息崇拜》，苗华健、陈体任译，中国对外翻译出版公司1994年版，第152页。

④ ［美］西奥多·罗斯扎克：《信息崇拜》，苗华健、陈体任译，中国对外翻译出版公司1994年版，第195页。

⑤ ［美］埃瑟·戴森：《2.0版数字化时代的生活设计》，胡泳、范海燕译，海南出版社1998年版，第57页。

⑥ 石培华：《书生打天下》，经济管理出版社1998年版，第150页。

二、网络政治参与可操纵性的原因

网络政治参与的可操作性的原因可从从技术和社会两个方面予以解释：

（一）网络技术特点使然

从技术层面上讲，网络技术特点是造成参与可操纵性的技术原因之所在。网络的开放性、离散性、个性化和跨时空性特点，使得信息可以光速传播、瞬间到达、无界传播、实时互动、高度共享，改变了传统媒介信息源单一和信息量有限的弊端，带来了网络信息的海量性。信息轰炸就是利用网络的这些特点，在有限的时空内投放超密集信息，甚至是无从证实的传闻、流言、诽谤、误解、错误的信息、假情报、天花乱坠的谎言等。因特网的用户有能力在几分钟内传播上万条错误信息，并在同一过程中不断增加一些虚构的情节[①]，从而使人们无从分辨、无从选择。网络的匿名性，具有身份遮蔽和再造的功能，网民可以通过符号和代码随意遮盖、修饰和涂抹自己的身份，因而在客观上提高了虚假、违法信息查处的难度系数，同时也在主观上增强了信息造假者的心理安全感，从而变相地纵容人们的信息造假、作恶行为，同时也大大降低了网络信息的可信度。网络技术的特点，使得网络选举或投票同样可以被操纵，因为电子投票是通过程序完成的，而程序又是人为设定的，网络技术人员及选举机构往往利用人们对信息的崇拜，通过对选举程序的控制，实现对选举结果的巧妙、隐性操纵，从而导致投票箱中的切尔诺贝利事件的发生，以至于托夫勒在《权力的转移》一书中发出了“候选人，请当心”的严厉警告[②]。

此外，网络钓鱼、PS、三维技术等数字化技术也有利于信息的操纵。经过网络钓鱼、PS、三维技术等数字化技术数字化编辑，处理的信息、图像具有超高仿真效果，甚至可以达到以假乱真的程度。2003 年 4 月 1 日，正值香港因“非典”肆虐而人心惶惶之际，一个 14 岁小孩通过网络技术，将网上流传的“香港将成为疫埠”的谣言制作成《明报》即时新闻网页的

---

① 胡泳，范海燕：《网络为王》，海南出版社 1997 年版，第 334 页。

② ［美］阿尔温·托夫勒：《权力的转移》，刘江等译，中共中央党校出版社 1991 年版，第 310 页。

形态，上传至近似明报网站的网址，并以“明报专讯”的名义发布，在整个香港社会上引发了极大的恐慌。在对西藏“3·15”打砸抢烧事件的歪曲报道中，西方媒体通过剪裁和张冠李戴的手法，把发生在尼泊尔的事件歪曲成发生在西藏拉萨的事件，向世人展示了一幅中国警察暴力镇压喇嘛的假象，严重地扭曲了中国政府的形象，在世人心目中造成了极其恶劣的影响。乌鲁木齐“7·5”事件的直接导火索——互联网上流传的“维吾尔红衣女孩被殴打”的配乐视频，经查证，其实不过是一个名为“木卡戴斯”在德国的“世维会”骨干分子，采用“偷梁换柱”的方式，将2007年5月美国有线电视新闻网（CNN）播发的一条新闻进行“改造”的结果。这条新闻讲述的是一名17岁的伊拉克少女由于违反教规爱上异族的小伙，被族人用石块砸死的悲剧。“木卡戴斯”对这段新闻视频进行了剪接，用音乐掩盖了原有的解说词和配音，删掉了红衣少女生前的照片，并谎称这个女孩是维吾尔族女孩[①]。在沸沸扬扬的“华南虎事件”中，所谓的陕西农民周正龙拍摄到的野生华南虎照片其实不过是将年画老虎通过PS技术加工而成的。曾获中央电视台“影响2006”年度新闻图片铜奖的“藏羚羊过桥洞”，也是通过PS技术“拼接”的产物。近年来，一些地方出现的“领导悬浮照”，也是通过PS技术合成的[②]。可见，在信息网络时代，眼见不一定为实，有图也不一定有真相，因为，“假作真时真亦假，无为有处有还无”，在网络这个纯粹的“虚拟环境”中，现实有时不仅是一个值得怀疑的东西，而且是一个可以被彻底解构的东西[③]。在四通八达的网络空间，经过处理的数字化图像有可能进一步瓦解真实[④]。

网络技术的这些特点，不但导致网络空间的信息严重超载，使人们感到茫然不知所措，“信息，到处都是信息，唯独没有思考的头脑”[⑤]；而且还可以将事实与假象、真实与谎言的界限消解于无形，在很大程度上颠覆了世人传统的真实观，消解了网络信息的公信力，使网民在这些海量的，似是而非、虚假难辨的信息面前，犹如雾里看花、水中望月，“亦真亦幻

① 《“世维会”伪造维族女孩被殴打视频曝光》，华龙网，2009-08-12。

② 比较典型的“悬浮照”有：2008年12月25日《清远日报》上发布的领导悬浮照；2009年7月27日，河南省嵩县旅游网发布的领导悬浮照；2011年6月16日，四川凉山自治州会理县政府网站发布的领导悬浮照；2011年6月23日，山西寿阳县政府网站发布的领导悬浮照；2012年5月9日，浙江杭州余杭政府网上发布的领导悬浮照等。

③ 丁未：《网络空间的民主与自由》，《现代传播》，2000年第6期，第21页。

④ 丁未：《网络空间的民主与自由》，《现代传播》，2000年第6期，第21页。

⑤ ［美］西奥多·罗斯扎克：《信息崇拜》，苗华健、陈体任译，中国对外翻译出版公司1994年版，第32页。

难取舍”，从而丧失了主见和鉴别力，沦为任人摆布、受人操纵的玩偶。一些别有用心的人正是利用网络技术的这些特点，通过对网络信息的操纵，达到对网络政治参与进行隐性操控的目的。鉴于此，有论者曾一针见血地指出：“互联网也可能使民主具有欺骗性。它可能被更巧妙地编辑和操纵，使呈现在公众面前的事件、数字失实，误导公众。网络信息轰炸还可以把大量芜杂信息塞满公众头脑，使公众面对复杂的信息无法做出正确的抉择。”①

（二）资本、权力和敌对势力的恶意操纵

网络技术的可操纵性特点，为资本、权力和敌对势力通过非法操纵信息、散布谣言牟取暴利、恶意破坏和控制社会提供了便利。

近年来，网络空间受到商业力量的侵蚀比较严重，一些组织和个人利用网络进行非法公关，牟取暴利。网络非法公关，是指一些组织和个人通过“网络水军”“网络推手”“灌水公司”“删帖公司”“投票公司”等形形色色的非法网络公关机构，利用不正当手段进行品牌炒作、危机公关，打压并诋毁他人和组织，炮制虚假网络民意，操控舆论，混淆视听的行为。一些网络媒体为赚取更多的经济利益而将社会责任弃之于不顾，不惜恶意炒作、哗众取宠、混淆是非；或者利用搜索引擎，屏蔽负面信息，进行欺骗式宣传，误导公众。2008 年发生的“百度屏蔽门”事件②，就是信息屏蔽的一个典型案例，但它不过是信息屏蔽的冰山之一角。“百度屏蔽门”事件使人们对于能否通过搜索引擎获得公正而客观的信息充满了质疑。“‘屏蔽门事件’折射的，实质上是网络媒体的信任危机。媒介公信力指‘媒介所具有的赢得公众信任的职业品质和能力’，而‘屏蔽门事件’所伤害的正是广泛意义上的网络媒介的公信力”③。网络公关公司以创意营销为名，组织大量的“网络水军”在网络上发帖、删帖，采用歪曲捏造事实、炒作话题制造虚假网络民意、诽谤诬陷竞争对手等方式宣传、推销或者恶意攻击某些人或产品，为雇主进行网络“造势”，以达到牟取不正当

---

① 东鸟：《网络战争：互联网改变世界简史》，九州出版社 2009 年版，第 42 页。

② “百度屏蔽门”事件是指百度搜索屏蔽三鹿毒奶粉报道的事件。2008 年 9 月 12 日，随着“三鹿奶粉事件”的不断曝光，网上出现了一封“三鹿公关公司写给三鹿危机公关的信”，称三鹿的危机公关策略中包括“与百度搜索引擎媒体合作，拿到新闻话语权”等，从而使搜索引擎和不良企业相互勾结的内幕暴露于公众面前。

③ 杜俊飞：《搜索霸权与网络社会的新危机——“百度屏蔽门事件”评析》，http：//blog. sina. com. cn/dujunfei，2008 年 10 月 30 日。

利益的目的。这些“网络水军”身披各式马甲，以普通网民的身份留言、发帖、跟帖，甚至采用发送信息的软件——发帖机来批量发帖，伪装民意，蛊惑人心，妖言惑众，因此带有一定的“网络黑社会”性质。蒙牛高管因涉嫌策划诋毁伊利“QQ 星儿童奶”产品被抓的事件，令网络非法公关现出庐山真面目。中石化集团为宣传石油涨价合理，就曾雇用大量网络水军操纵舆论，制造虚假民意。此外，在金浩茶油致癌、丰田质量门、360 和 QQ 大战等事件中，都出现了网络公关公司的身影。网络公关公司的能量极大，“捧人、毁人、‘代表’民意，活跃在互联网世界的地下水军，如同一台台听命于主人的强大机器，只要你付费，他们可以随时为你发动。当互联网为每个人的自由表达准备好了技术工具，网络时代的人们却更难知道真相的样子”①。

网络空间除受商业力量的侵蚀外，也开始受到政治权力的侵蚀。虽然目前的网络公关、媒体操纵还主要停留在商业领域，但也开始向公共生活和政治领域渗透，如在罗彩霞事件、杭州飙车事件、河北李刚门事件中，在很多论坛都出现了用词不一，但腔调高度一致的跟帖，这些帖子都试图为嫌疑人开脱罪责，颠倒是非，扰乱视听。在“感动中国”人物评选中，也出现了网络水军“灌水”、密集刷票的现象，几名“感动中国”人物候选人以极短时间、本地化的方式顺利突围②。此外，为降低负面消息的影响，一些政府部门也开始组织网评员进行所谓的舆论引导。对于愈演愈烈的网络公关现象，有论者不无忧虑地指出：“我们看到的新闻，可能是经过筛选的；我们的意见，有可能被精心策划的新闻公关而诱导，沦为别人的工具。比如各种专事网络公关、网络炒作的中介已经不是什么秘密。许多地方有关部门也公开承认他们在组织网评员队伍，网上调查完全可以通过后台刷票来得出操纵者想要的结果，网民的情绪已经成为商品可以拿来买卖。”③

网络空间除了受商业、权力侵蚀之外，还受到敌对势力的干扰破坏。互联网的超强动员能力，极大地增强了在现实社会中处于弱势和边缘化地位的人或组织的力量，有效提升了个人或组织在政治社会动员中的地位。这正如有论者指出的那样：“任何机构，它越是缺乏传统的组织资源，就越是倾向于采用数字技术以图实现重建和组织创新。……以往只有很少的

① 王小乔：《水淹互联网》，《南方周末》，2010 年 11 月 16 日。

② 《权力水军操控投票怎能感动中国》，南方网，2010 年 12 月 11 日。

③ 湖边树：《网络民主的局限性》，中青在线，2009 年 4 月 23 日。

政治资本、传统优势的反对派组织，在快速适应以网络为纽带的信息和通信机遇方面也只有很少的阻力。……网络并不是推动了这些反对运动——它们往往是更深层次的热情所激发的——而是给他们的组织、动员和表达提供了便利。”① 国内外敌对势力往往利用网络的动员能力强、易隐蔽、易操纵、难监管的特点，躲在数码丛林里，大肆传播政治谣言，发布歪曲、煽动性言论，进行妖魔化宣传和政治渗透，号召人们进行网上聚集和网下行动，以达到蛊惑人心、混淆视听、瓦解民众政治认同和政治信仰，进而达到颠覆国家、分裂社会的目的。拉萨的“3·15 事件”和乌鲁木齐的“7·5事件”，就是“藏独”和“疆独”等敌对势力进行网络政治动员的生动案例和鲜活的反面教材。

三、网络政治参与可操纵性的危害

参与可操纵性带来的危害无疑是巨大和深远的。网络政治参与是以信息为基础的参与，信息的真实性、可信性是网络政治参与健康发展的前提和基础，“相信所有人都能接触到可靠的信息，也即接触到着真理的表现形式——信息”，这一信念是支撑民主的“大梁”②。然而，互联网的特点，为资本、权力和敌对势力非法操纵信息、散布谣言牟取暴利、恶意破坏和控制社会提供了可乘之机，这样，就动摇了网络政治参与的前提和基础，导致了网络政治参与的虚假性和欺骗性。对此，有学者曾不无悲哀地断言：由电子操纵的直接民主，在理论上是可行的，但在政治上可能是灾难的，原因之一就在于信息操纵③。

（一）引发参与冷漠与非理性化

政治参与的重要基础是信息的广度、深度和真实度，公众只有获得真实有效的信息，才能够真正进行有效的民主参与。然而，信息轰炸和信息伪造，必将导致网络信息失序和信息公信力贬值，“网络信息发布成本之低、速度之快、容量之大、流动之随意、身份之隐蔽、复制之无限、删改

---

① ［美］皮帕·诺里斯：《数字鸿沟的三种形态》，载曹荣湘选编：《解读数字鸿沟——技术殖民与社会分化》，上海三联书店 2003 年版，第 29 页。

② ［美］马克·斯劳卡：《大冲突：赛博空间和高科技对现实的威胁》，黄锫坚译，江西教育出版社 1999 年版。

③ 钱振明：《网络时代的政治学和网络政治学》，《江海学刊》，2000 年第 4 期，第 80 页。

之无痕等，使得网络的信息既不是只从固定的地方送出，也不限于固定的地方流出。网络是免疫力低下的新生儿，面对自由变形的比特，你能信几分呢?"①

网络信息失序和信息公信力贬值，必将动摇网络政治参与的根基，引发参与冷漠与非理性化。信息的海量性是网络的重要特点，然而，无序、虚假的信息不但于人类无益，反而成为一种信息污染。"失去控制和无组织的信息在信息社会里并不构成资源，相反，它成为信息工作者的敌人"②。在互联网上，虽然信息是海量的、严重超载的，但真正真实、有用的信息却极为匮乏，这样就造成了信息过量和信息匮乏并存的悖论。同时，在信息的汪洋大海里，事实、真相和真实的呼声都可能被大量的垃圾信息、虚假信息和有害信息淹没，而且一切又都变得真假难辨，这就增加了信息甄别和选择的难度及成本。"把真实和虚假的东西分开将是对使用电子网络的人们的一大挑战，也是对某些人预言的'民主的重建'梦想的挑战"③。"有时候选择不但不能使人摆脱束缚，反而使人感到更棘手、更昂贵，以至于走向反面，成为无法选择的选择。一句话，有朝一日，选择将是超选择的选择，自由成为太自由的不自由"④。

网络信息的泛滥成灾和真伪难辨，不但会降低民众的参与热情，导致参与冷漠，增加政治再社会化的难度，而且也容易使民众迷失自我，引发盲目性政治参与。此外，失真的信息还极易煽动民众极端化政治参与行为。新疆"7·5事件"的爆发，就是西方媒体通过"移花接木""张冠李戴"的拙劣方式进行歪曲性报道，对维吾尔族民众进行恶意煽动的结果。

（二）导致社会隐性控制

网络参与信息的可操纵性，也容易导致社会的隐性控制。传播学大师李普曼曾经对"拟态环境"这一"间接现实"的真实性表示质疑，认为"拟态环境"是人为建构的媒介环境，它和真实环境之间并不存在必然的联系。拟态环境能够影响"我们头脑中的图像"，具有为公众设置议程的功能，因而在引导公众舆论方面具有极其重要的作用。资本、权力和敌对

① 叶琼丰：《时空隧道——网络时代化话传播》，复旦大学出版社2001年版，第87页。

② ［美］约翰·纳斯比特：《大趋势——改变我们生活的十个新方向》，梅艳译，中国社会科学出版社1984年版，第23页。

③ 胡泳，范海燕：《网络为王》，海南出版社1997年版，第202页。

④ ［美］阿尔温·托夫勒：《未来的震荡》，任小明译，四川人民出版社1985年版，第313页。

势力都深谙媒介在塑造拟态环境、引导舆论上的重要性，因而都千方百计地对媒介进行控制，试图通过媒介所塑造的拟态环境影响社会舆论，进而达到社会控制的目的。“任何一种新媒介的出现，都成为政治、经济权力的争夺中心，不仅原有的社会强权会插手其中，新的社会势力也可能破土而出”①。“网络时代民主社会所面临的危机，是以操纵信息为基础，而衍生出的种种变相而隐秘的政治控制手段”②。托夫勒曾精辟地指出：“世界已经离开了暴力和金钱控制的时代，而未来世界的魔方将控制在拥有信息强权的人手里，他们会利用手中掌握的网络控制权、信息发布权，达到金钱无法征服的目的。”③

网络信息的可操纵性，增强了技术专家的权力，凸显了技术专家的重要性，容易导致技术专家的专权。“随着电脑网络更加普及，通过网络的国情调查、民意调查和投票选举必将得到广泛应用，那么决定国计民生的政治决策权也就更容易为技术专家控制”④。技术专家会利用自己高人一筹的网络技术、与普通网民之间的信息不对称和民众对计算机的迷思，用一种巧妙的和常常不为人知的手法对重要数据和程序进行操纵和控制，从而将广大民众玩弄于股掌之间，甚至将政治领袖也置于自己的任意操控之下，从而改变了技术专家与政治领袖之间的力量对比，而使自己成为信息时代真正的执政者。这正如罗斯扎克所指出的那样，危机期间使用计算机的领袖们也许根本不知道为什么某些形式的信息会被收集起来或者赋予重要的意义。那些坐在闪烁的荧光屏前轻叩键盘打印出权威的图表和模拟图形的人才是世界上所有数据的主人。虽然危机控制人员以职业性的超脱态度认为自己提供的是完全中性的原始数据和客观信息，但信息向来是经过编辑、增删、权衡和组织的，对它的选择也许反映出浓厚的意识形态的色彩⑤。此外，信息轰炸导致的信息过剩，则进一步增加了普通民众及政治领袖对技术专家的依赖，相应地也就提升了技术专家的权力，因为过多的信息意味着对信息的理解比简单的信息收集更为重要，同时也意味着在脑力劳动等级的层次上，人们对信息进行更多的分析加工，这就改变了专家

---

① 丁未：《网络空间的民主与自由》，《现代传播》，2000 年第 6 期，第 23 页。

② 丁未：《网络空间的民主与自由》，《现代传播》，2000 年第 6 期。

③ ［美］阿尔温·托夫勒：《权力的转移》，四川人民出版社 1992 年版，第 105 页。

④ 周光辉，周笑梅：《互联网对国家的冲击与国家的回应》，《政治学研究》，2001 年第 2 期，第 45 页。

⑤ ［美］西奥多·罗斯扎克：《信息崇拜》，苗华健、陈体任译，中国对外翻译出版公司 1994 年版，第 191 页。

们之间的权力关系[①]。

网络信息的可操纵性，同时也为政治统治者、利益集团、非政府组织、黑客、国外敌对势力操控舆论、炮制虚假民意以影响和控制社会提供了便利。在互联网日益成为“思想文化信息的集散地和社会舆论的放大器”[②] 的语境下，各国政治统治者、利益集团、国外敌对势力自然不会放弃对互联网这种传播力强、影响力大、覆盖范围广、易操控的新型媒体的控制，千方百计通过对网络信息的操纵以主导舆论，争夺话语权，积极争取于己有利的舆论环境，制造社会混乱，进行文化殖民，煽动、挑拨人们对执政者的怨恨情结，最终实现控制社会的目的。因此，网络时代民主社会所面临的政治危机，是以操纵信息为基础的权力游戏和计谋，它可能衍生出形形色色、变相而隐秘的政治控制手段[③]。由于网络技术的国家垄断性，网上民主投票的可操纵性，网络也可能带来技术专制主义[④]。网络信息的不可靠性，使政治人为地操纵信息、扰乱民意成为可能，从而破坏民主的运行，这样，网络就成为形态各异的政客和利益集团影响和控制政治的便利工具[⑤]。网络空间还有可能被真伪难辨的信息垃圾或者有意制造的政治谎言所充斥。如果政府到了不能控制信息真伪的地步，那对政治统治而言，无异于一场灾难[⑥]。当公共生活和政治领域被网络信息操纵时，其产生的危害是巨大和惊人的，因此必须高度警惕网络信息操纵对社会的隐性控制。

---

① ［美］阿尔温·托夫勒：《权力的转移》，刘江等译，中共中央党校出版社 1991 年版，第 314-315 页。

② 《胡锦涛在人民日报社考察工作时的讲话》，《人民日报》，2008 年 6 月 2 日。

③ 丁未：《网络空间的民主与自由》，《现代传播》，2000 年第 6 期，第 23 页。

④ 娄成武；《质疑网络民主的现实性》，《政治学研究》，2003 年第 3 期。

⑤ 程宇：《虚拟技术与政治——网络的政治效应及其限度》，吉林大学博士论文，2008 年。

⑥ 刘文富：《网络政治——网络社会与国家治理》，商务印书馆 2002 年版，第 199 页。

微博时代“民意”与“民主”的认识误区评析

祝璇璇

摘　要：微博的出现为中国民众参与民主提供了新的方式，使受到压抑的民主热情得到释放。在一些突发性事件中，普通民众成了信息的门户，可以把自己的所见所想以最简短、快捷的方式传递给别人，网络民意也由此走进现实，呈现出对现实的干预能力。但是，随着微博的流行，人们对网络民意与网络民主这些新兴词汇的误读也越来越深。本文旨在对网络民意与网络民主的误解进行辨析，并认为网络民意不等同于民意，群言一致并不代表民主，网络民主只是中国民主的辅助手段，言论自由也并不是无限制的，多数人持有的观点并不一定就代表正确，更不能代表公意。同时，网络民主应该作为现实民主的辅助工具，起到批判性的力量而非破坏性的力量。

关键词：微博；网络民意；网络民主

微博的出现为中国民众提供了自由发表个人意见、看法的途径。越来越多的政府官员开通微博来倾听民众对相关政策、热点问题的看法。“微力量”已经成为当今中国公众参与民主建设的有力工具，“微关系”也成为当代社会人们交流的主要途径之一。甚至有学者预言：微博这短短的140字，将会给中国带来翻天覆地的变化。

一、微博：作为政治表达的新空间

微博给中国民主政治建设所带来的影响不容置疑。简短的语言、便捷

基金项目：本研究系上海市高等教育内涵建设085工程子项目。

作者简介：祝璇璇，上海大学影视学院博士生。

的操作、敏感的话题、独特的评论，使微博用户能够在短时间内记录自身经历，发表个人看法。2012 年 7 月 19 日，中国互联网络信息中心发布第 30 次“中国互联网络发展状况统计报告”显示，截至 2012 年 6 月底，中国网民数量达到 5.38 亿，互联网普及率为 39.9%，我国微博用户数达到 2.74 亿，较 2011 年年底增长 9.5%。这个庞大的数字预示了中国“微博时代”的来临。科技的发展使民众不只是信息的消费者，相反，在一些突发性事件中，普通民众成了信息的门户，可以把自己的所见、所想以最简短、快捷的方式传递给别人，网络民意由此走进现实，呈现出对现实的干预能力。

微博以其便捷、快速的优势可以在短时间内聚集大量的网络舆情。随着社会的进步和公民对公共事务意识的提高，微博成了民众参政议政、表达政治意愿的重要手段。由于近年来网民数量巨大且与日俱增，这些短时间内聚集起来的舆情很容易转化成网络舆论，进而发展成网络民意。不可否认，网络舆情丰富了中国民主建设的新形式，在过去的诸多热点事件中对舆论监督起到了积极作用，西方许多学者就民意与国家政策变化的关系已经做出了大量的研究。二战之后的几十年里，占主流的观点是政府政策反映的是强烈的、持久的民意①。这一观点与近几年来微博推动中国相关政策法规的修正有相通之处。

比如，2009 年的“躲猫猫”事件。该事件被报道后，网友在微博上迅速转发，对晋宁看守所发布的调查报告提出诸多疑问，短期内形成了舆论场，对有关职能部门形成了压力。正是在舆论、网络、传统媒体共同形成的强大舆论压力下，“躲猫猫”事件最终才得以真相大白。同时，最高人民检察院最终于 2009 年修订《人民检察院举报工作规定》，在走访、书信、电话等传统形式之外，增加了网络举报渠道。“躲猫猫”事件也成为网络推动中国法制改革的标志性事件。再如在 2012 年频频发生的校车事故，各网站对事故持续关注，网友在博客上不断转发，并谴责国家对校车监管不力，引发了全社会对于校车安全的大讨论。社会的普遍关注推动了校车事业的发展，在过去的 2012 年，国家各项校车政策陆续出台。在这些事件中，网络充当了民众发泄不满的有效渠道，微博提高了中国民众政治表达的自由，为言论自由提供了新的途径；同时，微博的普及拓展了中国

① Lawrence R. Jacobs, Suaznne Mettler. Why public Opinion Changes: The implications for Health and Health Policy [J]. Journal of Health Politics, Policy and Law, Vol. 36, No. 6, December 2011, 921

网络民主的新空间，使国家社会关系与体制上的缺陷得到了改良与修正。这些都是网络民意对中国民主进程所起到的积极作用。

然而，在热点事件中，大量的网络舆情背后所隐藏的消极影响却更值得我们关注，如 2012 年最抓人眼球的“雷政富不雅照”事件。在此事件的发展过程中，记者纪许光的第一条爆料在腾讯微博发出，随后被网友大量转发。而重庆方面也对网友的举报非常重视，在认定不雅视频的真实性后随即作出回应，对雷政富作出免职的决定。表面上看，这又是网络舆情成功推动反腐的案例，但随着重庆相关部门调查的深入，案件背后的真相慢慢浮出水面。不雅视频事件的背后牵扯出一个专门敲诈勒索党政干部和国企负责人的团伙，而重庆警方也对这一团伙的相关人员进行了调查。尽管这一调查结果也在网上发布，但是网友的回复却与对雷政富的态度大相径庭。有的网友甚至在微博上留言说视频女主角是“反腐英雄”，还有网友认为“要反腐倡廉就需要这样的爆料人”。大量的网络舆论都认为这个幕后团伙对中国的反腐有利，不该受到法律的制裁。也有越来越多的网友对视频女主角赵红霞进行人肉搜索。抛开雷政富的身份不谈，只要是进行敲诈勒索就是违法行为，就该受到法律的制裁，虽然网络舆情促进了问题的处理和解决，但是，大量的微博留言却已经失去了公正、理性的态度，对赵红霞的人肉搜索也已经严重侵犯了他人的隐私。可见，“雷政富事件”已经背离了事件的本质，逐渐演变成一场“多数人的暴力”。

在微博上众声喧哗的背后，以下问题越发值得我们反思：网络民意是否代表了真正的民意，而民意就一定是正确的吗？遵从网络民意是否就体现了社会主义民主？少数服从多数的原则是否该被重新界定？微博作为公民言论自由的有效手段与民主建设的关系如何？

二、边界：网络民意与网络民主

虽然中国微博用户的数量日益增加，并且越来越多的微博用户愿意通过社交媒体来发表自己对相关问题的意见和看法，但是，将网络民意等同于民意还是有些欠妥，其原因要从中国现今网络民意的特征与民意的本质入手。

（一）网络民意的特征

首先，研究发现，微博民意的话语权主要掌握在少部分“舆论领袖”

手中，草根阶层习惯于转发那些他们已经关注了的舆论领袖的见解，而草根阶层的真实想法，要么像“沉默的螺旋”理论所描述的那样静默无声，要么被汹涌的“转发”舆论领袖的观点所湮没了。微博的出现并不像很多学者所预言的那样“微博上人人拥有话语权”，相反，一些热点问题如果没有明星或新闻工作人员的推动，并不能达到被关注的效果。由此可见，虽然微博用户中草根阶层数量巨大，但实际上信源仍被少数舆论领袖所控制，网民缺少分析事件的独立性与批判性，因此，网络民意并不能完全地反映真正的“民意”。

其次，纵观各种事件在微博上形成的舆论状况，不难发现很多网络舆情具有极大的片面性。尤为明显的是，当事件涉及“官二代”“富二代”这些敏感的字眼时，大多数公众都是从自己早已形成的价值观出发，无限放大这些因素，偏离了事件的原始状态，从而使网络舆情呈现“一边倒”的格局。中国正处于社会的转型阶段，社会的贫富差距加大，使草根阶层形成抱怨、不满、愤怒的心理压力情绪，微博刚好提供了一个排解压力的宣泄渠道，因此，在这种心理背景下，网友在发表个人看法时，仅从个人利益出发，对事件中的涉官、涉富的细节穷追猛打。许多网民即使与事件毫无关系，但在这种舆论情绪的影响下，也同样会参与到网络活动中。因此，大多数网民并不能从客观、理性的角度去看待问题，相反，仅从事件的某一方面、某一角度去观察，将舆情信息局部放大，进一步误导了更多网民对事件的解读和判断。

再次，虽然中国网民人数连年增长，但是，中国的互联网政治尚处在起步阶段，特别是在广大农村，网络覆盖率很低，而且大部分到城市打工的农民工也很少上网，即使上网，也很少参与政治或者热点话题的讨论，因此，网络民意究竟能在多大程度上反映大多数民众的呼声仍需考察。纵观近年来微博上的热点事件就会发现，这些热点问题大多是有关城市政策、反腐或公众人物的，而对于有关农村的具体问题鲜有涉及，广大农民大部分还处于失语的状态。正如一些学者所说的那样：“在网络中，有很多因素可以导致权力的落差……这显然不利于形成真正代表民意的‘意见自由市场’。”①

（二）民意与公意

究竟什么是民意？网络民意与民意的关系如何？民意与公意的区别又

① 郑燕．民意与公共性——“微博”中的公民话语权及其反思［J］．文艺研究，2012（4）：34

是什么？民意又可以理解为众意、舆论。“民意”一词“直到1780年以后才频繁地在英国、美国的文本中出现”①。但是，民意最初只被英国政治学家当作“习俗、偏见的温床”，直到后来麦迪逊提出“所有的政府都是基于民意”之后，民意才得到足够的重视。以美国为例，西方对民意的重视主要来自于民意对总统选举的影响。通过缩小政策与中立选民所偏好的政策间的差距，候选人和政府官员希望能尽量获得民意的认同以确保他们在下一次的选举中获胜②。由此可见，民意与政治的结合使民意的重要性显著上升。在今天的中国，因为微博用户数量巨大，因此，网络民意也受到了中国政府的重视。但是，仅从数量上去定义民意是非常狭隘的。

作者 Bernard 在其《民意》一书中详细分析了民意形成的五个要素：议题的出现、民众的本质、民众复杂偏好的综合、意见的表达、参与的人数。其对民意的定义为：“具有相当分量数量的一群人，针对重要问题，而表达复杂偏好的综合。”就民众的数量而言，有一点非常值得我们注意，即我们不能要求所有的民众通过微博来表达他们的意见，因此，网络上发表意见的民众只是民众中很少的一部分，这一点从我国互联网的普及率也足以证明。此外，在微博上发表意见的民众也只是网民的一部分，并不能代表全体网民的意见。

其次，“民众是由了解议题，或受其影响的人所组成”③。民众发表意见的首要前提是对事实有着充分的了解，而放眼审视微博用户，他们信息的获得渠道并不可靠，一件小事经过媒体的放大与炒作后，早已经失去了事实本来的面目。互联网上人人都成为信息的发布者，信源变多了，但信息却失真了。因此，可以说，民众所发表的意见在很大程度上只是在了解事实的某个侧面而将其过分夸大后所匆匆发表的，更多的只是情绪化的语言，缺乏理性的思考，已经背离了事实的真实性与完整性。

在中国，民意更多地被理解为众意，即较多人数所持有的意见。但是，无论是微博民意还是民意本身，都难以脱离其所具有的特性：民意具有强烈的主观性、可被操控性。西方理论家边沁与密尔的著作提出“人们的行为主要是为了满足个人的要求，趋利避害”④，此观点对于分析现今中

① Mark Schmeller. The political economy of opinion：public credit and concepts of public opinion in the age of Federalism，Journal of the Early Reublic，29（Spring）2009：36.

② Anthory Downs. An Economic Theory of Deocracy［M］. New York：Harper，1957.

③ Bernard Hennnessy. 民意［M］. 赵雅丽，张同莹，曾慧琦译. 台湾：五南图书出版公司，2000.

④［美］普莱斯. 传播概念 Public Opinion［M］. 邵志择译. 上海：复旦大学出版社，2009.

国的民意是大有裨益的。人是利己的个体，有着自己的欲望，而大部分民众在考虑问题时，更多的是从自己的私欲出发，并不考虑为公的利益。因此，这种私欲往往造成在微博上聚集的是情绪化的语言，而非理性的、深思熟虑的、为公的观点。正如澳大利亚学者 John Lenarcic 博士所说的那样："Facebook 可以更好地反映公众情绪"①。

此外，美国佩尤研究中心也表明：社交软件 Twitter 的用户并不能代表公众。澳大利亚研究学者在经过相关研究过后，也赞同以上观点。澳大利亚的另一名学者也指出："虽然 Twitter 可以向你提供人们对某一话题的极端观点，但当用 Twitter 去衡量有关主要问题的大众意见时，它就不奏效了。"② 佩尤研究中心考察了美国新近的八件主要新闻事件，包括 11 月份的总统选举，并将其在 Twitter 上得出的结果与大选投票结果做对比，两者结果并不相同。为此，佩尤研究中心分析，其原因在于只有"很少一部分"公众使用 Twitter。也就是说，使用微博发表意见的人只是公众中的很少一部分。西方学者的论述对中国现今微博舆论的情况同样适用。因此，网络舆论并不能代表民意，网络民意只是民意的一部分。

然而，民意与公意又不相同。卢梭被认为是第一位对民意做了够广泛而深入探讨的政治思想家③。在他的《社会契约论》中，卢梭第一次将公众与意见结合起来，并区分了公意与众意的区别。他认为："众意和公意之间经常总有很大的差别；公意只着眼于公共的利益，而众意则着眼于私人的利益，众意只是个别意志的总和。"④ 由此看来，卢梭认为，众意只是私人利益的简单叠加，是私人利益的最大化，仅反映了民众的需要，而公意则应该是人民的共同意志和公共利益的集中体现；同时，他还认为"公意永远是正确的，而且永远以公共利益为依归"。而事实上，卢梭对于公意的理解存在自身的矛盾与不足。

卢梭认为主权在民，公意的动力来自于人性中善良的一面，并认为即使当公意与私人利益发生矛盾的时候，公意最终仍会被公众所接受。这与中国"人之初，性本善"的儒家学说相近，但是，正如笔者在前文所提到的，卢梭对于"人性中善良的一面"过于乐观了。其次，卢梭所认为的能

---

① Miles Godfrey. Twitter Fails as a Gauge［J］. Courier Mail, The (Brisbane), 2013 (3): 20-20.

② 同上

③ Bernard Hennnessy. 民意［M］. 赵雅丽，张同莹，曾慧琦译. 台湾：五南图书出版公司，2000.

④［法］卢梭. 社会契约论［M］. 何兆武译. 北京：商务印书馆，1980.

够代表公意的人应该是“一种能够洞察人类的全部感情而又不受任何感情所支配的最高智慧；它与我们的人性没有任何关系，但又能认识人性的深处；它自身的幸福与我们无关，然而它又很愿意关怀我们的幸福”[①]。可见，卢梭所认为的公意已经脱离了世俗的权威，倾向于上帝的意志了。虽然卢梭认为公意应该反映公共利益，但是对究竟由谁来代表公意却没有给出明确的解决方案，或者说，卢梭的解决方案太过于理想化了，他提倡公意的产生必须要求全体公民共同在场，共同发表意见，这对于人口众多的现代国家来说是不现实的。

笔者认为，阿尔都塞在《论社会契约（错位种种）》长文中对卢梭“公意”概念的重新界定才真正反映了公意的实质。卢梭认为公意才是社会实体的唯一真正的动力，但在阿尔都塞看来，公意的动力并非来自于公共利益，公意的本质在于“质疑”，在于公众的不“沉默”[②]。公意应该是讨论，是对共同话题不同意见的碰撞，是充分的协商与商讨。这与卢梭的理解不同，卢梭提倡的是全体人民共同在场，像古代雅典时期的讨论一样；而阿尔都塞的观点则认为民众在讨论的同时，应该将私人利益暂放一边，公意是通过商议所形成的，不是对不同观点的压制，而是平等的商议。阿尔都塞也指出“公意并非永远是公正的”，“公意”也并不说明“人民的考虑也永远有着同样的正确性”，公意应是“特殊意志共同作用的结果”。事实上，在他看来，公意就是一种呈现特殊意志的机制，也就是说，“公意”本质上是一种公共话语平台，并非指公众对待某一事物时持有相同意见的人数的比例，或是这一意见的公正性所占的比例；相反，公意应是公众对某一议题或事件的参与程度及影响。

因此，在考量民意时，应该重点考虑以下几个因素：首先，议题争论的双方都应该有效地发表自己的意见，这样，才能形成一个有效的公共话语平台，而不是像现在网络舆论那样，事件的某一方处于失语状态，或者即使有当事人出面澄清，“民意”的另一方被大量情绪性的语言所淹没而变成无效传播。另外，虽然国外学者对民意测量的研究相对成熟，中国学者也进行了相关方面的研究，但是对网络民意测量的方法仍处在初级阶段。因此，在考察网络民意时，虽然表面上看起来网络上参与话题讨论的人数众多，但正如前文所分析的那样，参与网络话题讨论的人数较之中国民众仍只是少部分，网络民意并不能代表真正的民意，网络民意只是民意

① ［法］卢梭．社会契约论［M］．何兆武译．北京：商务印书馆，1980.

② 陈越．哲学与政治：阿尔都塞读本［M］．长春：吉林人民出版社，2003.12

的一个组成部分。第三，卢梭在定义“公意”这一概念的时候，假设人是理性的，但在现实中，尤其是当事件本身触及一些敏感词汇的时候，民众很难保持理性，因此，微博上聚集的“民意”并不能代表真正的民意。最后，少数服从多数的原则要随实际情况的改变而改变。现实的情形常常是真理掌握在少数人手中。由于民意，尤其是网络民意，容易受到利益集团的操控而形成“多数人的暴政”，因此，当“民意”与公共决策权力相冲突时，决策者在尊重民意的同时，要理性看待民意，合理、有效地疏通民意。

（三）网络民主与民主

民主是一个复杂的概念，也是当今世界上比较流行的一个词语。各国学者从政治学、社会学等角度均对其做过较为系统的研究。而近年来，随着互联网的出现，民主的表达似乎多了一种新形式，即网络民主。一些学者对网络民主的发展抱有乐观的态度，并预言“中国已经进入到网络民主时代”，“网络民主改变了中国政治生态”。尤其在今年的“两会”期间，很多与会代表和委员实名开微博，及时向民众传递政治信息，得到网民的反馈，吸纳网民对于政治事件的看法，确实对中国民主建设起到了推动作用。

民主的内涵是随着历史时期的变化而发生变化的。民主一词起源于希腊语，最初的含义是“人民主权”，意思就是国家的主权由人民来掌握。古代的民主概念是一种哲学上的理想状态，到了近代逐渐衍生出不同的民主形式，但是，无论是作为一种制度性的民主，还是意味着某种大众化的权力，“古代民主中‘人民主权’的原初思想和自由平等的价值理念成为民主本体的立项价值和政治追求，成为后来民主政治思想和理论的核心价值”①。

民主的精髓在于“主权在民”，与专制相对，更强调的是人民能够自主地决定政治事务，有自己的决定权和话语权。广大群众除了拥有自己当家做主的权利外，更加重要的是要有主动“参与国家事务的意识和要求”②。笔者认为，杜威的民主思想能更好地诠释这一观点。在《人的问题》一书中，杜威说：“民主较之一种特殊的政治形式、一种管理政府的

① 霍有光，王玉灵．民主内涵衍变的历史逻辑分析——基于“人民主权”［J］．理论探索，2012，（5）：105.

② 吕元礼．关于民主内涵的逆向思考［J］．马克思主义与现实，1998，（8）：49.

方法，以及通过普选和被选出的职员来立法和处理政府行政的方法要宽广得多。当然，这是一点。但是它要比这一点广泛些和深刻些。……如我们常说的，它是一种生活方式，是一种社会的和个人的生活方式。我们也许还没有体会到这句话所包含的一切意思。”由此可见，杜威不仅肯定了“主权在民”，并且对此观点做了进一步的引申。他将民主理解成“一种生活方式”，其实质就是要求民众要有一种民主素养，这种素养是植根于普通民众每天的生活中的。

无论是何种形式的民主，除了遵循“主权在民”的思想外，还有其他几种一般原则，即“在自由和平等的基础上协商的原则，少数服从多数的原则，程序化的原则”①。言论自由是民主思想的基础，不允许任何人在民主过程中享有超越别人的特权。而“少数服从多数”是指在一般的情况下，多数人的正确性可能要多一些，但是也并非完全如此，因为在真理的认识过程中，真理往往在少数人手里，只有少数人才能发现真理。因此，在实行这一原则时，也必须尊重和保护少数。最后，民主的实现要靠宪法和法律的保证。多数人的意志要通过法定程序才能表现和承认。因此，民主必须通过制度化法律化才能得到保障。

而网络民主究竟在多大程度上满足了这几个原则呢？网络民主为参与者提供了一个对话的广场和互动空间，重现了广场政治的某些要素，丰富和拓展了民主的内涵。而网络民主又具有高度的交互性，这些都弥补了传统民主形式的不足。其次，网络民主使现有的民主信息化，即利用网络信息技术巩固和加强民主，如电子选举、电子投票等。再次，网络引发新的民主形式，如网络公共空间的协商对话、电子议政厅、电子广场、在线民主等等。

三、误区：网络民意和网络民主

为了更好地理解网络民意，我们有必要澄清一些认识上的误区，并对微博时代的民意和民主加以区分。

误区一：群言一致即是民意。正如前文所说，民意即是众意，纯粹为代表民众的需要。但是，中国微博用户的数量仅为众多人口中很少的一部分，且这一部分民众的观点因为缺乏理性的思考而极易被煽动，因此，发

① 李良栋．“第三波”与21世纪中国民主［M］．中共中央党校出版社，2001.

表的意见更多为情绪的宣泄。公意的形成应该是各种观点的相互碰撞，是各个群体相互交流最终产生的一致性意见。而现在互联网上的舆论因为其人数与理性的局限性，首先不能被称作是民意；由于理性缺失、私欲泛滥、缺少不同观点的讨论，微博民意就更不能被称为公意。很多时候，并不能说群言一致就是民意就是民主了；相反，在公众教育程度参差不齐、理性思维远远不够的情况下，这种群言一致反倒会对社会形成破坏性的力量。

误区二：网络民主是独立的民主，在未来会取代代议制民主，是未来中国民主的主要形式。实际上，网络民主只是现实的一种投射，并不能改变民主的本质。网络民主需要制度的保证与支持，不然，只是在原来的民主形式外披上了网络的外衣，其本质不会发生任何变化。同时，需要我们注意的是，强调网络民主更多的参与并不是意味着传统的代议民主寿终正寝、不合时宜了。网络民主与传统的民主并不是非此即彼的关系，而是可以相互作用、共同补充，理想的民主既不是单纯的代议民主，也不是纯粹的直接民主，而是二者之间相互补充、相互均衡的一种状态。

误区三：在网络上能够畅所欲言就是民主。网络民主作为一种新形式，为中国民众提供了直接发表个人意见和看法的机会，于是有越来越多的人片面地认为，网络上的言论自由是绝对的，如果有关部门加以干预就不是民主。在任何一个社会中，言论自由都只能是相对的。而言论自由最好的方式就是"民主的商议"。就公共事务，能够形成真正的意见市场，不同的观点能够互相碰撞、协商，然后还原事件本来的真相。现在网络上存在的现象是，当网友对当事人有不满的情绪时，往往会演变成"人肉搜索"，甚至一些名人也会发动这样的行为，将当事人的私人信息，如电话号码、身份证号码等等公布在网上。网友们拍手称快，甚至在网络下对当事人进行围攻，一些偏激的网友甚至发信息恐吓当事人。网友们以为这是在"行侠仗义"，但实际上，这已经变成了"多数人的暴力"。因此，微博和网络并不是泄愤的垃圾场，用来发泄网民的气愤和不满，相反，言论自由应该建立在尊重别人的基础上进行公开的、客观的、理性的辩论。在任何时候，言论自由都不是绝对的。

误区四：由于网络上舆情的大量积聚，让人误以为人数众多的观点就是正确的。正如前文所分析的那样，"少数服从多数"的原则是民主思想的基本原则之一，在社会中，不同的阶层反映着不同的利益和政治要求，民主就是这种利益表达、磨合和最后集中的过程。由于近代社会人口的持续增长，不可能按照民众中的每一个人来管理国家事务，实际上只能按照人民中多数人的意志来决定国家制度、政府构成以及政治决策。所以，少数服从多数就成为一切民主制度的基本原则。但是，历史经验已经证明，在发现真理的过程中，真理往往掌握在少数人手里。并且在现今的网络舆情中，网友所发表的大多是情绪化的语言，而非从客观、理性的角度去认识事物，因此，即使表面上网络上的舆情来势汹汹，有关部门在对待网络舆情时仍要遵循客观、严谨的态度，而不能迫于舆论的压力就违背了公正的原则。

网络民主的出现给现代社会的民众带来了参与民主的激情与力量，但是，随着网络民主的普及，人们对它的误解也越来越深。本文仅对人们对以微博为代表的网络民意与网络民主的误解进行了粗略的分析，强调网络民意不等同于民意，网络民意更不等同于公意。同时，网络民主应该作为对现实民主的一种推动力，使其成为传统民主形式的批判力量而不是破坏性的力量。

参考文献：

[1] 上海市高等教育内涵建设085工程子项目

[2] Lawrence R. Jacobs, Suaznne Mettler. Why public Opinion Changes: The implications for Health and Health Policy [J]. Journal of Health Politics, Policy and Law, Vol. 2011, 36 (6): 921.

[3] 郑燕. 民意与公共性——"微博"中的公民话语权及其反思 [J]. 文艺研究, 2012, (4): 34.

[4] Mark Schmeller. The political economy of opinion: public credit and concepts of public opinion in the age of Federalism [J]. Journal of the Early Reublic, 2009, (29): 36.

[5] Anthory Downs. An Economic Theory of Deocracy [M]. New York: Harper, 1957.

[6] Bernard Hennnessy. 民意 [M]. 赵雅丽，张同莹，曾慧琦，译. 台北：五南图书出版公司，2000.

[7] [美] 普莱斯. 传播概念 Public Opinion [M]. 邵志择，译. 上海：复旦大学出版社，2009.

[8] Miles Godfrey. Twitter Fails as a Gauge [J]. Courier Mail, The (Brisbane), 2013, (6): 20-20.

[9] [法] 卢梭. 社会契约论 [M]. 何兆武，译. 北京：商务印书馆，1980.

[10] 陈越．哲学与政治：阿尔都塞读本［M］．长春：吉林人民出版社，2003.

[11] 霍有光，王玉灵．民主内涵衍变的历史逻辑分析——基于“人民主权”［J］．理论探索，2012，(5)：105.

[12] 吕元礼．关于民主内涵的逆向思考［J］．马克思主义与现实，1998，(8)：49.

[13] 李良栋．“第三波”与21世纪中国民主［M］．北京：中共中央党校出版社，2001.

“五个一工程”涉藏获奖作品中的西藏形象传播

李凌达

摘　要：“五个一工程”评选活动是中央宣传部对精神产品中优秀作品的表彰，体现着精神文明建设的国家意志。涉藏获奖作品切合时代主题，反映了西藏在建设发展中的新风貌，这些作品大多创作服务于宣传庆典活动，比如西藏和平解放和西藏自治区成立等庆典活动。西藏因其特殊的政治、历史、地理地位，西藏形象传播在对外传播中也代表着国家形象传播，因此西藏地域传播往往被放置在国家话语体系之中。文章通过对历届获奖作品中涉藏题材的作品进行梳理，试图通过对作品叙事框架和文本内容的分析，勾勒出作品中描绘的西藏形象，从历史的视角、跨文化交流的视角、民族交融的视角、人文关怀的视角和重大宣传活动的视角，解读国家话语体系中西藏形象的建构，探讨全球化背景和互联网时代西藏形象传播的新路径。

关键词：西藏；地域形象；五个一工程；形象传播

对于地域形象传播的研究很多，但很多把大城市或发达地区作为研究对象，这些地域出现在媒体上的机会更多，新闻报道建构出关于该地域的媒介景观会影响受众认知。西藏的形象传播因为2008年“3·14”事件作为舆论热点事件受到关注，研究的焦点集中在外媒对事件的不公正报道和公众对外媒新闻客观性原则的质疑，以及由此事件引发的其他媒介事件。但是，对于国家话语体系中的西藏形象传播的研究并不多，西藏特殊的地理环境、战略地位和宗教文化传统决定了其地域形象传播与国家形象传播有很高的关联度。因此，西藏形象绝不能仅作为媒介事件中的一个符号而存在，而应该在更高层面上赋予文化内涵。有学者提出，西藏日渐被某些人当作一个寄托自己梦想的人间净土，藏传佛教文明也被神化为包治百病

作者简介：李凌达，中国传媒大学新闻学院博士生。

的灵丹妙药，甚至使西藏成了一个西方帝国主义时代创造出来的乌托邦的代名词。这无疑妨碍了我们对一个现实的西藏和西藏文化的了解和认识，也给我们建设新西藏、保护西藏传统文化制造了新的难题①。针对这些现象，本文希望通过借助相关作品，剖析国家话语体系下的精神文明产品，对西藏形象传播进行研究。

一、西藏形象传播是区域传播和对外传播的融合

西藏形象在不同的话语体系中有不同的表达。对于我国内地的普通民众，西藏意味着天上的圣洁之地，虽然美丽却因为高海拔并非人人都能适应，因此蒙上了一层神秘的面纱。接受过学校教育的人们形成了统一的认知框架，20 世纪 50 年代西藏和平解放，结束了农奴制度，西藏人民从此当家做主。在此后的很多年里，西藏的建设发展成就，特别是天堑变通途——交通问题成为西藏地域传播叙事框架的主要内容（见表 1）。

表 1　20 世纪西藏大事记②中与公路相关的事件

年　份	事　件
1952 年 11 月	康藏公路甘孜至昌都段通车
1953 年	西北运输总队探察青藏公路线路
1954 年 12 月 25 日	康藏、青藏公路全线通车
1955 年 10 月	拉萨—日喀则—江孜段公路通车，毛泽东接见西藏参观团和西藏青年参观团
1956 年 3 月	江孜至亚东公路通车
1957 年 10 月	新藏公路全线通车
1976 年	滇藏公路建成通车
1981 年	为青藏公路铺筑黑色路面
1985 年	青藏公路沥青路面全面铺通

---

① 陆航，张翼．理性解读西藏形象［N］．中国社会科学报，2014-1-27（A03）．

② 中国西藏信息中心．20 世纪西藏大事记［EB/OL］．http：//info. tibet. cn/news/byy/200605/t20060510_ 114143. htm

（续表）

年　份	事　件
1991 年	国家计委决定投资 10 亿元，在十年内分期对川藏公路进行整治改造
1996 年	国家拨款 20 亿元全面正式改造川藏公路

进入新世纪，青藏铁路的开通为探险者提供了无限可能，西藏成为旅游者的天堂，而骑行青藏线也成为媒体关注的话题。西藏正像许多歌曲中描绘的那样，“高原春光无限好，叫我怎能不歌唱”，“呀拉索，那就是青藏高原”。西藏的地域形象在这个阶段往往和旅游联系在一起，淳朴的藏民形象和西藏的人文地理风貌成为社交网站上分享的内容。

而对于西方的很多民众，西藏的神秘化过程是被置于西方的叙事框架之内的。有学者研究认为，1904 年，英国入侵中国西藏，开始近距离接触西藏，但这并没有让西方更多了解真实的西藏，相反，一股神秘化西藏的潮流却在 20 世纪逐渐滋长。到 20 世纪中后期，原本属于中国的西藏在西方的叙述中成了一个“独立”的存在，中国被构建成一种分裂的形象，在选择性视角的支配下，西方人摒弃了过去对西藏的“蒙昧化”叙述，着力于强化围绕西藏形成的“香格里拉”神话。对西方人来说，他们所热爱的并不是真实的西藏，而是他们所虚拟的、想象的西藏①。

由此可见，西藏形象的传播，面临着其他地域传播不曾面临的复杂情况，传播的对象包括多元叙事框架下的不同受众，受众通过亲眼所见、媒介建构、想象解读等方式，形成了不同的西藏形象。不仅有国内媒体和外媒传递出的不同媒介幻象，而且存在官方舆论和民间舆论不同的价值取向和话题设置，甚至存在西藏本地媒体和西藏区域外媒体关注点的迥异。在一般的理解中，西藏对外传播之“外”，常常会被理解为国外。但我们会发现，即使在中国国内，人们对西藏的把握往往包含很多曲解和成见，不少人的“西藏印象”依然停滞在很久以前的传说和记忆之中。中国人也需要借助于“真实”西藏的传播，找回真实的西藏。西藏对外传播的一个不可缺少的责任，还在于对西藏区域以外其他中国人的传播，并不仅仅是国际传播②。因此，基于“五个一工程”的特殊性，本研究探讨的西藏形象

① 陆航，张翼．理性解读西藏形象［N］．中国社会科学报，2014-1-27（A03）．

② 周德仓．西藏地方媒体在西藏对外传播中的角色认定［J］．西藏大学学报（社会科学版），2013，（3）：1-6.

的对外传播，主要是指对西藏区域以外其他中国人的传播。

区域传播与对外传播的关系向来都不是对立的，特别是在城市传播的研究中，两者的相容相通是常态。比如对上海的城市传播研究中以外滩为例，在外滩的演变中，传播的三个含义——信息传递、公共交往、意义生成，一直存在于上海城市的日常生活中。这些含义的遮蔽或者彰显，和上海现代性发展的命运紧紧地联系在一起①。上海的城市意义不仅仅存在于上海市民的认知体系中，作为东方明珠地标的外滩同样也见证着中国的现代化进程。虽然西藏的地域形象与上海有很大区别，但是两者从历史上还是有相通之处的。上海于1843年开埠，成为上海进入近代时期的标志，而英国侵略者于20世纪初进入西藏，也意味着西藏开始了对外传播的进程。虽然两者之后的发展路径迥异，但是正如上文所讨论的作为西藏现代化进程标志的公路、铁路等交通方式的日益完善，西藏的对外传播也随着传播方式和渠道的多元化演进成为新课题。

因此，西藏形象传播面临着西藏当地媒体、国内媒体以及国际媒体对西藏形象的不同建构，这就亟待国家层面的统筹协调，把传播西藏形象上升为国家行为，形成西藏对外传播的统一口径，把西藏地域形象放置在国家话语体系中进行传播。

二、"五个一工程"获奖作品中的涉藏内容主题

由中共中央宣传部组织的精神文明建设"五个一工程"评选活动，自1992年起每年进行一次，评选上一年度各省、自治区、直辖市和中央部分部委，以及解放军总政治部等单位组织生产、推荐申报的精神产品中五个方面的精品佳作。这五个方面是：一篇好的戏剧作品，一部好的电视剧作品，一部好的图书（限社会科学方面），一部好的理论文章（限社会科学方面），一部好电影，并对组织这些精神产品生产成绩突出的省、自治区、直辖市党委宣传部和部队有关部门，授予组织工作奖。对获奖单位与入选作品，颁发获奖证书与奖金。1995年度起，将一首好歌和一部好的广播剧列入评选范围，"五个一工程"的名称不变②。

---

① 孙玮．"上海再造"：传播视野中的中国城市研究［J］．杭州师范大学学报（社会科学版），2013，35（2）．

② 文明小知识："五个一工程"．人民日报．http：//www. wenming. cn/wxys/zixun/201409/t20140919_ 2187017. shtml

截至目前，涉藏作品或西藏报送的作品曾在 13 届评选中的 9 届获奖，包括 22 个获奖作品，其中电视剧 5 部、戏剧 4 部、歌曲 4 首、电影 3 部、理论文章 3 篇、图书 2 部、广播剧 1 部，其中在 1994、1999、2001、2006 四个年度中，分别有 4 部涉藏题材的作品获奖。西藏自治区党委宣传部还曾在第八届和第十届评选中获得组织工作奖。

表 2　历届涉藏题材精神文明"五个一工程"获奖作品①

年　度	届　数	类　别	作　品	单　位
1991	第一届	理论文章	好班子，好班长（西藏自治区联合调查组）原载《西藏日报》	西藏自治区党委宣传部
1992	第二届	无		
1993	第三届	戏剧	十三世达赖喇嘛（话剧）	河北省委宣传部
		电视剧（片）	西藏文化系列中 6 集（专题片）	西藏自治区党委宣传部
1994	第四届	电视剧	朗莎雯波	西藏自治区党委宣传部
			我的妈妈在西藏（儿童剧）	四川省委宣传部
		图书	西藏畜牧业走向市场的问题与对策	西藏自治区党委宣传部
		理论文章	加强民族团结、促进发展和稳定（孔繁森）原载《西藏日报》	西藏自治区党委宣传部
1995	第五届	无		
1996	第六届	无		
1999	第七届	戏剧	文成公主（藏剧）	西藏自治区党委宣传部
		歌曲	咱们西藏	
		图书	透视达赖	
		文章	略论藏族传统文化的继承与演变（陶长松）	

① 来源：http：//www.wenming.cn/book/zttq/201409/t20140919_ 2187357.shtml

（续表）

年　度	届　数	类　别	作　品	单　位
2001	第八届	电视剧	文成公主（20 集）	西藏自治区党委宣传部
		戏剧	情满草原（话剧）	
		歌曲	天上的西藏	
		广播剧	圣旅	
2003	第九届	无		
2006	第十届	电影	江孜·1904	西藏自治区党委宣传部
		电视剧	茶马古道（23 集）	
		戏剧	文成公主（京剧藏戏）	
		歌曲	藏族人家	
2009	第十一届	歌曲	故乡情怀	西藏自治区党委宣传部
2012	第十二届	电影	先遣连	西藏自治区党委宣传部
2014	第十三届	电影	西藏天空	上海市委宣传部、西藏自治区党委宣传部

（一）作品类型

按照作品类型来划分，涉藏题材的作品在“五个一工程”奖设置的各类别奖项中均有所斩获。

1. 戏剧作品：十三世达赖喇嘛（话剧）（1993）、文成公主（藏剧）（1999）、情满草原（话剧）（2001）、文成公主（京剧藏戏）（2006）。

2. 电视剧（片）作品：西藏文化系列中 6 集（专题片）（1993）、朗莎雯波（1994）、我的妈妈在西藏（儿童剧）（1994）、文成公主（20 集）（2001）、茶马古道（23 集）（2006）。

3. 图书（限社会科学方面）：西藏畜牧业走向市场的问题与对策（1994）、透视达赖（1999）。

4. 理论文章（限社会科学方面）：好班子，好班长（西藏自治区联合调查组）（1991）、加强民族团结、促进发展和稳定（孔繁森）（1994）、略论藏族传统文化的继承与演变（陶长松）（1999）。

5. 好歌：咱们西藏（1999）、天上的西藏（2001）、藏族人家

（2006）、故乡情怀（2009）。

6. 广播剧：圣旅（2001）。

7. 电影：江孜·1904（2006）、先遣连（2012）、西藏天空（2014）。

（二）作品内容和表达主题

本研究整理了“五个一工程”相关作品的内容和表达主题分析（见附录），通过分析可知，涉藏内容的获奖作品的内容和主题集中在几个方面：一是民族大团结的主题，例如：各个版本的《文成公主》表现的就是汉藏一家亲，且历史源远流长；《茶马古道》表现了时代大背景下，边疆少数民族的合作精神，以及由此表现出的民族精神。二是西藏建设发展的主题，如：援藏的话题，把视角放在西藏的普通建设者身上；解放军战士对西藏牧民的救助和抗击自然灾害；歌曲中对西藏幸福生活的描绘和歌颂等；西藏相关农牧产业发展的研究，以及对西藏传统文化的论述等。三是西藏地域背景下的人性光芒，例如：相关电影中关注历史洪流中普通人的情感纠葛和命运流转，相关电视专题片中对西藏人文地理的全方位扫描，揭露封建农奴制度下，藏族人民对幸福生活的抗争和向往等。四是维护祖国统一的主题，如：揭露达赖“宗教集团”分裂祖国的罪行，用艺术的笔触展现祖国不可欺、民族不可辱，讴歌西藏和平解放的革命精神等。这些作品不管是什么内容，都围绕着西藏和平解放和西藏自治区成立的纪念主题，因此作品的表达主题是在国家话语体系的架构中选取的。

三、国家话语体系中的西藏形象建构

根据上文的内容和主题分析，“五个一工程”涉藏获奖作品中的西藏形象建构大多数是基于西藏的历史、文化传统，与西藏社会变革和发展的时代背景息息相关，在不同的历史年代，会有切合时代主题的形象建构。

（一）历史的视角

在这些作品中，很多作品都是基于西藏的历史文化创作的。不管是以文成公主为题材的电视剧、戏剧作品，还是以少数民族团结抗战为内容的茶马古道，抑或是近现代史上西藏人民抗击外来入侵、新中国成立后农奴翻身得解放的内容，都在作品中表现了西藏的历史悠久和传统文化源远流长。不管用其他任何视角去解读，历史的视角是作品创作的根基，也是文艺作品保持生命力的源泉。历史的视角并非独立存在，而是贯穿于其他的视角之中，形成了纵横交叉的形态。

（二）跨文化交流的视角

获奖作品中有三部作品都涉及"文成公主"，可见跨文化交流是西藏形象构建的重要组成部分。贞观十五年（公元641年），文成公主在唐送亲使江夏王太宗族弟李道宗和吐蕃迎亲专使禄东赞的伴随下，出长安前往吐蕃。松赞干布在柏海（今青海玛多）亲自迎接，谒见李道宗，行子婿之礼。之后，与文成公主同返逻些（今拉萨）。文成公主在吐蕃生活了近40年，一直备受尊崇。藏剧《文成公主》历经多个版本的修改，经由西藏当地的文艺院团排演，成为西藏重大节庆活动的保留剧目，由是可见其重要地位。获奖的电视剧作品《文成公主》，丰满了人物形象，并通过大众传媒的手段向更广大的受众展现了这位汉藏文化交流的功臣的形象，同时为西藏和平解放50周年的国家庆典活动增色不少。京剧藏戏《文成公主》不仅在内容上刻画了文化交流大使的形象，而且两个戏种的融合在形式上对汉藏跨文化交流进行了有益探索。京剧有着两百年的历史，而藏剧有着六百多年的历史，新老剧种的融合，也体现着中华文化的源远流长，艺术传承的同根同源。文成公主的精神就是中华民族的精神，这种精神使统一、团结、发展成为中华民族五千年发展史上的主旋律。

（三）民族交融的视角

藏族与汉族的跨文化交流对于很多内地的受众并不陌生，而藏族与其他少数民族的交流对于很多受众并不是熟悉的题材。《茶马古道》就很巧妙地表达了这一主题。茶马古道和藏族地区独特的饮食结构有关，因康藏属高寒地区，海拔都在三四千米以上，糌粑、酥油、奶类、牛羊肉是藏民的主食。这些食物不是性燥热就是在人体内不易分解，高原又缺乏蔬菜，而茶叶既能分解脂肪，又能防止燥热，因此藏民有喝酥油茶的习惯。但藏区不产茶，而在民间役使和军队征战都需要大量的骡马，藏区和川、滇边则产良马。于是，具有互补性的茶和马的交易即"茶马互市"就产生了[①]。这条古道表达了多民族文化交融的优良传统，电视剧通过抗战的时代背景，不仅展现了多元民族文化，而且塑造了多民族的英雄形象。民族交融

① 邬静娜．川藏线的前世今生．中国经营报．http：//biz.163.com/06/0630/17/2KSOJ1CL00020QFC.html

的视角为受众展现的是民间的多民族互动在大变局的时代背景下，共同抵御外来入侵的民族情感，是中华民族共通的认同。

（四）人文关怀的视角

从作品的年代能够感受到作品叙事方式的变迁，而反映表现人性的光芒成为近些年来获奖作品的突出特色。从早期文艺作品中我们能够感受到很明显的统战色彩和宣传痕迹，作品表达方式和表现手法生硬，缺乏对人性、对自然的人文关怀。而这些年来叙事的框架发生了变化，更突出艺术性，注重以人为本，这是与国家话语体系的变化有密切关系的。比如2014年获奖的电影作品《西藏天空》，故事叙事风格宏伟，而人物的命运纠结成为影片的主旨。所以感觉该片颇具史诗风范，对人性挖掘深邃，让人感觉不到形式主义的假大空，有着深沉的魅力，让人难以忘怀①。而表现西藏人文地理风貌的电视专题片，更是将镜头对准了普通的民众，对准了传统叙事主体之外的农村。援藏主题的作品，切合时代特征，用普通人的视角反映了西藏建设发展与普通家庭的关联，体现对平凡个体的关怀。

（五）重大宣传活动的视角

西藏和平解放和西藏自治区成立都是西藏历史上的重大事件，因此这两个事件的节庆活动也成为传递西藏地域价值观念的重要契机和场合。这些作品中多数是作为这些事件周年庆典的献礼作品而创作和传播的，比如以文成公主为题材的三部作品。由此可见，节庆活动在国家话语体系中占据了重要的地位，由此而衍生出的文艺创作，也成为形象建构和传播的重要内容。与节庆活动相类似的典型人物也成为多元叙事的主体，比如早期的获奖文章就有孔繁森的作品，而孔繁森本人后来也成为典型宣传的主体。又如获奖图书《西藏畜牧业走向市场的问题与对策》的作者肖怀远，后来曾历任西藏自治区党委宣传部部长和天津市委宣传部部长。同样对于获奖的歌曲作品，并未形成广泛传唱的传播效果，那些我们耳熟能详的西藏流行歌曲并未出现在评选行列，也能反映出相关歌曲的创作也是为宣传歌颂的主题服务的目的。从这个角度解读，“五个一工程”的获奖作品是为国家意识形态工作的需求服务的，是配合党和政府中心工作的宣传需求而存在和发展的，因此相关作品中对地域形象的建构必然也必须服从服务于宣传工作的大局。

① 温翔.《西藏天空》：隽永厚重，意义不凡. 中国电影报，2014-6-27（025）.

四、全球化背景和互联网时代的西藏形象传播

在全球化背景下，世界的地理边界正在变得模糊，世界各地的人们通过互联网获取信息、沟通联络，同时解构已有的社会结构。在这样的时代背景下，西藏形象传播面对新的受众群体，那就是网民。网民不分地域和国界，都可以在互联网上实现社交化生活。相对于以往的大众传播形态而言，现有的地域形象可能会通过社交化媒体形成群体传播、人际传播等更多的传播形态，并形成更有效的传播效果。西藏形象传播在全球化视野中也代表着中国形象传播，体现着北京的声音，而网民的选择性接触行为也会给地域形象传播带来新的挑战，因此熟悉新时代背景下的话语体系应成为西藏形象传播的新方向。

（一）官方舆论场与民间舆论场应有更多的交集

在这里我们用布迪厄提出的场域概念作为分析工具，来分析两个舆论场的问题。在“五个一工程”作品的叙事框架下，作品的政治意义是第一位的。通过每届评选，官方以盛大的仪式对这些作品进行表彰。传播的仪式贯穿于官方舆论场的叙事框架，在这个舆论场中，文艺文化生产场域受到了政治场域的极大影响，在特定的社会权利和政治场域逻辑的主导下，“五个一工程”作品成为上层建筑的重要组成部分，因此这个工程被命名为精神文明建设“五个一工程”评选，评选的组织单位是党的宣传部门。而民间舆论场的天然属性决定其与官方舆论场存在一定的偏差和错位，因此在官方的话语体系中凡提“舆论”便要“引导”。而对于“五个一工程”的获奖作品是否能够进入民间舆论场就成为一个值得探讨的话题。而且不少获奖作品并不能通过网络搜索得到，例如附录中所标注出“——”符号的作品便是如此。因此，如果用场域的概念来分析，很多本应属于文艺文化生产场域的作品，因为其受到政治场域的支配太过强大，导致其“他律性”远远超过了“自律性”，甚至无法进入其本应属于的文化生产场域，从而无法为民间舆论场捕获。这就形成了官方舆论场与民间舆论场的隔阂。即便一些能够获取的作品，因为两者的叙事框架不同，也无法形成共鸣。比如，三部涉藏题材的获奖电影，在“80后”“90后”聚集的文艺网站豆瓣上的评分情况都不容乐观，《江孜·1904》因评价人数不足，没有评分，《先遣连》有66人评价，得分5.2分，《西藏天空》921人评价，得分6.8分（10分为满分）。在互联网时代，官方舆论场和民间舆论场应该借助这一新平台，

更多地实现互联互通，打破空间隔阂，拥有更多的交集和认同。比如获奖作品中的援藏主题，对这批官员的认可和理解不仅是官方话语体系所认同的，而且为民间舆论场所接受。这就是个很好的让受众去了解西藏、理解基层干部的好渠道，是西藏形象传播很重要的组成部分。

（二）受众认同行为应与政府解释认同行为相一致

基于“政府传播=政府行为+解释政府行为”这一框架，政府传播也可从其表现形态来理解，该表现形态亦即政府行为和解释政府行为。鉴于现代政治自身的专业性和复杂性，以及政权构成机制中对参与者数目的限制，使多数公众无法通过直接接触决策过程形成意见，或不能直接对特定领域内的政府行为进行解读和分析。于是，通过解释政府行为来制造认同，便成为政府传播过程的重要组成部分①。“五个一工程”作为精神文明建设的重要外在表现，其受众应该与精神文明建设的参与主体保持一致，否则就无法实现“以科学的理论武装人，以正确的舆论引导人，以高尚的精神塑造人，以优秀的作品鼓舞人”的良好社会效益。“五个一工程”的获奖作品既然作为国家级的精品，就需要在传播中发挥作用，特别是带有浓厚地域特色的作品，传播出的地域形象应该为国内外的受众普遍接受。因此，对相关作品不能当作阳春白雪去珍藏，而应该作为通俗作品拿来把玩，并作为国家文化共享工程的重要组成部分。很多受众可能根本无法了解“五个一工程”的诞生和评选过程——这个过程属于政府行为，但是却可以通过接触这些作品更理解政府行为，因此相关作品的传播过程也是解释政府行为的过程，同样是达成受众与传播主体共识的过程。以西藏形象传播为例，以受众耳熟能详的文成公主的历史故事，很容易让人们接受汉藏融合的历史渊源和现实存在。但对于人们并不大熟悉的地域社会情况、宗教文化传统相关的内容，就不能漏掉解释政府行为的过程。

（三）跨地域的对内传播与对外传播应保持统一

在西藏形象传播中，互联网时代的受众虽然模糊了地理的实体边界，但是却依旧存在不同地域受众的差异性。正如本文开篇所提到的那样，西藏地域外的国内受众对西藏形象的自我认知和西方国外受众是截然不同的。过去的历史地理条件决定了西藏形象传播的主体不同，国内受众对西藏的认知来源于教科书，而国外受众可能来源于国外的作家甚至是科幻的小说中，比如《消失的地平线》。而国内受众会有更多的细分，很多人对

① 刘小燕、崔远航．政府传播与制造认同．现代传播（中国传媒大学学报），2011，12：45-50.

西藏的印象来自于人际传播的口耳相传，也来自于媒体对相关热点议题和突发事件的报道。于是，“香格里拉”式的幻象在互联网时代同时出现在国内外不同地域受众的认知框架内，就不足为奇了。以往我们的传播策略是内外有别，但在全球化背景下，互联网时代的信息传播不仅可以通过由内到外的传播，因为传播是双向互动的过程，更有可能发生由外至内的传播，信息的出口转内销现象便时有发生。在互联网时代，西藏的地域形象也是中国形象的代表，是东方的象征。要改变西藏在国内外受众心目中的神秘主义幻象，就需要通过国家的议程设置，将西藏置于中华民族源远流长的传统历史文化背景中展现，将近代西藏的发展进程置于中国改革开放的时代背景中表达，尽量突破宏大叙事的桎梏，把雪域高原上的平凡人的生活展现出来，才能从神化的藩篱中解脱，转变成以人为本，才能够贴近受众的接受习惯，从而修正已有的认知偏差。新兴的传播手段为这一变革提供了技术支撑，互联网时代的传播已经突破了地域的界限，为西藏形象的传播创造了条件。因此应该统一对内传播和对外传播的议程设置，让受众能够在相同的叙事框架中感知相同的传播主体，同时充分运用新媒体和社交媒体的优势，开拓西藏形象传播的新领域，把最真实的西藏展现在全球化时代的互联网受众面前。

参考文献：

[1] 曹继军．《西藏天空》：最纯正的藏味［N］．光明日报，2014-4-26（007）．

[2] 电影频道．江孜1904［J］．电影，2006（2）．

[3] 高小立等．《茶马古道》唱响爱国团结的赞歌［N］．光明日报，2005-07-29（005）．

[4] 贾志刚．《文成公主》：京剧和藏戏的巧妙交融［N］．光明日报，2008-8-29（010）．

[5] 李成业．电影《先遣连》首映式在北京人民大会堂隆重举行［N］．西藏日报（汉），2011-10-21（001）．

[6] 刘小燕，崔远航．政府传播与制造认同［J］．现代传播，2011，(12)．

[7] 刘志群．亲缘剧种联袂吟唱民族团结赞歌优势互补升华打造高精品牌奠基——初评京剧藏戏《文成公主》［J］．西藏艺术研究，2005，(4)．

[8] 陆航，张翼．理性解读西藏形象［J］．中国社会科学报，2014-1-27（A03）．

[9] 马丽华．灵魂像风［J］．中国作家，1994，(5)．

[10] 茅仪毅.《西藏天空》华美的遇见 [N]. 中国电影报，2014-5-14（014）.

[11] 热地. 在电影《先遣连》首映式上的讲话 [N]. 西藏日报（汉），2011-10-21（001）.

[12] 孙德民. 宗庙文化体的追求——创作《十三世达赖喇嘛》体会 [J]. 剧本，1994，(5).

[13] 孙玮. "上海再造"：传播视野中的中国城市研究 [J]. 杭州师范大学学报（社会科学版），2013，(2).

[14] 陶长松. 略论藏族传统文化的继承与演变 [J]. 西藏研究，1998，(1).

[15] 王岳川. 新历史叙事与多民族文化交流——评电视剧《文成公主》[J]. 中国电视，2001，(7).

[16] 温翔.《西藏天空》：隽永厚重，意义不凡 [N]. 中国电影报，2014-6-27（025）.

[17] 邬静娜. 川藏线的前世今生 [N/OL]. 中国经营报. http：//biz. 163. com/06/0630/17/2KSOJ1CL00020QFC. html

[18] 周德仓. 西藏地方媒体在西藏对外传播中的角色认定 [J]. 西藏大学学报（社会科学版），2013，(3).

[19] 中国西藏信息中心. 20 世纪西藏大事记 [EB/OL]. http：//info. tibet. cn/news/byy/200605/t20060510_ 114143. htm

[20] 文明小知识："五个一工程" [N/OL].《人民日报》，http：//www. wenming. cn/wxys/zixun/201409/t20140919_ 2187017. shtml

[21] http：//baike. baidu. com/view/11528056. htm? fr=aladdin

[22] http：//www. baike. com/wiki/《透视达赖：西藏社会进步与分裂集团的没落》

[23] http：//www. baike. com/wiki/《西藏畜牧业走向市场的问题与对策》#1

[24] http：//www. chinatibetnews. com/ly/2013/1123/1310797. shtml

[25] http：//movie. douban. com/subject/3131903/

[26] http：//www. people. com. cn/GB/other5410/5423/20010521/470620. html

[27] http：//www. wenming. cn/book/zttq/201409/t20140919_ 2187357. shtml

附　录

"五个一工程"涉藏获奖作品内容和主题

类型	名　称	内　容	主　题
戏剧	十三世达赖喇嘛(话剧)	十九世纪末二十世纪初,英帝国主义染指西藏,并妄图强迫西藏签订丧权辱国的条约,千钧一发之时,十三世达赖喇嘛土登加措毅然率领僧俗奋起抵抗。然而,一方是洋枪洋炮,一方是只有用火绳才能点燃的土枪,于是,曲米战败,江孜失陷,拉萨处于英军包围之中,土登加措不得不被迫出逃……戏,正是从这里展示他艰难坎坷而又倔强跋涉的一生①	祖国不可欺,民族不可辱,离开了祖国与自己的民族,神圣的宗教也会变得软弱无奈,这是真理。佛,只有在自己的寺院里,才能显示他的灵性②
	文成公主(藏剧)	反映历史上松赞干布与文成公主的唐蕃和亲佳话的剧目《文成公主》,着重描写噶尔东赞去长安,事先带了松赞干布的三封密函,回答了唐皇的三次考问,又与财国波斯、军国格萨尔、强国霍尔、佛国印度的婚使一起,经过"穿珠""辨马""认鸡""分木""宰吃羊肉""夜宴回店"和最后"校场选主"七次智慧的比试,全部获胜,才终于娶得了公主。这出剧主要是根据历史故事编撰排演的,所以也都带上了十分强烈的民间传说的传奇色彩③	这不仅是西藏文化与汉文化交融的历史性事件,也是文化史中最能说明汉藏文化亲密关系的历史证明,为西藏作为中华民族的一个重要成员奠定了良好的基础。这正好说明文化的交流所具有的民族凝聚力④

① 孙德民．宗庙文化体的追求——创作《十三世达赖喇嘛》体会．剧本,1994,05:28-29.

② 同上。

③ 来源:http://www.chinatibetnews.com/ly/2013/1123/1310797.shtml

④ 刘志群．亲缘剧种联袂吟唱民族团结赞歌优势互补升华打造高精品牌奠基——初评京剧藏戏《文成公主》．西藏艺术研究,2005,4:9-22.

（续表）

类型	名称	内容	主题
戏剧	情满草原（话剧）	话剧以发生在 1998 年藏北草原的那场百年不遇的大雪灾为背景，讲述的是一个被围困在雪海之中的小牧村，几个普通牧民的心路历程和乡党委书记、村长带领乡亲们抗雪救灾，最后在解放军战士的帮助下把雪灾损失降到了最低限度①	剧中表现出来的军民关系、民族关系、干群关系，主题鲜明，充分体现出坚定不移地坚持四项基本原则的重要意义，是一部献给建党 80 周年和自治区和平解放 50 周年的力作。该剧通过剧中几个主人公之间错综复杂的关系和一系列的情感纠葛，向世人展示出生活在世界屋脊上的藏民族，在人与自然、生与死、善与恶、自私与奉献面前表现出来的英雄气概，歌颂了他们世世代代热爱生活、热爱草原、热爱生命，为创造美好的未来与自然灾害作殊死搏斗的伟大精神。同时，也展现出新一代牧民崇尚科学、破除迷信，挑战旧观念的新思想②
	文成公主（京剧藏戏）	文成公主，作为唐代汉族文化的交流使者，以自己勇敢无畏的精神，善良美丽的心灵，获得了藏族同胞的尊敬与爱戴，并与藏族人民一起谱写了一曲汉藏民族团结友善的嘹亮颂歌。目前呈现在舞台上的《文成公主》全面地展示了从松赞干布派使者求婚到文成公主进入西藏成婚的整个过程，编剧按照顺序先后解决了“嫁与不嫁”“谁出嫁”，以及文成公主如何涉险到达西藏并最终完成了汉藏联姻的使命。《文成公主》充分展现了文成公主是如何闯过生命禁区的过程③	西藏自治区成立 40 周年大型献礼剧——京剧藏戏《文成公主》，用京剧与藏戏相结合的形式，再现并诠释这一史实，具有重大的政治、历史、文化意义。京剧正在寻求以创新的意识尽力拓宽戏曲表演形式的空间，而藏戏也正在以面向世界的精神寻求从广场到舞台艺术的完美呈现。因此，在某种程度上说，京剧与藏戏借这次合作的机会，进行双向交流、借鉴，实现一种新的审美价值④

① 来源：http://www.people.com.cn/GB/other5410/5423/20010521/470620.html
② 同上。
③ 贾志刚．《文成公主》：京剧和藏戏的巧妙交融．光明日报，2008-8-29(010).
④ 刘志群．亲缘剧种联袂吟唱民族团结赞歌优势互补升华打造高精品牌奠基——初评京剧藏戏《文成公主》．西藏艺术研究，2005，4：9-22.

（续表）

类型	名称	内容	主题
电视剧（片）	西藏文化系列中6集（专题片）	重新认识西藏农村是由于拍摄《西藏文化系列》这一契机。这常要反反复复地走向拉萨河畔、雅鲁藏布江畔的田野村庄。随着十多年间宗教政策的开放，乡村中的传统文化和民间信仰的恢复令人惊异不止。而这些延续了千百年之久的文化传统正是靠形式来支撑的。别小看了田野上那一次次的仪式，每一村中一两个小神殿，一两个时常神志不清的神职人员，没有了这些，地方文化史仿佛真就消失了呢。我们就这样随着时间的脚步走，一步步走向了乡村世界的深处，走进观念和精神的核心，走进人们的灵魂中去①	西藏的文化传统相关内容
	朗莎雯波	藏剧作品。原名《阿佳朗莎》（即《朗莎姑娘》），取材于古代江孜地方的一个真实故事。描写由神仙空行母转世的农家少女朗莎雯波，被当地山官查钦强抢回家，与其子查巴桑珠成婚。夫妇感情深厚，生有一子。查钦的女儿阿尼（老尼姑）惧怕朗莎夺走自己掌管家业的大权，挑唆查钦役使、毒打朗莎。朗莎无法忍受折磨，逃回家中。查钦、阿尼欲烧死朗莎，朗莎化为空行母冉冉升天，烈火反而烧死了查钦、阿尼②	揭露封建农奴主的残暴和专横，反映了藏族人民对幸福的渴求

① 马丽华．灵魂像风．中国作家，1994，05：194-198.

② 来源：http://baike.baidu.com/view/11523056.htm? fr=aladdin

（续表）

类型	名　称	内　容	主　题
电视剧(片)	我的妈妈在西藏(儿童剧)	西西的爸爸丹增是藏族登山运动员,妈妈是自愿从成都到西藏牧区从事教育工作。在内地外公家长大的西西非常想念自己的父母。他利用放暑假的机会只身去西藏看望父母。然而到了西藏以后,他只见到了爸爸,却不见自己的妈妈。丹增经不住儿子西西的恳求,终于答应带西西到妈妈教书的牧区小学去。到了牧区小学,父亲丹增忍着悲伤,告诉了西西,妈妈在一次雪崩中,为了抢救遇险牧区儿童而付出了自己年轻的生命,永远留在了雪山上①	援藏主题
	文成公主(20集)	将1300年前的重大的历史生活情节丰富化和细节生动化,从而不仅对唐代这一中华民族大开放鼎盛时代加以展示,而且通过对文成公主一生的完美刻画,传达出汉藏民族的友好关系,并对松赞干布的勇武英明加以全新的造型②	松赞干布和文成公主的故事在汉藏文化中有着重要意义。这不仅是西藏文化与汉文化交融的历史性事件,也是文化史中最能说明汉藏文化亲密关系的历史证明。这正好说明文化的交流所具有的民族凝聚力③
	茶马古道(23集)	电视连续剧《茶马古道》以我国抗日战争的艰难时期为时代背景,以青年主人公木石罗、花依、格桑加措的爱情纠葛为中心叙事线,围绕丽江马帮首领木家、中甸马帮首领格桑家、大理茶王杨家、拉萨商人尼玛家四家之间的恩怨交织揭开了茶马古道的历史画卷④	全剧以曲折的情节和生动的画面揭示出支撑茶马古道兴盛的是边疆各民族的淳朴、善良、合作精神,揭示了在外敌入侵之际,各族人民团结一致,共抗强敌的伟大的民族精神⑤

① 来源:http://movie. douban. com/subject/3131903/
② 王岳川．新历史叙事与多民族文化交流——评电视剧《文成公主》．中国电视,2001,7:17-19.
③ 同上。
④ 高小立等．《茶马古道》唱响爱国团结的赞歌．光明日报,2005-07-29(005).
⑤ 同上。

（续表）

类型	名称	内容	主题
图书	西藏畜牧业走向市场的问题与对策	本书总结了西藏畜牧业 15 年来的取得的经验，探索了其今后的发展道路①	西藏畜牧业
	透视达赖	该书是一部回顾西藏统一与分裂历史，展示新旧西藏社会变迁，回击达赖集团分裂活动的通俗理论读物。作者通过在雪域高原近三十年的亲身经历，以大量确凿的历史事实和第一手资料，全面记述了西藏发展的沧桑岁月，深刻揭露了达赖"宗教领袖"的真面目，无情鞭苔了达赖集团分裂祖国的罪行，充分论证了西藏的历史和现实地位，热情讴歌了中华民族维护国家统一的历史伟业②	揭露达赖"宗教集团"的真实面目

① 来源：http://www.baike.com/wiki/《西藏畜牧业走向市场的问题与对策》#1

② 来源：http://www.baike.com/wiki/《透视达赖：西藏社会进步与分裂集团的没落》

（续表）

类型	名　称	内　容	主　题
文章	好班子，好班长	—	—
	加强民族团结、促进发展和稳定	—	—
	略论藏族传统文化的继承与演变	藏民族的传统文化中，吸收有中原地区和周边地区的先进文化，并结合自身的特点予以消化，成为传统文化中的重要组成部分。随着时代的变迁、社会的发展，藏族传统文化中的某些成份已经消亡，有些内容发生了变化，某些内容得到了继承或发扬光大①	对藏族传统文化的思考

① 陶长松．略论藏族传统文化的继承与演变．西藏研究，1998，1：75-90.

（续表）

类型	名　称	内　容	主　题
歌曲	咱们西藏	咱们西藏/呀啦嗦/一杯酥油茶/一朵格桑花/那是我从小/从小芬芳的家/仰望珠穆朗玛/谁的天空高过她/谁的天空高过她/哎……咱们西藏（咱们西藏）/还有许多纯净的阳光（阳光）/哎……咱们西藏（咱们西藏）/弥漫着神奇和向往（神奇和向往）/畅饮着雪原的豪放	进入二十一世纪后，西藏的词曲作者们以新的角度、新的内容、新的手法、新的高度，创作了许多贴近实际、贴近生活、贴近群众的新的作品，作品的内容和形式更加呈现丰富多彩
	天上的西藏	朝圣的路上总有阿妈放飞祈祷的经幡/仰望高原总有圣地千年不化的雪山/珠穆朗玛是那古每的巨浪/我为你神奇的传说歌唱/天上的西藏/阿妈的胸膛/养育生命的天堂/哎/天上的西藏/阿妈的胸膛/养育生命的天堂/咿呀亚啦嗦/天上的西藏/一曲亚啦嗦掠过天堂	
	藏族人家	一朵白云亲吻太阳/一座雪山映霞光/一顶帐篷岁月沧桑/游荡着我的渴望/一首牧歌唱不完/一条哈达连接着呀啦里索/人间天上/草原深处是我家/最难忘的是那一碗酥油茶/一碗酥油茶/哎	
	故乡情怀	——	

（续表）

类型	名称	内容	主题
广播剧	圣旅	该剧通过任国庆与其妻子胡惠文两人的交流,演绎了一段刻骨铭心的人生经历。以朴实的语言、心理活动的细节描述,充分体现出任国庆同志热爱祖国、热爱边疆、热爱西藏各族人民的真挚情感,体现出他立足本职、爱岗勤政、艰苦创业的实干精神以及维护民族团结、廉洁奉公、不计名利的精神境界和时代风范	援藏主题
电影	江孜 1904	1904 年,英国探险家荣赫鹏鼓动英国政府出兵西藏,他自己则率领全副武装的军队打开英国从西南进入中国的通路。西藏年轻贵族阿旺顿珠在加德满都结识了一个热爱西藏的英国青年奥斯丁,两人迅速成为好友。因为阿旺顿珠通晓汉语和英语,很自然地成为藏方的翻译。同时他还发现英国人的翻译就是奥斯丁。英藏谈判最终破裂,阿旺顿珠逃出。四十年后,老年奥斯丁来到拉萨,找阿旺顿珠赎罪,一起回忆这段惨痛的历史①	影片全景表现了藏民在 1904 年江孜的抗英行动。为了既客观、又有感染力地表现整个过程,影片虚构了英语和藏语两个翻译的历史人物,以他们的回忆来结构这个影片。为了营造历史感,影片还采用原来的声音——英语和藏语来表现历史背景

① 电影频道．江孜 1904. 电影,2006,02:90.

（续表）

类型	名 称	内 容	主 题
电影	先遣连	电影《先遣连》以1950年8月至1951年10月新疆军区独立骑兵师一团一连作为先遣连进军阿里为原型，以先遣连130多名英雄群体的感人事迹为题材，重点刻画了以李狄三为代表的先遣连英雄们“一不怕苦、二不怕死”的革命精神，生动诠释了特别能吃苦、特别能战斗、特别能忍耐、特别能团结、特别能奉献的“老西藏精神”，艺术再现了西藏和平解放那段复杂曲折、英勇悲壮、波澜壮阔的革命历史画卷。影片还充分展示了藏西北高原气势恢宏、美不胜收的自然景观和魅力无限、独具特色的民族风情①	电影《先遣连》是一部综合了爱国主义教育、革命传统教育、理想信念教育、廉政勤政教育和教育下一代的好影片。它的拍摄上映，不仅是献给建党90周年、西藏和平解放60周年的贺礼，也将是一部广大观众喜爱的文艺作品②
	西藏天空	《西藏天空》首度聚焦西藏和平解放历史，讲述了两位藏族青年从主仆到仇人再到朋友的情感纠葛，时间跨度长达半个世纪，通过人物命运，折射出西藏从落后的农奴制度中走出来后的社会历史变迁③	电影《西藏天空》不是以人为载体来谈历史，而是关注历史洪流下普通人的命运和情感。影片突破了长期以来僵化的统战语境。摒弃了非我即敌的设定，喇嘛、农奴、农奴主、解放军，不再因各自的身份而被预设为好人坏人，而是作为人物来描写④
注：表格中“——”表示未能通过互联网搜索找到相关资料			

① 李成业．电影《先遣连》首映式在北京人民大会堂隆重举行．西藏日报（汉），2011-10-21(001).

② 热地．在电影《先遣连》首映式上的讲话．西藏日报（汉），2011-10-21(001).

③ 曹继军等．《西藏天空》：最纯正的藏味．光明日报，2014-4-26(007).

④ 茅仪毅．《西藏天空》华美的遇见．中国电影报，2014-5-14(014).

新媒体语境下武汉城市形象传播探析

钟芳娜

摘　要：在新媒体语境下，城市形象传播的媒介生态与传播环境都发生了显著变化。文章基于传播学理论，厘清了新媒体与城市形象传播的关系；同时，以武汉市为例，分析了新媒体语境下武汉城市形象传播的现状，围绕传播主体、传播内容、传播受众、传播媒介等要素，结合传播中的问题与不足，深入挖掘最契合武汉市市情的形象传播策略。

关键词：新媒体语境；城市形象；传播；武汉

一、新媒体与城市形象传播

（一）新媒体的概念阐释

"新媒体"一词首次作为一个传播概念被提出是在1967年，美国CBS广播电视网技术研究所所长戈尔德马克（P. Goldmark）在EVR（Electronic Video Recording）商品开发报告中用"新媒体"一词指代"和传统印刷媒介不同的，基于电波和图像传输技术的广播、电视、电影等媒介样态"②。

然而到目前为止，学界尚没有形成对"新媒体"这一概念的统一定义。国内学者普遍认为新媒体是相对于传统媒体而言的，是传统媒体概念界定机制的延伸与补充，因此不应该完全颠覆原有的概念阐释。清华大学熊澄宇教授认为，"新媒体是一个相对的概念，'新'相对于'旧'而言"。在他看来，我们所说的新媒体通常是指"建立在计算机信息处理技

作者简介：钟芳娜，中南财经政法大学新闻与文化传播学院硕士生。

② 杨状振．中国新媒体理论发展研究报告［J］．现代视听，2009，（5）：11.

术和互联网基础之上的媒体形态"①。中国传媒大学宫承波教授则更加强调新媒体的技术支撑，认为新媒体在内涵上是指"依托数字技术、互联网技术、移动通信技术等新技术向受众提供信息服务的新兴媒体"②。

简而言之，新媒体指的是"互动式数字化复合媒体"，它是以个人性为指向的实现了全球化传播的媒体，其具体的传输载体则包括了计算机网络通道和有线卫星电视通道两种形态。新媒体在传播过程中具有超媒体性和超时空性的特征，在传播内容上则实现高虚拟性和高互动性的结合。可以说，移动互联网及互联网技术的急速发展是推动媒介格局变革、新媒体语境形成的根本原因。

（二）城市形象概念阐释

早在1960年，美国城市学专家凯文·林奇在其关于城市规划的经典著作《城市形态》中就提出了"城市形象"这一概念。他认为，"城市形象的主要构成要素包括：路、边、区、节点、标示等方面，并强调城市形象主要通过人的综合'感受'而获得"③。

城市形象是一个城市整体化的精神和风貌，是这个城市全方位、全局性的形象。在我国，城市形象的概念是从城市规划学领域里延伸出来的。1988年，由郝慎钧翻译的日本学者池泽宽的著作《城市风貌设计》中就提到："城市的风貌是一个城市的形象，反映一个城市特有的景观和面貌，风采和神志，表现城市的气质和性格，体现出市民的精神文明、礼貌和昂扬。"④ 刘柯兰和阳玉明从传播学的视角出发，结合湖北省省情，对城市形象传播进行了理论探索。他们认为，"对外传播是塑造地区形象的必要手段，可充分利用大众传媒塑造'湖北中部崛起的发展形象'"⑤。借鉴李普曼的"拟态环境"理论，他们又提出湖北形象不仅仅指湖北自身的"客观现实"形象，还包含湖北在媒体中的"媒介真实"形象，以及上述两种形象在公众心中构建的"主观真实"形象⑥。

---

① 人民网．清华大学熊澄宇：新媒体与文化产业［EB/OL］．http：//media. people. com. cn/GB/35928/36353/3160168. html，2014-09-10.

② 宫承波．新媒体概论［M］．北京：中国广播电视出版社，2007：（2）．

③ 刘慧．全媒体语境下南京城市形象传播研究［D］．南京：南京理工大学，2014.

④ 薛敏芝．论现代城市形象构建与传播设计［J］．上海大学学报（社会科学版），2002：35.

⑤ 刘柯兰，阳玉明．全球传播时代的湖北形象塑造［J］．湖北大学学报（哲学社会科学版），2007：111.

⑥ 刘柯兰，阳玉明．全球传播时代的湖北形象塑造［J］．湖北大学学报（哲学社会科学版），2007：112.

本文认为，城市形象是人们在一定条件下，对某个特定城市的整体认知和综合感受，它既是一种客观的社会存在，也是一种主观的社会评价。简单地说，城市形象就是人们对城市的认知和印象，也可以说是受众对一个城市综合因素所表现出的情感态度上的反映。

（三）新媒体与城市形象的关系

2009 年 2 月 23 日，人民网组织召开“城市形象与网络媒体塑造”研讨会，会议引发了学界从媒体建构、传播策略等多视角对城市形象建设展开讨论。可以说，新媒体作为城市形象传播依托的新载体，长期以来都备受关注。随着新媒体技术的不断发展，受众的媒介接触行为和媒体使用方式不断变革，新媒体已经融入了人们社会生活的方方面面。因此，对城市形象传播的研究也摆脱不了新媒体语境的影响。

1. 新媒体是建构城市形象的主要力量

正如刘柯兰和阳玉明在《全球传播时代的湖北形象塑造》一文中所提及的，湖北形象包括自身的“客观现实”形象、媒体塑造的“媒介真实”形象，以及由上述两种形象在公众心中构建的“主观真实”形象。这三种形象相互依存、相互影响。事实上，“媒介真实”形象主导了“客观现实”形象的建构与传播，从而深刻影响了公众对城市的整体认知和主观评价，间接引导了“主观真实”形象的形成和强化。也就是说，在建构城市形象传播力的过程中，传媒发挥着实际上的主导作用。

2. 新媒体是传播城市形象的重要载体

新媒体具有双向互动性。在新媒体语境下，城市形象传播不再是单向度、劝服式的灌输，受众可以根据自己的意愿或需求有选择地获取城市信息并进行反馈，这一过程同时使受众转化成了实际的传播主体。

有赖于新媒体语境构建的传播互动机制能够有效运作，城市形象对内、对外传播都变得更加便捷，因此，新媒体已然成了城市形象传播的重要载体。在城市形象对内传播的过程中，城市政府单位、社会组织、普通市民间的沟通更为通畅。例如，我国许多城市在近几年都纷纷建立政府网站、城市微博，并设立相应的留言栏、讨论区，向公众传递政务信息的同时也接收公众的建言献策。同样，新媒体还被广泛应用于城市形象的对外传播中。新媒体能够突破地域的限制，在短时间内实现远距离、大范围的信息传播。如今，越来越多的城市不惜斥巨资竞相在国内外知名媒体平台上投放城市形象广告，正是看中了新媒体在城市形象对外传播中的重要作用。

3. 新媒体是维护城市形象的前沿窗口

德国社会学家乌尔里希·贝克（Ulrich Beck）在其著作《风险社会》中，将城市称为“复杂性、动态性，以及包含有机物和无机物、生命和非生命、人类和非人类、文化和自然、危险性和风险性之间随机流动和混合的开放系统”①。正是基于城市系统的复杂性，城市形象的维护才显得更为重要。

大众传播本身就具有环境监视和预警的功能，能够“揭示那些会对社会及组成部分的地位带来影响的威胁和机遇”②。新媒体传播的实时性与动态化，能够更有效地观测到社会环境的异常变化，特别能够及时监测到有损城市形象的种种行为、现象，并作出预警。因此，新媒体是维护城市形象的前沿窗口。

二、新媒体语境下武汉城市形象传播的现状分析

与传统媒体语境相对，新媒体语境是由新媒体社会影响的普遍性扩张进而内在化地改造社会结构而形成的信息化社会里一种独特的社会传播体系，是在一定时期内影响和制约人们认知和实践的一种意义背景和文化形态③。简而言之，新媒体语境就是新媒体技术下的传播环境、时代背景。武汉市基于自身市情市况，围绕自身历史定位，结合传统媒体时代形象传播历程的特点特色，在新媒体语境下建构自身形象，以展示武汉独特的城市魅力。

（一）武汉城市形象的历史定位与传播历程

城市形象的历史定位既要综合反映城市发展的指导思想，又要全面依据城市社会经济发展水平及公共设施建设基础，最终体现为公众可接受的城市个性特征和精神风貌。城市形象定位与传播离不开城市管理者的统筹规划。要考察武汉城市形象的历史定位，政府部门制定的发展规划是重中之重。而要把握武汉城市形象的传播历程，也离不开政府部门的官方指导。

---

① ［德］乌尔里希·贝克．风险社会［M］．何博闻译．江苏：译林出版社，2004：15.

② ［美］哈罗德·拉斯韦尔．社会传播的结构与功能［M］．展江，何道宽译．北京：中国传媒大学出版社，2013：37.

③ 杨振英，刘石检．新媒体时代的语境解读［J］．今传媒，2013，（5）：97.

1. 武汉城市形象的历史定位

武汉城市形象不仅仅是各种既有要素的简单叠加，还需要站在一定高度对武汉城市发展全局作出统筹、凝练与提升。武汉市提升城市形象的美好愿景早在1991年的“八五”计划就写进了政府每个五年规划纲要中。

1996年，武汉市发布了《武汉市国民经济和社会发展“九五”计划和2010年远景目标纲要》，指出要把武汉建成“四城”雄踞、“三区”崛起、“两通”发达的开放型、多功能、现代化的“国际性城市”①。2001年，武汉市“十五”规划在积累“九五”计划重要经验的基础上提出要进一步增强城市综合实力，把武汉建设成为“现代化国际性城市”②。2006年，武汉市“十一五”规划纲要提出把武汉建设成为“促进中部地区崛起的重要战略支点”，进而为建设国际性城市奠定坚实基础③。2011年3月发布的“十二五规划”中，武汉市政府秉着“积极融入国家战略布局”的原则，从以往建设“国际性城市”的目标中转型，注重提升城市竞争力和影响力，提出要“努力实现由中部地区中心城市向国家中心城市转变”④。

通过对政府官方文件、相关报告的梳理，我们可以看出，自“九五”计划以来，武汉城市形象的历史定位大体上是一脉相承的。从最初提出要建设现代化国际性城市，结合当下的发展现状，着眼当前的发展形势，逐渐向建设“国家中心城市”的目标转变。而在建设国家中心城市的进程中，武汉首先要打造华中地区的金融商贸中心、旅游文化中心以及科学技术中心。

2. 武汉城市形象的传播历程

武汉城市形象的传播推介历程主要集中于近十年。传统媒体时代，武汉城市形象的推介手段主要有拍摄城市形象宣传片、策划节庆活动、承办大型会展以及利用影视、文学作品等。

（1）拍摄城市形象宣传片

从2000至今，在城市形象宣传片方面，武汉市推出的城市形象宣传片多达十余个版本。其中，由武汉市旅游局邀请国内一流导演参与策划的

① 武汉市发展和改革委员会官网．武汉市国民经济和社会发展“九五”计划和2010年远景目标［EB/OL］．http：//www. whdrc. gov. cn/article/20091211113653463_ 15. html，2009-12-11.

② 武汉市发展和改革委员会官网．武汉市国民经济和社会发展第十个五年计划纲要［EB/OL］．http：//www. whdrc. gov. cn/article/20091211114209979_ 16. html，2009-12-11.

③ 武汉市发展和改革委员会官网．武汉市国民经济和社会发展第十一个五年计划纲要［EB/OL］．http：//www. whdrc. gov. cn/article/20091211115032510_ 17. html，2009-12-11.

④ 中国武汉．武汉市国民经济和社会发展第十二个五年计划纲要［EB/OL］．http：//www. wuhan. gov. cn/frontpage/pubinfo/PubinfoDetail. action？ id=1201103231658330050，2011-03-23.

《大江大城大武汉》于2011年6月27日首映，时长8分钟。片中既有航拍器越过二桥桥顶拍下的珍贵镜头，也有在现代建筑的多变线条下跳起红绸舞的写意画面，充满视觉震撼力。新版武汉城市形象宣传片《大城崛起》于2014年9月26日首播，以“武汉，每天不一样”为主题，以“变”为结构主线，以高度凝练的解说和画面串起了武汉的历史、现实和未来，凸显武汉之大、武汉之美和武汉之变。全片场面宏大，节奏舒缓，视角独特，视觉冲击力强。

除了策划拍摄城市形象宣传片，武汉市委外宣办还邀请中央电视台《远方的家》栏目《北纬30°中国行》专题组来武汉进行采访拍摄。该栏目组从武汉的城市形象、城市精神、文化渊源、文化活动等几个角度来展现武汉的城市魅力和建设国家中心城市的风采。拍摄成果投放于中央电视台一频道和四频道，大大增强了武汉城市形象的宣传效果。

（2）策划节庆活动、承办大型会展

武汉市依据自身的历史传统与生态环境等特征，积极策划各类旅游节庆活动提升自身城市形象，每年有近30项大型旅游节庆活动。每年2月底3月初的东湖梅花节，游客不仅可以在磨山梅园内观赏到200多个品种的梅花，更能参观到多处梅花组景和梅花书画摄影展。继而到了3月底，各路赏樱大队涌入武汉，或是慕名于武大樱顶，或是流连于磨山樱园，东湖樱花节以踏青赏樱、夜间赏樱等多种形式吸引着外来游客。同样，每年6月的武汉渡江节、10月的武汉国际旅游节都大大提高了武汉的知名度与美誉度。国际旅游节过后，武汉又迎来了国际赛马节。武汉国际赛马节集体育、旅游、文化于一体，对推广速度赛马运动，传播赛马文化，振兴中国赛马产业有较深远的影响，并奠定了武汉作为中国现代赛马之都的地位。

除了精彩纷呈的旅游节庆活动，大型会展的承办也在一定程度上塑造着武汉城市形象。据悉，武汉市共有会展企业128家，其中展览公司37家，相关策划服务公司91家。2015年以后，每年策划承办的大小型会展将达千余场①。2012年11月，中国金融博览会在汉举行，会议以“推进科技金融创新，服务实体经济发展”为主题，大大促进了武汉金融投资行业的生机与活力。2015年，武汉将承办“第十届中国国际园林博览会”。武汉园博会园区占地231公顷，选址位于正在建设的武汉张公堤城市公园和金口垃圾场原址。此次园博会的最大创新就是“变废地为宝地”，这也将

① 楚天金报数字报．武汉每年将举办千场会展［EB/OL］．http：//ctjb.cnhubei.com/html/ctjb/20101214/ctjb1253864.html，2014-09-16.

为武汉城市形象的绿色升级做出贡献。

（3）影视传播与文学传播

近年来，武汉市政府陆续扶持推出电视剧《汉口码头》《国门英雄》《特别使命》《鹰巢·预备警官》《特警突击队》《汉阳造》。值得一提的是，汉造喜剧《人在囧途》亦是取景于武汉。

提到武汉文学，不得不提到我国当代的著名女作家池莉。她的汉味小说，如《烦恼人生》《冷也好热也好活着就好》《生活秀》《她的城》，以细腻温情的笔触描写武汉这座历史悠久的城市的芸芸众生，特别是普通市民的喜怒哀乐和悲喜人生，生动地反映了这座城市的文化特色和精神内核，碰触到了这座城市跳动的脉搏。作为汉味文学的文化名片，池莉表示："武汉是我永远的文学载体。"①

除了影视、文学传播，武汉市委宣传部更是精心策划了城市形象对外传播的多种途径。2012 年 9 月，武汉城市形象对外传播折页《中国武汉》在对外文化交流活动中投入使用。折页分为"胜景名城、中国魅力""九州通衢、中国枢纽""华中引擎、投资热土""文化万象、兼容并蓄"四部分，充分彰显了大武汉的个性与魅力。与折页相配套，市委宣传部还同步推出了城市形象对外传播画册《中国武汉》，以图文并茂与中英文结合的形式，全面、客观、艺术地反映了近年来武汉改革开放的新成就、新风貌。

（二）武汉城市形象传播中新媒体运用概况

传统媒体语境下，武汉城市形象传播主要通过城市形象宣传片、节庆活动、大型会展、影视文学作品、折页画册等媒介，且传播的主体往往是城市公共部门（以城市政府为主导）利用行政力量引导主流媒体进行传播活动。

然而，在新媒体语境下，新的传播工具和技术使得城市形象传播系统变得更为庞大和复杂。城市形象传播呈现出"主体动态均衡、媒介交融互动、传受双方界限模糊、互动反馈成重要环节且'噪音'贯穿传播始末"等多个特征。② 以武汉市为例，城市形象传播中更多地考虑新媒体的运用，以最大限度地传播武汉城市形象。

① 新华湖北．人大代表池莉：武汉是我永远的文学载体［EB/OL］．http：//www.hb.xinhuanet.com/2014-03/11/c_119703829.htm，2014-09-16.

② 刘慧．新媒体环境下南京城市形象的媒介传播策略［J］．今传媒，2012，（7）：24.

1. 开通政务微博，建设微信平台

当下，政务微博日益成为推进网络互动、展示和推介城市形象的重要渠道和平台。来自人民网舆情检测室的统计数据显示，截至2013年年底，我国政务微博认证账号总量超过24万个，为政府和公众沟通交流搭起了新的桥梁和纽带。而2014年上半年认证的政务微博总量已近12万①。可以说，政务微博已然变成了党政机关的“标配”。

2013年7月5日，武汉市级政务微博发布平台“武汉发布”在人民网、新华网、新浪网、腾讯网四家网站正式上线，当天粉丝数达27.8万②。作为武汉市政府的官方微博，武汉发布设有早安武汉、武汉新闻、幸福武汉、大江大湖大武汉、文化武汉、新闻速递等14个栏目，通过组织策划微直播、微访谈、微活动等加强与网民的互动，打造武汉市政民互通的新渠道以及城市形象宣传的新阵地。2014年9月24日，“武汉发布”在“双微联动服务升级2014华中首届政务高峰论坛”中荣获华中政务微博影响力奖，累计发布信息8000多条，回应解决网友突出反映的诉求110余件，共有粉丝、听众380多万③。为了更好地提供政务服务，打造便民利民的城市形象，“武汉发布”政务微信平台于2014年4月28日正式开通。

2. 打造移动电视，开设隧道影院

移动电视作为新兴媒体，指的是“通过无线数字信号发射、地面数字设备接收的方式播放和接收电视节目，最大的特点是在处于移动状态、时速120公里以下的交通工具上，保持电视信号的稳定和清晰”④。可以说，移动电视是城市现代化进程中一个独特的媒介现象和文化现象，它既能展示城市的物质生活和经济发展水平，也能彰显城市蓬勃向上的精神风貌和创新活力。数据显示，早在2009年，武汉896万常住人口中每天有75%以上的人群乘坐公交车出行，达到了672万。其中约有50%的人关注车载移动电视，每天约300余万公交媒体受众⑤。如今，移动电视已遍布武汉市内的公交、地铁、出租车等交通工具及楼宇、电梯等公共空间，地面移

---

① 人民网舆情监测室．2014年上半年新浪政务微博报告［EB/OL］．http：//www.docin.com/p-876486601.html，2014-09-16.

② 大武汉宣传．“武汉发布”正式上线［EB/OL］．http：//www.whxc.org.cn/2013/0809/2091.shtml，2013-08-09.

③ 大武汉宣传．“武汉发布”荣获华中政务微博影响力奖［EB/OL］．http：//www.whxc.org.cn/2014/0928/11375.shtml，2014-09-28.

④ 陆先友．移动电视的“魅力”与“困境”［J］．视听界，2006（01）：64.

⑤ 邓志伟．公交移动电视传播效果调查——以武汉公交移动电视为例［J］．新闻世界，2009（09）：104.

动数字电视网络已形成规模。移动电视成为武汉播放城市形象宣传片、传递城市资讯、展示城市风采的前沿窗口。

除了打造移动电视，武汉市还在已经投入运营的地铁1号线、2号线1期、4号线1期的隧道内投放“动媒体”广告。“动媒体”技术于21世纪初诞生在美国纽约，当地铁驶入漆黑的隧道后，根据列车的行进速度，布置在隧道墙壁上大约300米长的“动媒体”灯箱配合高精度的打印胶片，车厢里的乘客便会看到一段长约15秒的动态画面，就像观看隧道影院一般。2014年国庆长假期间，武汉轨道交通线网累计运送乘客930万人，其中9月30日线网单日进站客流达136.12万人次，连续8天客流突破百万大关，各项数据再创历史新高①。由此观之，地铁的便捷性与稳定性已经使之成为人们出行的首选，地铁里的“隧道影院”自然是城市形象建设难得的平台。

3. 征集城市形象宣传微电影

“微电影”这一概念最早由凯迪拉克品牌提出，其联手中影集团和吴彦祖打造的广告《一触即发》被称为“中国首部微电影”②。2010年，“筷子兄弟”的《老男孩》的热播向人们普及了“微电影”的概念。作为一种全新的电影改革模式，微电影在短期内席卷全球，成为备受广告商追捧的宠儿，同时也为城市形象传播提供了新的思路。

2013年5月，江岸区政府为了将汉口历史文化风貌打造成一张靓丽的城市文化名片，与长江日报联合承办了《110幢老房子·100种爱情》武汉微电影嘉年华活动。江岸区积极利用网络、微博、户外新媒体传播平台，与纸媒实行高效联动。武汉千块地铁“隧道影院”、3000台出租车屏、13座电影院线、活动官方网站、官方微博、微信等进行同步宣传。2013年9月，武汉首部展现江城“知音”城市文化形象的微电影《月湖琴声》首映。微电影以汉阳最具代表性的历史文化符号古琴台为背景，以“知音文化”的传承为使命，用故事新说的方式，以美丽的武汉城市景观为点缀，表现出知音文化源远流长的文化传承和时代新貌，很好地展现了武汉的历史渊源和城市新貌。2014年8月，为了彰显武汉文化魅力，提升城市知名度、美誉度，武汉市人民政府以“中国梦，影响力”为主题，主导宣传武汉城市形象宣传微电影征集活动。作品形式更加多样化，可以是体现“武

① 武汉地铁．国庆长假期间武汉轨道交通客流再创新高［EB/OL］．http://www.whrt.gov.cn/，2014-10-10.

② 康初莹．“微”传播时代的微电影营销模式解读［J］．新闻界，2011（07）：75.

汉自信”的微故事片，可以是宣传“武汉好人”的微纪录片，也可以是彰显“武汉名片”的微专题片。

（三）新媒体语境下武汉城市形象传播新格局

新媒体语境衍生于中国传媒业乃至世界传媒业变迁的大潮，衍生于媒介融合大势下的中国传媒业的主动求变。《新媒体蓝皮书：中国新媒体发展报告 No. 5（2014）》中指出，“在国家顶层设计的强化下，中国新媒体在社会发展中的战略地位进一步凸显，新媒体超越传统媒体成为跨越诸多领域的‘超级产业’，并进一步成为中国社会转型关键期的结构性因素”①。由此观之，新媒体在社会生活中扮演着越来越重要的角色，越来越多的城市宣传也更加倾向于借助新媒体平台。“新媒体以其受众广泛、去中心化、互动性强等特点，成为塑造一个城市网络形象的主要途径”②。基于此，武汉市在城市形象传播过程中也不遗余力地进行新媒体传播尝试，积极寻求媒体合作，拓宽城市形象的传播平台和传播路径，从而构建新媒体语境下武汉城市形象传播的新格局。

1. 新媒体语境下武汉城市形象传播主体的嬗变

城市形象的传播主体主要包括政府部门、社会组织和普通市民。传统媒体语境下，城市形象传播的主体往往是由政府部门凭借行政力量引导主流媒体进行传播活动。而在新媒体语境下，媒介生态与传播态势都发生了明显的改变，各传播主体的地位也随之改变。

新媒体语境下，武汉城市形象传播主体也随之改变，突出表现在武汉市政府部门主导力的式微和武汉普通市民传播影响力的崛起。普通市民通过政府网站、城市微博、政府微门户等多个平台参政议政，对武汉市政府提供的城市信息进行有选择的获取、反馈和传播，这一过程使得普通市民由传播的受众转化为传播主体。因此，武汉城市形象传受双方的界限被打破，传播主体发生了实质性的变革，任何一个城市信息的接收者都有可能成为城市信息的传播者。

2. 新媒体语境下武汉城市形象传播内容的嬗变

在城市形象传播的实践中，许多城市误将形象传播的内容简单地归结为对当地自然风光、历史人文、饮食风俗、时尚商业等元素的单一宣传，

① 唐绪军．新媒体蓝皮书：中国新媒体发展报告 No. 5（2014）［M］．北京：社会科学文献出版社，2014：03.

② 王硕．城市形象传播的现状及提升策略研究［D］．沈阳：辽宁大学，2013：14.

并没有深入挖掘这些元素背后隐性的文化内涵，更忽视了打造城市文化名片对于城市形象传播的重要意义。城市文化名片是汇聚城市印象的基石，是人们感知城市形象的窗口，是外界对这个城市产生感性认知的载体。

武汉城市形象传播中也曾忽视城市文化名片的打造，从而使城市形象推介陷入政府主导下“自说自话”的尴尬境地。2013 年 12 月，历时 3 个月的紧张评选和角逐，备受关注的“大美武汉——城市文化名片评选活动”落下帷幕，黄鹤楼、武汉长江大桥、红楼、东湖、琴台、汉阳造、武汉大学、汉口江滩、汉剧、盘龙城遗址最终入选武汉“十大城市文化名片”。武汉市通过重新整合文化资源、重点推介文化品牌来实现城市形象传播内容的升级。

3. 新媒体语境下武汉城市形象传播受众的嬗变

在传统媒体时代，城市形象传播的目标受众主要分为城市内部受众与外部受众。城市形象的对内传播，其目的在于增强公众对城市的认同感、归属感、自豪感。而城市形象的对外传播则更加关注提升城市的知名度、美誉度。然而，新媒体实现了短时间内远距离、大范围的传播，使城市形象的传播主体不得不细分受众市场，提供有侧重点的针对性信息。

武汉城市形象传播的过程中，曾经忽略了受众的异质性和多元性，“眉毛胡子一把抓”。在新媒体语境下，武汉城市形象对外传播针对外部投资者、游客、企事业单位有区别地投放城市信息，以城市旅游资讯、历史文化信息、投资优惠政策为主。其目的在于提升城市对外部公众的吸引力、影响力，促使外部公众对城市形成认知偏好与体验期待。

4. 新媒体语境下武汉城市形象传播媒介的嬗变

媒介技术的变革大大改变了受众的媒介接触行为和媒体使用方式，城市形象传播的载具也随之转移。

武汉城市形象传播经历了从城市形象宣传片到影视、文学隐性植入再到城市形象微电影的策划，从政府官方网站到官方微博、微信平台的全面建设，从新闻发布会到网络发言人的全新尝试。新媒体语境要求武汉城市形象传播主体对新的媒介技术保持高度敏感，深入挖掘新媒介、新载具。

三、新媒体语境下武汉城市形象传播的问题与策略

依据新媒体语境下武汉城市形象传播的现状，围绕传播主体、传播内容、传播受众、传播媒介等要素，结合武汉城市形象传播中的问题与不

足，笔者认为应该从以下几个方面挖掘最契合武汉市市情的形象传播策略。

（一）增进主体交往，提升媒介素养

法国哲学家米歇尔·福柯（Michel Foucault）在对人类社会控制方式进行“考古式”研究时提出了“全景监狱”的概念。福柯发现，大约在1750—1830年，欧洲的统治者用监狱替代“烧红的铁钳、沸腾的热油、燃烧的硫磺和五马分尸”①，这意味着，统治者开始采用一种成本更低、效率更高的方式对人类进行新的规训和惩罚。中国人民大学喻国明教授则认为，不同于以往的“全景监狱”，在新媒体语境下，传播的技术革命已经促成了一种新的社会结构——“共景监狱”②。“全景监狱”是金字塔式的，表现为个体对众人的俯视与监督；而“共景监狱”则是一种围观结构，是众人对个体展开的集体凝视和控制。同样，在城市形象传播的实践中，政府部门也时常处于各方媒体和广大市民的围观监督中，极易陷入被动局面。尤其是当突发事件来临，一旦政府决策缓慢或处理不当，都有可能引发政府的公关危机。正如喻国明教授所言，“几乎每个管理者都感受到了集体凝视和挑战的压力，大声疾呼被视为托词辩解，沉默无语被认定俯首认罪”。

武汉城市形象传播过程中也面临着“共景监狱”的压力与监视。经历2011年6月“到武汉看海”的尴尬遭遇后，2013年7月5日至7日，武汉再次遭遇5年来最强暴雨的袭击，出现城区大面积内涝现象，中南路、岳家嘴、黄浦大街、汉口火车站等区域积水深度甚至达到1米。长江隧道也首次因城市积水而临时关闭。城市排水能力不足和设施建设滞后的“短板”不言而喻。一时间，武汉“逢雨必涝、年年看海”的城市形象被尴尬地展示于世人。面对媒体的问政、市民的抱怨，武汉市相关政府部门未能及时应对、妥善处理，陷入了被动局面，狼狈不堪。

因此，在武汉城市形象传播中应增进主体交往，提升媒介素养。在政府面临“共景监狱”时，主动推进与社会组织、各方媒体、普通市民的生活化交往，丰富交往形式、拓宽交往渠道，继而形成媒体支持、公众参与的城市形象传播的立体化格局。同时，普通市民尤其是重度依赖网络的年轻群体，要学会以一种分析和审视、批判的眼光对待媒体传播的信息，理

---

① 胡百精．中国危机管理报告（2008—2009）［M］．北京：中国人民大学出版社，2009：20.

② 喻国明．媒体变革：从“全景监狱”到“共景监狱”［J］．人民论坛，2009，（15）：21.

性参与武汉城市形象传播的过程中来。

（二）重视隐性传播，开发游戏传播

植入式隐性传播脱胎于植入式营销，是指将传播内容及其代表性的视觉符号策略性地融入电影、电视剧或电视节目内容中，通过场景的再现，让观众留下印象，从而达到广而告之的目的。在城市形象传播中，植入式隐性传播早已不是一个新议题，从城市形象的影视、文学植入再到城市形象微电影植入，隐性传播在城市形象传播中的实践形式逐渐丰富。在新媒体语境下，城市形象传播的植入式隐性传播策略也应该纳入创新的思维和发展的眼光，在传统的植入方式之外探索出新的植入媒介和植入方式。

游戏传播是另类的城市形象拟态传播。"游戏"之所以升级为一种新型媒介载具，有赖于游戏植入式广告。这是新媒体广告的一个重要创举，它依托游戏的用户群，通过特定的条件，在游戏中适时、适当地出现广告。因此，游戏世界是一个不同于传媒所营造的拟态环境的"虚拟世界"，能成为饱受压力折磨的现代都市群体心目中的"桃花源"。游戏用户数量庞大、使用频繁、忠诚度高，再加上游戏能带给用户非比寻常的感觉体验，使得游戏广告成为一种极其优秀的体验式营销方式。

武汉城市形象传播过程中也应当适时、适当地尝试开发游戏传播的方式。例如，可以以武汉的风景名胜为背景，策划手机游戏，引导用户对"大江大湖大武汉"获得感性认知，最终形成体验期待。除了游戏传播，武汉城市形象传播主体还需对新的媒介技术保持高度敏感，深入挖掘新媒介、新载具。2011 年 4 月，国务院新闻办发布 App 应用，正式亮相 iPad，成为利用移动互联网进行中国国家形象宣传的开端①。武汉城市形象传播也可以积极尝试移动传播新途径，以"中国武汉"政府门户网站为母体，延伸出手机版政府微门户，以提供更加人性化、便捷高效的个性化政务服务。

（三）关注矫形传播，建立预警机制

城市形象的矫形传播指的是在遭遇形象危机事件时，不得不面临某种关系冲突的紧张状态下，为挽回、修复自身形象而采取的形象传播活动。在城市形象的矫形传播过程中，传播主体往往处于尴尬甚至恶劣的媒介环境中。

① 谢征．移动互联网上的城市形象宣传［J］．对外传播，2012，（06）：47.

新媒体语境给武汉城市形象传播带来的重要挑战之一就在于舆论引导的难度加大。城市形象传播的主体，行为一旦出现偏差或者过失，极易陷入舆论狂潮的谴责。此时，必须最大限度地开展危机公关，借助新媒体的力量进行矫形传播，化舆论被动为主动。因此，武汉必须建立新媒体的舆情监测中心，建立科学化、制度化的预警机制，第一时间发现与有损城市形象有关的舆情信息，做到及时发现、及早甄别、极速处理。

结　语

城市形象是一个城市的无形资产，城市形象传播更关系到城市核心竞争力和综合影响力的提升。新媒体是建构城市形象的主要力量，是传播城市形象的重要载体，是维护城市形象的前沿窗口。新媒体语境下，武汉城市形象传播仍需对新的媒介技术保持高度敏感，深入挖掘新媒介、新载具。本文基于武汉城市形象传播的现状，围绕新媒体语境下武汉城市形象传播主体、内容、受众、媒介的嬗变，提出切实可行的传播策略，以期为更好地打造武汉城市形象提供新思路、新路径。

参考文献：

[1] 杨状振．中国新媒体理论发展研究报告［J］．现代视听，2009（5）．

[2] 宫承波．新媒体概论［M］．北京：中国广播电视出版社，2007.

[3] 谢征．移动互联网上的城市形象宣传［J］．对外传播，2012（6）．

[4] 刘慧．全媒体语境下南京城市形象传播研究［D］．南京：南京理工大学，2014.

[5] 陈鹏．新媒体环境下的科学传播新格局研究［J］．中国科学技术大学学报，2012，（4）．

[6] 杨振英，刘石检．新媒体时代的语境解读［J］．今传媒，2013，（5）．

[7] 薛敏芝．论现代城市形象构建与传播设计［J］．上海大学学报（社会科学版），2002.

[8] 刘柯兰，阳玉明．全球传播时代的湖北形象塑造［J］．湖北大学学报（哲学社会科学版），2007.

［9］王莹．城市形象传播力研究——以武汉市为例［D］．武汉：武汉理工大学，2010.

［10］喻国明．媒体变革：从“全景监狱”到“共景监狱”［J］．人民论坛，2009，（15）．

［11］［德］乌尔里希·贝克．风险社会［M］．何博闻，译．江苏：译林出版社，2004.

［12］［美］哈罗德·拉斯韦尔．社会传播的结构与功能［M］．展江，何道宽译．北京：中国传媒大学出版社，2013.

［13］刘慧．新媒体环境下南京城市形象的媒介传播策略［J］．今传媒，2012，（7）．

［14］康初莹．“微”传播时代的微电影营销模式解读［J］．新闻界，2011，（7）．

［15］唐绪军．新媒体蓝皮书：中国新媒体发展报告 No. 5（2014）［M］．北京：社会科学文献出版社，2014.

［16］王硕．城市形象传播的现状及提升策略研究［D］．沈阳：辽宁大学，2013.

［17］胡百精．中国危机管理报告（2008—2009）［M］．北京：中国人民大学出版社，2009.

寻找西藏传播能力建设的突破口

——从《中国西藏》（中文版）杂志内容分析看西藏区域形象建构

孙鹿童

摘　要：西藏区域形象的建构不仅影响着西藏的传播能力，也在一定程度上影响着国家形象的建构，而大众媒体是区域形象建构的一个有效途径。《中国西藏》（中文版）是传播西藏形象的重要阵地，文章以该杂志2012年至2014年共16期杂志为研究对象，采用定量分析的研究方法，对其文章进行内容分析，获得下述研究发现：1. 该杂志内容丰富、呈现出多视角的西藏形象；2. 民族特色、宗教特色重点突出，围绕人物展开话题彰显人文气质；3. 旅游宣传为导向，政治色彩淡化；4. 生态保护以及援藏、驻兵边防等公益话题有所涉及，但所占比重不大；5. 对于西藏本地居民生存状况、地区发展建设关注度较低。在此基础上，文章对于西藏区域形象的建构提出策略建议，即坚持以人文风俗内容传播、旅游推广为导向；议程设置上坚定政治立场，坚持马克思主义新闻观；以真实的西藏作为形象传播基点；重视传播到达率的问题。

关键词：西藏；区域形象；传播能力；内容分析

一、研究缘起

西藏，现已成为神秘神圣的代名词，无论是朝圣还是观光，西藏都是旅行者心中最值得去的地方之一。到过西藏的人心中自然已经有了自己的“西藏情结”，然而对于更多没有踏上西藏圣土的人来说，西藏仍然未知且神秘。在国际话语体系语境下，西方社会对于西藏形象的建构，还在影响着世界上更加庞大的族群对于这一领域的印象以及对于中国的看法。

作者简介：孙鹿童，中国传媒大学新闻学院博士生。

有学者曾经这样指出，西藏日渐被某些人当作一个寄托自己梦想的人间净土，藏传佛教文明也被神话化为包治百病的灵丹妙药，甚至使西藏成了一个西方帝国主义时代创造出来的乌托邦——香格里拉的代名词，这无疑妨碍了我们对一个现实的西藏和西藏文化的了解和认识，也给我们建设新西藏、保护西藏传统文化制造了新的难题①。

从这样的论述中可以看出，西藏区域形象呈现与真实的西藏之间存在偏差。因此，对于真实的西藏区域形象传播力建设至关重要，这不仅关系到现代西藏的社会发展，也牵涉到在国际传播语境下中国国家形象塑造的问题。因此，笔者试图从已有的西藏形象传播实践中寻找西藏区域形象建构的有效途径。通过内容分析的方法，从新闻传播学视角探析西藏区域形象构建问题。

二、研究对象与研究方法

（一）研究对象

本文选取《中国西藏》（中文版）杂志作为研究对象。《中国西藏》杂志创刊于1989年，是面向国内外全面反映西藏社会历史文化和现实的一份综合性双月刊，现有汉藏英三个文版及网络版，发行到全世界100多个国家和地区，同时也是北京、上海、广州进藏列车、中国国际航空公司进藏航班上的赠阅刊物。

《中国西藏》杂志发行范围广，且作为进藏航班火车的赠阅刊物，可见其目标群体是针对想了解西藏以及以亲身行动去感受西藏的读者。选取此刊物中文版作为研究对象，可以在一定程度上反映目前西藏区域形象传播能力或形象呈现，从而可以有针对性地为构建真实的西藏形象提供建议。

另外，在2009年《中国西藏》杂志创刊20周年座谈会上，时任中央统战部部长杜青林指出，《中国西藏》杂志作为中央涉藏宣传的重要刊物，广泛传播党和国家的声音，生动反映西藏日新月异的发展变化，

① 沈卫荣：《西藏文化遗产保护和延续应从西藏现实出发》，《光明日报》2013年10月23日04版，http：//epaper. gmw. cn/gmrb/html/2013-10/23/nw. D110000gmrb_ 20131023_ 1-04. htm? div=-1

为维护西藏的发展稳定做出了重要贡献①。由此可见，《中国西藏》杂志有一定的政治意义，因此，以该杂志为研究对象对于国家话语体系亦有帮助。

（二）研究方法

本文采用内容分析的定量研究方法。

笔者搜集了《中国西藏》（中文版）杂志自 2012 年第 1 期至 2014 年第 4 期共 16 期杂志的文本内容，并对这些文章内容进行分类，建立类目并进行分析。去掉每期杂志的固定栏目西藏要闻、书讯、信箱以及论点摘要后，共获得有效样本 371 篇。对这 371 篇文章建立类目，并进行编码，共获得 18 个内容分类。按篇数多少降序排列，依次为民族风俗文化（66 篇）、人物（54 篇）、宗教（33 篇）、游记（22 篇）、时事（20 篇）、援藏（19 篇）、历史、时评、杂文（各 18 篇）、读书、生态（各 17 篇）、读书（15 篇）、西藏生活（13 篇）、地区建设（11 篇）、军旅（10 篇）、其他（9 篇）、藏学（3 篇），如图 1 所示。

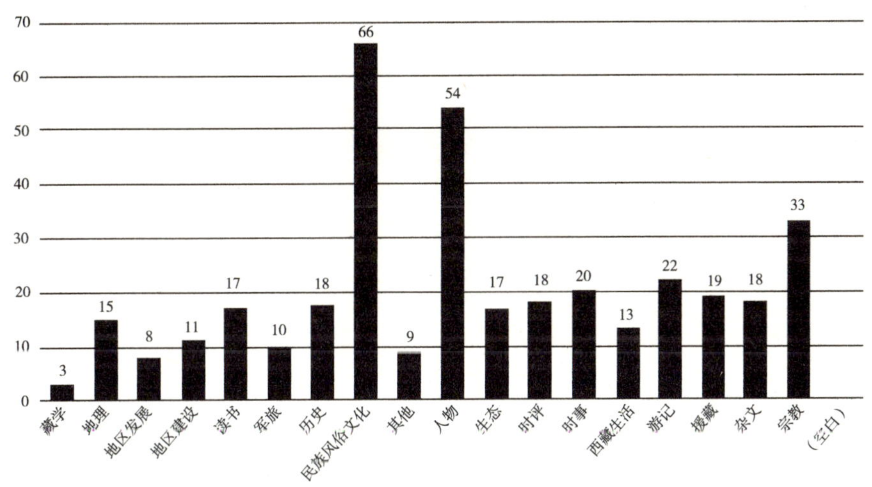

图 1　《中国西藏》（中文版）2012 年第 1 期至 2014 年第 4 期文章内容分类及数量

其中，民族风俗文化分类包含物质风俗文化和精神风俗文化两个方面；人物分类既包括对于现代人物的专访，也包括对于历史人物的回顾，以及人物特写等；地区建设主要为对于西藏地区基础设施的建设发展，如

① 《〈中国西藏〉纪念创刊20 在周年》，《人民日报》2009 年 12 月 14 日 09 版，http: //paper. people. com. cn/rmrb/html/2009-12/19/content_ 408044. htm

铁路、水电站等的建设发展；军旅分类主要记录驻藏部队以及边防战士的生活；其他这一分类包含摄影、美学等内容以及影视作品的宣传推广，如图 2 所示。

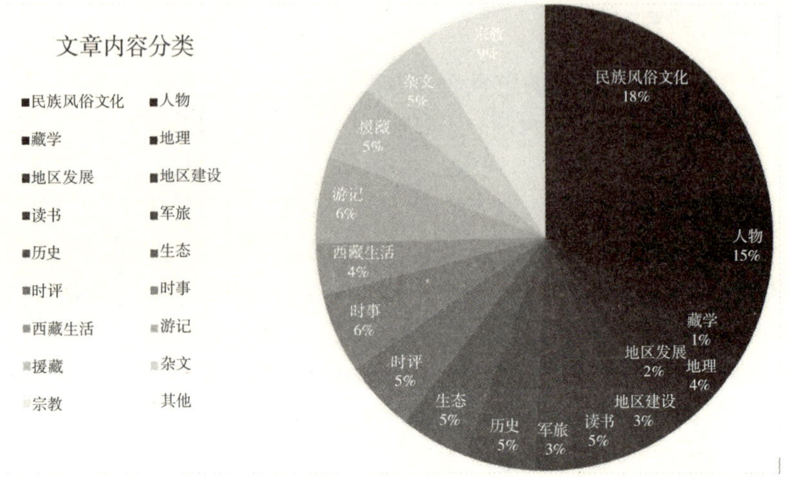

图 2　《中国西藏》（中文版）2012 年第 1 期至 2014 年第 4 期文章内容类目所占比重

三、研究发现

（一）内容丰富、多视角西藏形象的呈现

《中国西藏》杂志涉及内容丰富，包含时事政治、历史地理、人文艺术等多方面的内容，从图 2 显示的内容分类及比重分布不难看出。笔者在编码表中共建立 18 项，且除了民族风俗文化、人物以及宗教占据明显的内容高位以外，其余分类所占比重多为 5% 左右，因此，该杂志所涉及的内容丰富、范围较大。

另外，文章作者视角多元，这些作者有介绍当地风俗文化（如“藏族民居壁画”，2014 年第 1 期）的学者，也有踏入西藏的旅行者（如“桑耶寺，和一只鸽子说话”，2014 年第 4 期），也有描写西藏生活和发展建设的笔者（如“后藏大地上的现代农业实践”，2013 年第 1 期），当然，对于时事评论也有所涉及。这些都说明《中国西藏》（中文版）致力于呈现一个内容丰富、多视角的西藏形象。

（二）民族特色、宗教特色重点突出，围绕人物展开话题彰显人文气质

图1和图2的统计数据显示，对于西藏民族风俗文化的介绍、宗教以及围绕人物展开的文章内容占据了《中国西藏》（中文版）超过40%的内容，其他内容分布较为平均。

民族特色和宗教特色作为《中国西藏》杂志中议程设置上的重要内容，这表明《中国西藏》在提供全面多视角的西藏形象传播的同时，也有意选择地域风情为宣传重点；另外，占比15%的人物文章使该杂志的人文气息更加明显，不仅关注区域特点，还从个体着手，为读者展现宏观且细节化的区域形象。

“西藏对外形象的构建，是西藏形象的实质元素（也即自身的真实特征）和受众的心理感受共同作用的结果，是一个双方互动的结果。对西藏实质元素的传播，讲究的是真实，因此，对受众的影响，则需要艺术的手段，西藏形象的对外传播，是在于对真实的西藏信息进行巧妙的选取和安排，当然，这些选取和安排，必须是真实的”①。根据以上论述，《中国西藏》巧妙地选取和安排民族风俗文化和宗教特点突出的杂志内容作为西藏形象的实质元素，并以鲜活人物的访谈纪实在受众心理唤起共鸣，从而实现有效的形象传播。

（三）以旅游宣传为导向，政治色彩淡化

旅游宣传涉及的板块包括民族风俗文化、人物、宗教、西藏生活、地理、游记、杂文等，而这些类目的占比约为65%，基本达到了杂志内容的三分之二。虽然在这些板块中并不是所有内容都与旅游宣传有关，但能够深刻体现民族地域特色，是旅游宣传的吸引点。

在一项关于国内游客对于西藏旅游形象感知的市政调查中，调查者发现：“主要旅游吸引物公因子包括西藏的自然风景、宗教建筑、宗教氛围和藏民族风情。作为游客最关心的内容以及必访对象，游客对西藏主要旅游吸引物的感知均值均大于4.0，其中深度体验者的感知均值均在4.5以上。”② 本调查采用5度量表，即5为最高量值。如调查数据所显示，游客

① 刘小三：《对外传播中西藏形象建构的策略和方式》，《西藏民族学院学报（哲学社会科学版）》，2011年5月，第32卷第3期。

② 甘露，卢天玲，王晓辉：《国内入藏游客对西藏旅游形象感知的实证研究》，《旅游科学》，2013年4月，第27卷第2期。

对于自然风景、宗教建筑及氛围以及民族风情的感知均值超过 4，这说明地域特点、人文风情以及宗教特色都是吸引游客的最主要方面。因此，前文提到的占比为 65% 的文章内容包含着吸引游客的因子。

时事和时评类目占比为 11%，相比于 65% 包含旅游宣传导向的文章内容，论及政治的时事和时评类稍显单薄，这也体现了《中国西藏》杂志政治色彩的淡化。然而淡化不等于忽视，在有关国家主权、民族团结和国家形象等方面的论述，该杂志依然呈现坚定的政治立场，如“鼓吹暴力只能使达赖集团加快覆灭”（2012 年第 3 期）、“李长春西藏考察纪行”（2012 年第 5 期）等。

（四）对于生态保护以及援藏、驻兵边防等公益话题有所涉及，但所占比重不大

“生态”“援藏”“军旅”三个分类所在比重约为 13%。笔者将这几类视为公益话题，即涉及生态环境保护、支援建设以及边防守卫等关于保护和改善西藏地理环境和人文环境的内容。

如前文所述，《中国西藏》杂志选取以旅游宣传为导向的实质元素作为西藏形象的传播实践，因此在对于支援西藏建设方面的内容涉猎较少。

（五）对于西藏本地居民生存状况、地区发展建设关注度较低

这里涉及的生存状况与“西藏生活”这一分类内容有所不同，西藏生活的内容倾向于关注当地日常生活的关注及其所体现出的人文气息，包括“杂文”类目中多为散文、随想等，而对于当地人民实际生存状况的纪实性内容很少提及；进一步地，对于西藏地区社会经济发展和地区建设等的宏观议题的讨论也十分有限，只占有效样本的 5%。

由此，《中国西藏》（中文版）对于西藏形象的呈现，停留在以充满地域特点的旅游胜地为主导，偏向于有人文气息的文本内容，而对于西藏区域发展中比较深刻的社会问题的探讨并不常见。

四、西藏区域形象构建策略探析

（一）坚持以人文风俗介绍为主要内容，以旅游推广作为西藏区域形象构建的突破口

在游客对于西藏旅游形象的实证研究中，游客对最能代表西藏形象元

素的认知有突出的两个分类（见图3），即自然元素和人文元素①。

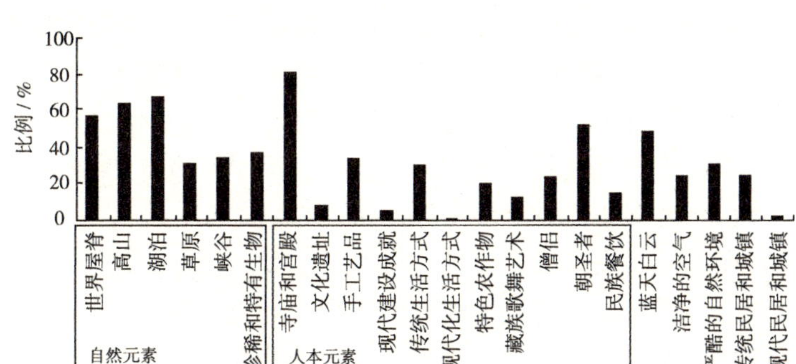

图3　游客对最能代表西藏形象元素的认知②

高山、湖泊等自然景观属于客观存在，对于西藏区域形象建构的影响有限，因为它不会因传播者或传播能力的变化而变化。但是，实证研究中游客对于诸如寺庙和宫殿、文化遗址、传统生活方式等人文元素的认可是传播者可以体现主观能动性的领域。这一点在《中国西藏》（中文版）以往内容中得到了体现。

因此，笔者认为，西藏区域形象的建构要坚持以旅游推广为主要突破口，培育和不断增强西藏的人文风俗传播能力。根据二级扩散理论，以充满人文元素的传播内容首先影响旅行者，再依靠这些旅游者影响更广阔的人群，从而将真实的西藏区域形象推广而开。《中国西藏》杂志现有发行渠道正是一个有效途径，有针对性地向进藏航班、火车乘客传播西藏形象。

（二）在议程设置上坚持马克思主义新闻观，保持坚定的政治立场

如今在学术界有很多关于西方对于西藏形象建构的研究，西方世界的“东方主义”深深影响着世界对于西藏形象的理解；同时，由于意识形态的差异和国际话语体系的偏移，国际上的西藏形象与我国国家话语体系中的西藏形象存在很大差异，这使我国向世界传播真实的西藏形象面临巨大的挑战。

“新中国成立以来，西藏发生的巨大成就是有目共睹的，但是，这种

① “自然元素”和“人文元素”为笔者归类。

② 数据来源：甘露，卢天玲，王晓辉：《国内入藏游客对西藏旅游形象感知的实证研究》，《旅游科学》，2013年4月，第27卷第2期。

翻天覆地的变化在外部世界并没有做到完全引发西方人对中国国家形象和西藏地方形象的改变，其中，一个原因就是我们关于西藏的传播多是临时和被动性的。虽然我们在针对西藏的对外传播时总是不遗余力，但是这种传播经常是在外界由于‘西藏问题’对中国产生误解和偏见时才进行的，往往属于‘灭火式’的传播，而‘风波’平息后我们关于西藏的对外传播往往就会停止，这就使传播效果大打折扣”①。

因此，在进行西藏区域传播能力建设上，大众媒体要坚定政治立场，在议程设置上体现马克思主义新闻观的思想，不仅在时事、时评等内容上坚定民族团结、国家主权的基本政治立场，还要在介绍民俗地域特色和宗教特点的内容中渗透如此的政治立场，变“灭火式”的传播策略为持续性的区域形象传播。

（三）致力于以真实的西藏形象为传播基本点

无论是坚持正确的政治立场，还是以宣传人文风俗为主的旅游宣传，都是为了传播真实的西藏形象。这是西藏传播能力建设以及区域形象建构的出发点和目的。

从真实的民族风俗、人文生活，到真实的居民生存状况；从真实的纪实体验到真实的观点表达，不夸张功绩也不刻意隐瞒，只有真实的传播才能构建令人信服的区域形象。真实是新闻的生命，而借用到西藏传播能力这个范畴中，真实也是其形象构建传播的基本点。

五、结　　语

在传播真实的区域形象时，要重视传播到达率的问题。传播达到率会直接影响传播效果。因此，如《中国西藏》（中文版）等宣传西藏的大众媒体应该找到符合自身定位的宣传渠道。在涉藏航班、列车上赠阅《中国西藏》，可以在一定程度上保证它的传播到达率。然而，究竟西藏区域形象的构建效果如何，即区域形象的接受度有多高，还是要依靠西藏区域传播能力的不断提高。

学者沈卫荣这样说，我们应该为保护西藏的物质文化遗产、维护藏传

① 刘小三：《西藏对外传播的现实困境及其应对》，《西藏民族学院学报（哲学社会科学版）》，2011年5月，第32卷第3期

佛教的传统继续付出不懈的努力，根据西藏现实的生态和人文环境来设计现代化西藏的图景，按照藏传佛教原有的传统来复兴藏传佛教文明，保证西藏在现代化的过程中继续保持其民族和文化之根，保证其独特的民族和文化认同不被今日弥漫于世界的香格里拉神话所吞噬和取代①。保护西藏文化，传承西藏精神，如何传播真实的西藏形象值得学界、业界共同思考。

参考文献：

[1] 苏永华. 城市形象传播理论与实践 [M]. 杭州：浙江大学出版社，2013.

[2] 王安中，李宜蓬，龙明霞. 中国城市传播竞争力模型建构与发展报告 [M]. 西安：陕西师范大学出版总社有限公司，2012.

[3] 王玉玮. 传媒与城市形象传播 [M]. 广州：暨南大学出版社，2013.

[4] 刘小三. 对外传播中西藏形象建构的策略和方式 [J]. 西藏民族学院学报（哲学社会科学版），2011，32（3）.

[5] 甘露，卢天玲，王晓辉. 国内入藏游客对西藏旅游形象感知的实证研究 [J]. 旅游科学，2013，27（2）.

[6] 刘小三. 符号学视角下的西藏商品品牌传播——以西藏5100天然矿泉水广告为例 [J]. 西藏民族学院学报（哲学社会科学版），2010，31（5）.

[7] 周德仓，王亮，刘小三，等. 构建高端学术研究平台，致力于建设“西藏对外传播”研究中心——“首届西藏对外传播高端论坛”会议综述 [J]. 西藏民族学院学报（哲学社会科学版），2013，34（5）.

[8] 陆航，张翼. 理性解读西藏形象 [N]. 中国社会科学报，2014-01-27（A03）.

[9] 刘小三. 西藏对外传播的现实困境及其应对 [J]. 西藏民族学院学报（哲学社会科学版），2013，34（5）.

[10] 甘露，卢天玲，石应平. 西方和中国学者对西方西藏行象认识的批评 [J]. 西南民族大学学报（人文社会科学版），2014，（4）.

① 沈卫荣：《西藏文化遗产保护和延续应从西藏现实出发》，《光明日报》，2013年10月23日04版，http：//epaper. gmw. cn/gmrb/html/2013-10/23/nw. D110000gmrb_ 20131023_ 1-04. htm? div=-1.

［11］沈卫荣．西藏文化遗产保护和延续应从西藏现实出发［N］．光明日报，2013-10-23（4）．

［12］《中国西藏》纪念创刊20在周年［N］．人民日报，2009-12-14（9）．

健康传播视域下的理疗仪群体

——基于理疗仪体验店田野调查的思考

白洪谭

摘　要： 理疗仪群体是围绕试用健康理疗产品而形成的小型共同体，该群体内部存在着复杂的仪式与结构。文章以田野调查的方式解读理疗仪群体，发掘群体内部的信息扩散机制、权力变迁形式以及群聚因素，建议针对理疗仪群体的健康传播现状，提出健康传播运动应该防止商业炒作，实现公共性与公益性；应该避免自说自话，实现从健康宣传到健康传播的转变，促进健康传播事业的发展。

关键词： 理疗仪群体；健康传播；群体认同；田野调查

对理疗仪群体的关注源自一次特殊的机缘，2014 年春节期间，刚到正月初六，笔者的母亲就要去一家商业理疗仪站去做免费的理疗体验。出于对母亲健康的担忧、对商家的疑虑以及专业上的敏感，笔者以陪护体验者的身份走近了这个群体①，通过 9 天的记录与访谈，笔者共访问了 99 名体验者，并对其中 43 人进行了深入访谈。通过调查，笔者发现：理疗仪群体并不是围绕试用理疗产品而形成的一个较为简单的群聚，而是一个存在着复杂的仪式与结构的群体，在某种程度上，这个群体有着滕尼斯提到的"共同体"的某些特征，而在群体背后有着深层次的社会成因和传播机制。

这个群体的存在，一方面反映了人们对健康传播的诉求，另一方面也暴露了健康传播运动在社区层面和人际传播与群体传播层面的不足。发掘这个群体的仪式与结构，能够深入了解健康传播中健康理念的扩散与传播脉络，厘清健康传播的结构与机制，描绘健康传播活动目标群体的精神特

作者简介： 白洪谭，中国传媒大学传播研究院博士生。

① 该理疗仪站在体验仪器时间段不允许男性消费者进入，但有时因为等候体验者较多，门关不上，因此能够观察到里面体验者的体验过程。笔者以陪护母亲为名接触等候在理疗仪店外的体验者及其家属，经过一段时间的调查与访问，做了大量田野笔记并搜集了体验者传给笔者的活动照片及资料。

质；解读这个群体，对于促进健康传播运动的开展，建构和谐的社区关系，提升老年人的生活质量以及防止商业行为对健康传播的误导具有积极意义。

一、田野地点

本文田野作业的地点位于山东省聊城市东昌府区的一家理疗仪站，该地区共有两家同样品牌的理疗仪站，均位于市中心繁华地段的偏僻街角（店面本身不紧临主要干道）。理疗仪站的主要仪器是“某减肥治疗仪”（以下统称某理疗仪）而并非严格意义上的医疗器械。笔者所进行作业的理疗仪站面积约为60平方米，分为楼上楼下两层，楼上为工作人员办公及储存仪器的区域，楼下为体验区，共有“某减肥治疗仪”15台，早上8点开门，每35分钟能完成一次体验。理疗仪站每天都有很多人排队，体验者基本上要等一个或两个35分钟才能排上号。

本文中所称的理疗仪群体是试用理疗仪的一个群体，该理疗仪站以体验式营销的方式吸引消费者，只要消费者填写基本的信息即可免费长期试用该产品。该群体在理疗仪站呈现的人数并不固定，每天前来体验的人数从110至135人不等。群体里有100人左右为固定体验者，成员之间大多数比较熟悉，且多数成员的体验时间在半年或一年以上[①]，少数不太固定的体验者多为固定体验者的亲戚或者邻居、朋友等，他们并非每天来做体验[②]。所有体验者均为女性，在笔者的调查中，有43名体验者提供了关于年龄的信息，其中有21名体验者年龄在60岁以上，19名体验者在40至60岁之间，2名体验者为30至40岁，1名体验者为30岁以下（见图1）。这个比例和目测以及访谈中体验者所反映出的年龄比例大致相当。

本文田野作业围绕以下几个问题展开：1. 关于“某理疗仪”的理念如何在群体中传播与扩散？2. “理疗仪群体”内部的权力结构如何？3. “理疗仪群体”形成的根本因素是什么？

---

① 在笔者所访问过的99名体验者中，有89人体验时间均在半年或一年以上，且几乎每天都来体验。

② 在笔者所访问过的99名体验者中，有10人体验时间在半年以内，且不经常来体验。

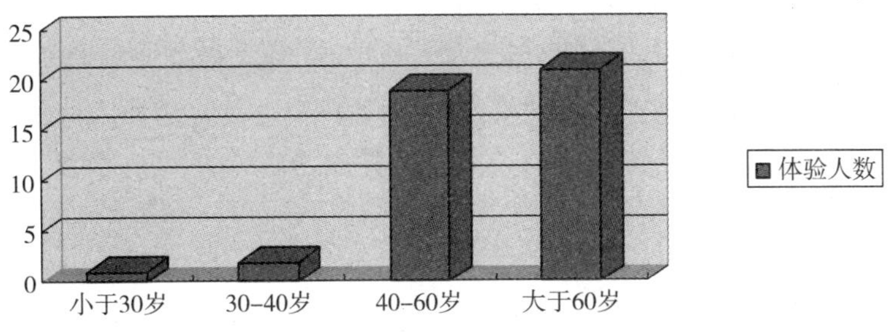

图 1　调查中 43 名体验者的年龄分布图

二、调查分析

(一)“某理疗仪”理念如何在群体中传播与扩散

针对这个问题，笔者的访谈围绕几个问题展开：如何知道的“某理疗仪”？和谁一起来做理疗仪体验？某理疗仪的效果如何？有没有打算购买？

在“如何知道某理疗仪”的问题上，笔者搜集了 43 份答案，其中有 16 名体验者是经家人介绍来的，13 名体验者是经同事介绍来的，11 名体验者是街坊邻居介绍来的（见图 2）。在理疗仪体验店，每介绍一名新人进店体验即可享受三个月的免费体验。因此很多体验者都是轮流把自己的亲戚拉到体验店登记以便享受更长免费体验的时间。有 3 名体验者是在逛街时经体验店的工作人员邀请进而来体验的（体验店的工作人员对于初次体验者发放鸡蛋、食用油等小礼品），没有人是自己主动上门来体验的。对理疗仪的知识也存在着知识差距，在理疗仪的用途（商家所宣传的用途）扩散的过程中存在意见领袖。

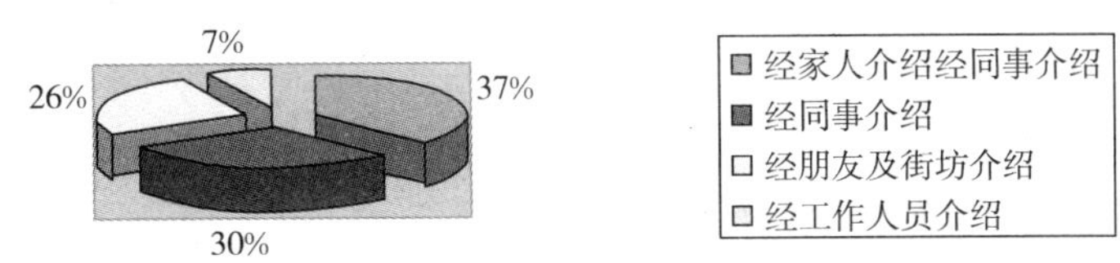

图 2　43 名被访者如何接触理疗仪产品的调查

在深入访谈的 43 人中，有 15 人能够非常熟练地说出理疗仪的“高科技技术”，她们也乐于向体验者家属宣传该理疗仪的三个技术，包括“法国的法拉第波、德国的远红外线、韩国的焦点反射区”[①] 等。商家在体验者做每一次体验前都会进行产品宣传，包括发放宣传单页、展示宣传海报、播放宣传片等，这些广告活动最终强化了体验者的知识。从话语的结构与权力角度来看，这些知识给早期体验者带来了权力和炫耀的资本，并提示着早期接受者的社会地位。这一点如同罗杰斯在《创新的扩散》一书中列举的秘鲁村庄开水风波的例子，在这一事例中，秘鲁村庄的被孤立的B太太之所以能够接受医生的建议由喝凉水改成喝开水，是因为她想借医生的地位来提升自己的声望[②]，人际关系网能够起到提升地位的作用。理疗仪群体普遍文化程度不高，但是能够滔滔不绝地讲授她们眼里的最新科技“法拉第波”，对她们来说无疑是一种身份的象征。

但是理疗仪群体也存在着“以讹传讹”的现象。“某理疗仪”名称及主要功能都提示其主要作用是美容美体，其目标消费者也应该是一些年轻女性，可在理疗仪群体里很多人都相信这种理疗仪能够治疗糖尿病、静脉曲张等疾病，甚至还有糖尿病患者提出“做了几个月后服药量减少了”，尽管该品牌在宣传单页上标注：本产品不能代替医学与药物治疗。

在理疗仪群体中，文化程度较高（一般是高中毕业）、退休前工作单位较好的体验者和理疗仪站聘请的“讲师”成为意见领袖（就访谈结果来看，43 人里面有 4 人有专科学历，8 人为高中学历，13 人为初中学历，18 人为小学及以下文化水平。而且小于 40 岁的 3 名体验者均为小学文化程度。）（见图 3）

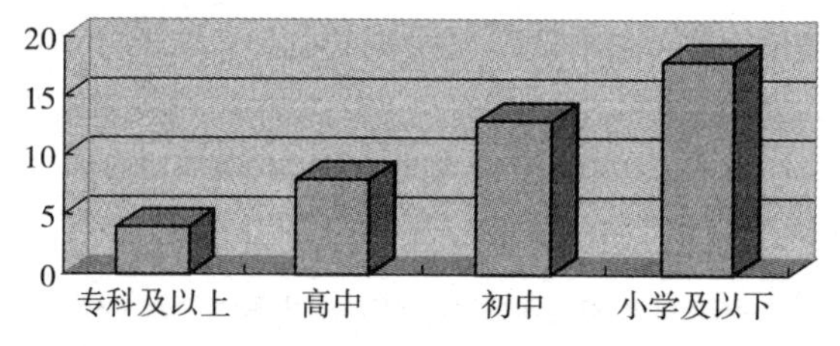

图 3　43 名被访者的学历构成

体验者会怀疑理疗仪站工作人员的广告宣传，在等待体验时，她们会围着在“事业单位”退休的几个人，听她们讲自己对理疗仪的看法。理疗仪群体的扩大还和塔尔德提到的模仿律相符合，“地位最高、距离最近的

① 笔者就此咨询过专业医师，这三种技术属于商家为宣传所制造“概念营销”。

② 埃弗雷特 · M. 罗杰斯《创新的扩散》，辛欣译，中央编译出版社，2002 年，第 4 页。

人是最容易成为模仿对象的人"①，一些体验者的加入是因为理疗仪群体中有些知识分子或者从"政府单位退下来"的人，她们的行为代表了一种"时髦、健康的生活方式"，而加入这种生活方式，能够缩短两个阶层之间的社会距离。

其次，体验店请的"讲师"的意见也很重要。这些"讲师"的目的也是引导体验者购买理疗产品，但是其多以某某医院医师和某某营养师的形象出现。另外，理疗仪群体中体验者的"现身说法"也能起到意见领袖的作用。

（二）理疗仪群体中的权力变迁

理疗仪的早期体验者通过传播自己了解的理疗仪知识而获得了最初的权力。但是，关于权力的较量一直存在于理疗仪群体之中。笔者发现，这种较量在两个陌生的体验者刚刚认识的时候达到最高，而在两个熟悉的体验者之间较少。

笔者记录了等待做理疗期间一些体验者的对话，当两个陌生的体验者相遇时，多数是"查户口式的"互相询问，这些询问围绕自己及老伴的退休单位、退休工资、子女工作单位、子女收入、家庭住房等条件展开，或许这种试探式的询问确定了这个群体里最初的群体地位。彼此熟悉后的体验者也会互相比较，这些比较进一步细化为子女给父母买的礼物、一日三餐所吃的食物等。

然而对于理疗仪群体，有一个议题始终无法回避：是否购买理疗仪？标价 13500 元的理疗仪器显然对大多数老年人来说是一笔不小的开支，但是正因为价格的昂贵才增加理疗仪器的心理价值。一名张姓体验者（女，62 岁），在听到同伴体验者要购买理疗仪时说："（理疗仪）不值这个钱，有免费做的，不用买"；而在自己的儿子、儿媳来接她回家时，她又对儿子说："老陈（另外一名体验者）都要买了，你也帮我打听打听，看网上有便宜的吗？"此时，理疗仪已经不单纯是拥有使用价值的物品，而是变成了一种符号，一种提示物。正如鲍德里亚所说的那样，"消费是一个与学校一样的等级机构，在物的经济方面存在不平等"，而且"人们从来不消费物的本身（使用价值）——人们总是把物（从广义的角度）用来当做能够突出你的符号……"② 正是这种消费提示着物的所有者在这个群体里所拥有的地位。

---

① 塔尔德《模仿律》，何道宽译，中国人民大学出版社，2008 年，第 161 页。

② 波德里亚：《消费社会》，刘成富、全志钢译，南京大学出版社，2000 年，第 45、47 页。

还有一个例子能够进一步阐明这个观点，不少人买了理疗仪后并不是在家里享受理疗，而是仍然经常来理疗仪店里体验，同样在等待区，她们的神情自若与正在等待的体验者的焦虑形成鲜明的对比。

理疗仪群体的职业分布也能很好地说明这一点，在笔者访谈的所有体验者中，只有一名体验者来自农村，其余均为城市居民。来自农村的这名体验者也是女儿嫁到了城里并告诉她过元宵节市区会很漂亮，因此把她从乡下接来。来体验店也是因为女儿听邻居说这里有很多老年人，因此把她送到这里看看，让她“有个伴儿”。在其余体验者谈论退休工资时她往往沉默不语，偶尔有人问及，她就谈谈孩子的工作。或许她所说的“每月55元的补助”在这个群体里确实很少。而且等待体验期间，她往往很焦虑，因为常常感觉这样是“浪费时间”，但她又找不到什么事情可以做，她感觉不浪费时间的事情是“冬天拾破烂（捡废旧物品卖钱）、夏天种菜”。但是当她看到一些体验者有糖尿病需要每天注射胰岛素时，她又说“自己身体没问题，不受罪”，感到很满足。

在理疗仪群体里，没有人能够真正在这种比较中胜出，因为群体里拿着高退休金的“有钱人”不一定舍得买理疗仪，而已经购买理疗仪的人身体又不一定健康。理疗仪群体中存在的带有“比较”色彩的人际传播是一种社会交换过程，虽然彼此倾诉，但也互相倾听，人们在比较中各自获得心理满足，完成一种“相互提供资源或者协调交换资源的符号传递过程”①。权力的比较构成了这个群体的日常生活，但在比较之后也有温情脉脉的一面，当一个中年妇女哭诉完自己离婚的遭遇时，周围的人又给她安慰，不少人还流下了同情的眼泪。而且，尽管家庭各有差异，但是健康与生命是公平的，这对没有退休金的“穷老太太”来说又是一种慰藉。

（三）理疗仪群体的群聚因素

为什么会形成理疗仪群体？除了做理疗之外这个群体还有哪些群聚因素？笔者就访谈情况总结出两点来自社会层面和心理层面的因素。

1. 健康议程及其推动力

体验者对健康的关注是主要因素，导致体验者关注健康的原因也有两个层面：第一，理疗仪群体中大多数体验者或多或少存在一些健康问题，慢性病一直困扰着她们，理疗仪站为她们医治这块心病提供了希望。笔者

① 迈克尔·E·罗洛夫《人际传播——社会交换论》，王江龙译，上海译文出版社，1991年，第26页。

接触到的很多理疗仪体验者都表示，在能做免费健康理疗的同时，又能和这么多与自己同病相怜的人在一起是高兴的事。第二，理疗仪群体的生活较为单一，进入她们日程的除了生活琐事就是健康问题。健康传播在理疗仪群体中成为主要议程，但是正如祝建华所指出的那样，“由于公众的议程承受能力有限，议程设置也遵循着零和游戏规则”①，一种议程在个体公众头脑中的放大会影响到其他议程。理疗仪群体接受外界的议程有限，在此情形下，健康传播的议程恰恰压倒其他议程进入体验者的头脑。还有一些人没有融入理疗仪群体，一位体验者没等体验就匆忙出来，边走边说“里面搞传销，里面的人都被入脑了”。这里的“入脑”和“洗脑”的意思接近，指的就是进入体验者的议程大多被理疗仪议程所占据的情况。

2. 群聚仪式及其认同感

另一种形成并凝聚理疗仪群体的因素来自理疗仪群体的仪式。这些仪式的最初形式仅仅是理疗仪站的工作人员所设定的一系列做理疗所需的程序，包括：做理疗仪前的身体锻炼、做理疗时喊的口号和每周一次的“理疗仪亲人聚会”等。这三个程序是商业因素创造出的仪式，透过仪式表达出一种积极和欢快的精神状态，在做理疗之前，工作人员会播放强劲的、有节奏感的音乐，带领体验者进行身体锻炼的工作人员也很有激情，不断引领体验者体验者做拍手、蹲起、侧身等动作。等每个体验者都坐在理疗仪仪器上时，工作人员会带领体验者喊口号：“某某（理疗仪品牌名）的亲人们，我们的目标是——”“身体健康！”体验者齐声回答，然后理疗正式开始。

这种仪式慢慢会形成一种组织文化，并充当维护现存秩序的角色。当这些体验者在广场上听到自己熟悉的音乐时，能够做出同样的动作，这些动作区隔了作为理疗仪群体一员的她们和周围的陌生人，于是群体的认同感油然而生。

另外，理疗仪群体中的文化活动也加强了这种认同，一名陈姓女士（61岁）向笔者谈起了她在理疗仪店的感受：

“主持人（理疗仪工作人员）让我给大家讲两句，我看很多人都扭扭捏捏地放不开，我上去就大声说了几句：‘××理疗仪’的亲人们，大家好！我是陈某某，欢迎大家加入这个大家庭！以前我老羡慕人家（别人）会唱的、会跳的，（她们）退休之后都有组织，现在我也有组织了……”

① Zhu, Jian-Hua Issue Competition and Attention Distraction: A Zero-Sum Theory of Agenda-Setting. Journalism Quarterly, v69 n4 p825-36 Win 1992. p825.

三、结论与建议

（一）理疗仪群体容易受到商家误导，健康传播运动应警惕商业炒作

在所调查的“理疗仪群体”中，大多数体验者患有糖尿病、高血压等慢性疾病，而患者关于这些疾病的知识大多数由理疗仪体验店的工作人员所介绍。根据调查，43名体验者中有17人认为理疗仪对自身病症“非常有效”，15人认为“比较有效”，6人认为“可能有效”，5人认为“说不清楚”或“至少无害”（见图4）。

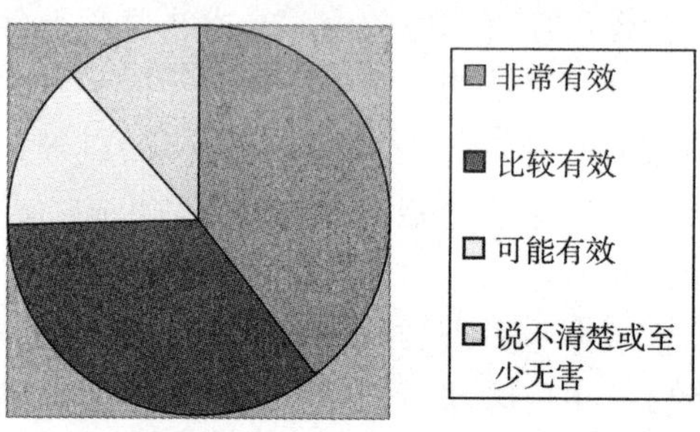

图4　43名被访者对理疗仪效果的认识

这种结果反映了功能单一的理疗仪都够“包治百病”的奇怪现象，这与健康传播的应然层面相距甚远。商业化的争议一直伴随着健康传播运动，就健康传播运动本身来讲，作为“一场大规模的说服运动，传播运动难免有灌输思想的嫌疑，使人们对其正当性和合理性产生怀疑；商业领域对运动的滥用，也增加了人们的争议”①。

理疗仪群体的网络媒介素养普遍不高，在所调查的43人中，只有4能够利用电脑或手机上网，她们参加的都是一些实体活动。理疗仪群体也渴望有一个“人人都有麦克风”的舞台，尤其是有些老年人刚刚从工作岗位退休，还很难适应离开组织的环境。作为企业的理疗仪体验店在某种程度搭建了这样一个舞台，但是把搭建这个舞台的工作交给政府或公益组织比单纯地扔给企业更让人放心。虽然有些企业在推进健康传播方面起到了非常积极的作用，但不排除有些企业存在不规范甚至不合法的行为，比如为

① 涂光晋、张媛媛：《中国健康传播运动实践研究》，《国际新闻界》，2012年第6期。

了商业利益传递错误的健康传播知识，炒作概念误导消费者从而获取暴利，甚至某些理疗仪的安全性本身就有问题。这些都需要政府加强对理疗仪企业的监管和甄别，只有建设一个健康且具有公共性和公益性的健康传播体系，才能够让理疗仪群体享受健康的身体与精神的理疗。

（二）理疗仪群体是一个小型共同体，健康传播运动应防止自说自话

健康传播运动的传播者应该是医疗卫生专家，政府工作人员和媒体工作人员应该是健康传播的传声筒或扬声器，患者及家属的人际传播和自媒体传播应该是健康传播的有益补充。

现实生活中医疗卫生专家并不缺席，医疗卫生机构和政府通过义诊、健康知识宣传等各种社区活动促进健康传播运动，媒体也通过健康类栏目促进健康传播，只是这种运动对理疗仪群体来说还是一个由“他者”所主导的宣传运动，难以融入“我们”这个群体认同之中，难以关怀到每一个疾病患者的日常生活形态，难以及时监测与反馈他们的健康诉求，难以形成连续的人际传播与群体传播。从年龄结构上来看，这个群体有很多是退休的老年人，电视上的健康传播栏目大都安排在非黄金时段，此时子女都已经上班，即使她们观看健康类栏目，这个过程对她们来讲也是一种个人的孤独的体验，无法将涉及自身利益的议题同别人求证或分享。正如胡百精所指出的那样：“现在很多健康知识传播和健康促进运动因为墨守信息覆盖的传统观念，缺少与利益相关者的关系网络建设，而沦为听众缺席的独白”。

理疗仪群体是一个互动频繁的小型共同体，这个群体的需求是一个由基本生理到精神的多个需求层次的集合。从健康传播的宏大叙事进入小型共同体的日常生活实践，仍是一个亟须解决的问题。健康传播运动应该防止自说自话，通过吸纳理疗仪群体的意见领袖，开展持续的社区活动的方式，可以有效地促进健康传播理念的扩散，让理疗仪群体真正享受到健康传播运动的阳光。

浅谈区域警务微博话语权建构

——以安徽省公安厅官方微博为例

庄 睿

摘 要：警务微博是政务微博的一种，是当前国内政务微博的主导力量，其话语生产力得到了很大程度的提高。区域性警务微博主要面向本地群众，要在有限的条件下和复杂的网络舆情环境中强化自身话语权，正面引导网络舆论，以促进网上警务和网下传统警务的有机融合和相互促进。

关键词：警务微博；网络舆情；话语权

一、国内警务微博发展概况

2009 年微博在国内兴起之后，因为使用门槛低、操作简单、消息传递快等特性，用户数量急速增长，在传统官方媒体之外形成一个新兴的民间舆论场。由于网络快速发展、网络监督和网络问政兴起、政府网站功能欠缺、各级党政机关尝试改变网络工作方法、商业网站大力推动等因素，2011 年政务微博兴起并快速发展，学者称 2011 年为“中国政务微博元年”。“所谓政务微博就是政府部门推出的官方微博账户，是政府部门为传递政务信息、加强与群众沟通、拉近政府与群众的距离而开通的官方微博”[①]。2014 年 7 月 24 日，人民网舆情监测室联合新浪微博，发布《2014 年上半年新浪政务微博报告》。报告显示，“截至 2014 年 6 月 26 日，新浪微博平台认证的政务微博达到 119169 个，较去年年底增加 19018 个。其中

作者简介：庄睿，中国科技大学人文学院硕士生。

① 朱耀华．政务微博：增进政民沟通、提升政府治理能力新平台［J］．中央社会主义学院学报，2014，8（4）：99-102.

党政机构官方微博 84377 个，公职人员微博 34792 个”。[①]

2010 年 2 月 25 日，“平安肇庆”的诞生开启了全国公安机关微博警务的新篇章。“公安系统是政府部门利用微博平台发展线上政府与公众互动的先行者，在高速发展的网络环境下，警务微博迅速成为政务微博的主导力量。警务微博是警务信息化革命的产物，带有更多的服务色彩，在警务运作、公安执法、队伍管理、服务群众等方面，开辟了新的发展路径”[②]。公安部门往日的形象是神秘且高高在上的，警务微博的出现提高了公安部门的服务水平，塑造了亲民、服务的品牌形象，增强了网上网下的影响力。在肯定警务微博积极作用的同时，也要看到其存在的问题和不足，探索加强管理、规范运作的有效路径，并逐步形成长效的工作机制，以推进警务微博的新一轮发展。

@安徽公安在线是安徽省公安厅 2010 年 9 月开设的新浪官方微博，是安徽省内级别最高、影响力最大的警务微博。公安厅通过微博向网民公布省内警务信息，同时会有一些国内外大事件的播报和突发事件的发布，截至 2014 年 9 月 30 日 24 时，@安徽公安在线的粉丝数量超过 640 万，发送微博 16270 条。通过对@安徽公安在线 2014 年前三季度的微博进行分层抽样，选取 1—9 月每月 5 号、15 号、25 号的微博进行统计分析，结果显示，2014 年 1 月 1 日 0：00 至 2014 年 9 月 30 日 0：00 间，@安徽公安在线微博以原创为主，原创率为 76%，原创内容主要集中在对安徽省内各地警务活动的报道上，既包括各市县执法活动，也包括公民个人遭遇的违法乱纪活动，此外还有少量心灵鸡汤类语录（见表 1）。

表 1　@安徽公安在线微博概况（数据截至 2014 年 9 月 30 日 0：00）

微博名	微博原创率	微博总数	微博粉丝数	微博关注数
安徽公安在线	76%	16720	6456873	775

2014 年 7 月，由人民网舆情监测室联合新浪微博推出的《2014 年上半年新浪政务微博报告》评选出了十大政务微博，其中包括三个警务微博，分别是排名第一的@公安部打四黑除四害（公安部治安管理局、公安部“打四黑、除四害”专项行动办公室官方微博）、排名第七的@平安北京（北京市公安局官方微博）、排名第十的@平安中原（河南省公安厅官方微

① 新浪网：2014 年上半年新浪政务微博报告．［EB/OL］．（2014－09－30）http：//news.sina.com.cn/c/2014－07－24/111830571953.shtml.

② 苏宝筠．江门市公安政务微博管理研究［D］．华南理工大学．2013（12）．

博）。从粉丝数和微博数上看，@安徽公安在线与@公安部打四黑除四害、@平安北京等警务微博存在一定的差距（见表2）。

表2 @安徽公安在线与排名前十名的微博情况对比表

微博名	公安部打四黑除四害	平安北京	平安中原	安徽公安在线
粉丝数	11310479	8992522	5561896	6456873
微博数	17416	28405	36853	16720
关注数	245	1076	1994	775

二、区域警务微博话语生产力逐渐提高

目前国内警务微博主要包括机构微博和个人微博，几乎涵盖各个级别的公安部门，覆盖多个警种，发布的内容既包括警务资讯、突发事件报道，也包括形象宣传、警民互动。自2010年2月25日@平安肇庆在新浪微博诞生以来，警务微博迅速成为政务微博的主导力量，公安部门借助微博发布信息、提供服务，获取线索、调查取证，发布案件进展，提高办案效率，警务微博已成为信息公开的便捷平台和网络协助办案的重要工具。复旦大学舆情研究实验室和中国舆情网共同推出的《2011中国政务微博研究报告》显示，截至2011年3月20日，全国范围共有实名认证的政务机构微博1708个，其中公安部门官方微博达1228个，如图1所示。

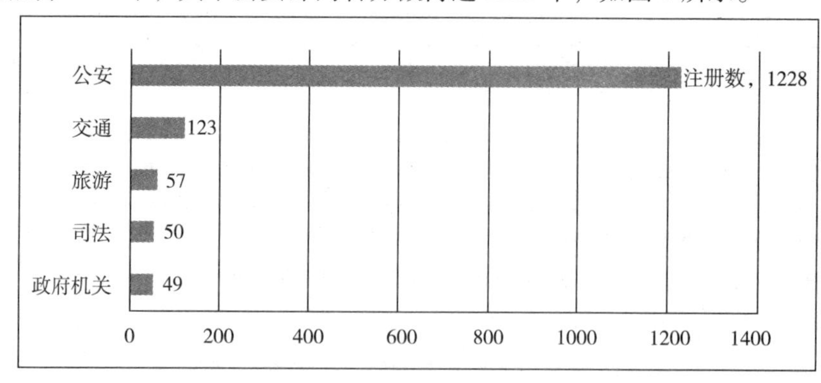

图1 全国政务机构微博部门排行榜（前5位）

图片来源：《2011中国政务微博研究报告》。

@平安肇庆在创办之初，缺乏微博运作经验，绝大部分微博是政府网

站信息的缩减版，形式刻板、内容单调，传播效果有限，被批评为“假大空、内容单一、语言亲和力不够强”。@安徽公安在线开通伊始也有同样的问题，但随着微博运营经验的积累，类似问题开始逐渐被解决，主要体现在以下方面：

（一）生产数量逐步提高

一是发布微博数量逐渐提高，抽样数据显示@安徽公安在线第一季度发布微博101条，日均8.4条；第二季度发布192条，日均16.0条；第三季度发布208条，日均17.3条，呈现出逐渐上涨并趋于平稳的趋势，如图2所示。

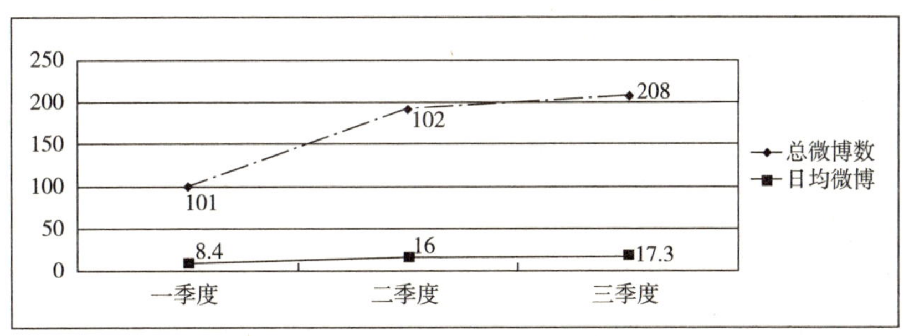

图2　@安徽公安在线微博数量统计图

二是微博原创比例保持在一个较高的水准。抽样数据显示，@安徽公安在线2014年前三季度共发布微博500条，其中原创微博412条，转发微博88条，原创比为82.4%；第一季度发布微博101条，其中原创微博为85条，转发微博为16条，原创比为84.1%；第二季度发布微博192条，其中原创微博为148条，转发微博为52条，原创比为77.1%；第三季度发布微博208条，其中原创微博为180条，转发微博为28条，原创比为86.5%。三个季度微博原创比例都保持在一个较高的水平。

（二）生产质量逐步提高

一是获得的评论、转发、被赞数量逐步提高。抽样数据显示，2014年第一季度，@安徽公安在线发布的微博累计被转发2496次，被评论1208次，被赞796次；单条微博平均被转发24.9次、被评论12次、被赞7.9次。2014年第二季度累计被转发6596次，被评论2380次，被赞2060次；单条微博平均被转发34.3次，被评论12.4次，被赞10.7次。第三季度微博累计被转发9972次，被评论3980次，被赞2048次；单条微博平均被转发47.9次，被评论19.1次，被赞9.8次，单条微博除平均被赞数保持平稳之外，平均被转发数和平均被评论数均呈现出上扬趋势，如图3所示。

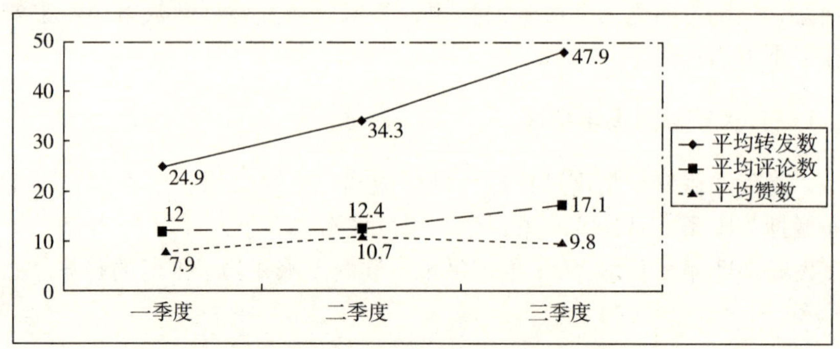

图3　各季度单条微博转发数、评论数和赞数对比图

二是微博形式趋于多样化。@安徽公安在线微博形式可以分为五类，分别是“纯文字”“文字配长微博”“文字配新闻图片”“文字配漫画”“文字配图片（含新闻图片和漫画）和视频”，2014年前三季度这五种形式微博数量比例见表3所列。

表3　三个季度五种形式微博数量对比表

	纯文字（%）	文字配长微博（%）	文字配新闻图片（%）	文字配漫画（%）	文字配图片和视频（%）
一季度	28	16	44	.13	0
二季度	2	10	56	29	2
三季度	0	8	33	57	2

第一季度纯文字微博占比28%，第二季度为2%，第三季度为0，呈现出直线下跌的趋势，非纯文字微博占比呈上升趋势。碎片化阅读的时代，人们对长篇阅读越来越失去兴趣，纯文字的微博如果文字字数过多，会影响传播效果；而图片使微博内容更加易于理解，也使形式更加丰富多彩。形式的多样性有利于吸引受众注意，取得更好的传播效果。多样化的微博形式使警务微博一改古板严肃的刻板形象，以一种更加轻松活泼、平易近民的形象出现在网民面前，既保证了信息的顺畅传播，也在一定程度上改善了传统的公安形象。

（三）本地内容占据主导地位

@安徽公安在线微博内容主要分为四类，即省内警务资讯、全国（不含省内）警务资讯、安全常识、心灵鸡汤类语录。抽样数据显示，2014 年第一季度省内警务资讯占比为 61%，全国（不含省内）警务资讯占比为 12%，安全常识占比为 16%，心灵鸡汤类语录占比为 12%；2014 年第二季度省内警务资讯占比为 73%，全国（不含省内）警务资讯占比为 4%，安全常识占比为 19%，心灵鸡汤类语录占比为 4%；2014 年第三季度省内警务资讯占比为 71%，全国（不含省内）警务资讯占比为 12%，安全常识占比为 10%，心灵鸡汤类语录占比为 8%，如图 4 所示。

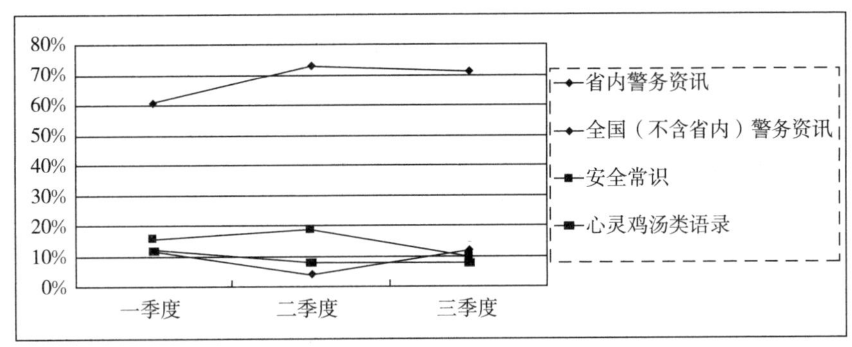

图 4　三个季度四类微博数量占比对比图

作为安徽省内级别最高的区域性警务微博，@安徽公安在线一直将主要目光放在安徽省内，省内警务资讯一直是其报道的主体，以传递省内警务新闻、服务省内百姓为己任，同时兼顾全国警务资讯。@安徽公安在线还会不定期撰写或者转发各类安全常识，比如防盗贴士、交通法规、急救常识等等，内容涵盖广泛，具有很高的实用价值和参考价值；另外，微博中还包含一些心灵鸡汤类语录，比如“早安心语”“晚安心语”，用这种方式拉近了和受众的距离，柔化了刻板严肃的公安固有形象。

三、提升区域警务微博网络舆论话语权的意义

话语生产力的提高并不意味着话语权的提升，两者紧密相关却又不尽相同。福柯认为，“话语意味着一个社会团体依据某些成规将其意义传播于社会之中，以此确立其社会地位，并为其他团体所认识的过程”①。网络

① 王治河．福柯［M］长沙：湖南教育出版社，1999：159.

舆论话语权作为一种权利，理论上其话语权分配格局应是现实权利关系的投射，精英微博应比草根微博拥有更广泛的影响范围和更大的影响力。而在具体实践中，精英微博与草根微博的简单划分并不适用于警务微博，警务微博显然不属于草根微博，又与精英微博有一定的区别。以名人为代表的精英微博可以利用自身的知名度和影响力，在网络空间获得足够的话语权，公安部门虽然有法律赋予的公权力，但这种公权力无法在网络空间保障警务微博的话语权。警务微博想在区域内有更广泛深远的影响力，必须不断缩小自身与网络舆论领袖的距离。

（一）提升话语权比提高话语生产力更加复杂

在微博上，“粉丝”只是作为一个数字存在，跟现实中的“粉丝”有天壤之别，微博粉丝的“关注”并不等同于“关心”，更不等同于“同意”。@安徽公安在线目前有640多万粉丝，但并不代表这六百多万人都是忠实的收听者，抛开僵尸粉不提，即使粉丝是活跃用户，其对微博的反馈也是有限的。其中最主要的原因在于，话语生产力的提升更多的是依赖生产资料投入的提升，比如人力、物力的投入，但话语权的提升需要依赖公众的认可。作为互联网发展的新阶段，微博正在深刻地改变着中国的舆论传播格局，在当下网络舆论复杂的传播格局中，话语权的分配格局与现实中的分配格局有着较大的差异。警务微博希望通过在网络上发出声音提升自身的话语权影响网络舆论，不仅要加大对互联网的投入，更要加大网络之外的行动落实工作，如此，微博的声音才能够真正被公众接受和信服。

（二）警务微博话语权提升有利于保障公共利益

微博为公众提供了一个自由表达的空间，这个公众既包括精英也包括草根，同时微博也为权力部门和民众搭建了一个沟通的平台。与此同时，微博上的言论一定程度上缺乏理性思考，容易出现情绪发泄式表达，这种非理性传播往往有更大的杀伤力和危害性。“中国传媒大学网络舆情（口碑）研究所通过对2011年上半年1000多起网络热点事件进行量化分析发现，18.8%的网络热点事件源于微博，微博已经由舆情发酵地变为发源地”[①]。微博上海量的碎片化、情绪化的信息不仅在网络空间暗流涌动，更逐渐成为一种可以影响干预现实的力量，再加上微博本身自我纠错能力的

① 李晓霞. 关于警务微博话语权的思考［J］. 云南警官学院学报. 2012，（1）. 125-128.

匮乏，使得网络舆论生态环境越发复杂。

如今微博舆论已经深刻影响到现实社会，掌握了网络舆论话语权才能够对微博舆论产生影响，进而影响到现实舆论。警务微博掌握话语权，充分表达自身意见，不仅是塑造公安队伍良好形象的途径，更是维护社会公共利益、加强党的执政能力建设的现实需求。公安部门要掌握现实世界的主动权，就一定要学会掌握网络舆论话语权，在舆论争夺战中占据优势地位，对舆论产生积极的影响。以全国十大政务微博排名第一的@公安部打四黑除四害为例，2011 年公安部以微博作为信息搜集和发布平台，以微博爆料为线索，在全国范围内对“瘦肉精”犯罪进行深度打击，破获一大批违法犯罪案件。这就是警务微博、精英微博和草根微博联合互动，共同行使话语权、维护公共利益的一个典型案例。

四、提升区域警务微博话语权的途径

随着近两年公安部门对警务微博的逐步重视和大力投入，警务微博话语权建设取得了长足的进步。在微博问政的热潮中，警务微博加强话语权建设主要有以下几个途径：

（一）找准自身定位，进行专业化运营

包括警务微博在内的政务微博经常面临一个两难的窘境，即“有权利发布信息的人不熟悉网络，熟悉网络的人没有权利发布信息”。具体来说，拥有部门内话语权的领导由于年龄原因可能对互联网不太熟悉，年轻的工作人员可能熟悉网络操作，乐于维护微博，但缺乏工作经验，在信息的发布和回复上容易产生疏漏。这就需要有专业人员对警务微博进行维护，使微博真正成为警民沟通的直通车。由于公安部门有其特殊性，这就需要健全和完善一套微博发布管理的工作机制，包括微博发布内容、发布流程，网友问题回复口径、回复时限，保密规定及管理员的绩效考核机制等等。这需要制定一套可操作性强的实施细则，使管理人员有制度可依，这样才能保证微博的正常运行。

（二）主动介入舆论热点，权威发布相关信息

微博信息传播速度快，形式便捷，要求公安机关必须把握舆情工作的主动性，警务微博要及时公布真相、规避谣言。面对错综复杂的涉警舆

情，警务微博要做到主动及时地发布权威信息，正面回应当前的涉警热点，引导形成正确的公众舆论氛围。以@平安北京为例，在2014年多起演艺人员涉毒、涉黄事件中，@平安北京都没有回避舆论热点，而是快速反应，将案情及时准确地公之于众，有效遏制了网络谣言的传播，收到了良好的社会效果。

（三）运用通俗化语言，贴近民生

在警务微博的运营中，更要注重群众路线，切忌打官腔，不能用居高临下的姿态与群众交流。一是语言要简洁，内容要丰富。要减少大篇幅纯文字微博的比例，增加多媒体的应用，更多地采用“文字配图片”的形式发布微博，关于这一点，@安徽公安在线已经取得了一定的运作经验。二是要语言通俗接地气，用语“网络化”。进入微博就要“入乡随俗”，积极学习使用网络语言，摒弃官腔官调，实现警民平等交流互动，提高微博的亲民性，营造出微博交流的平等氛围。2014年6月7日，网上曝出“有人兜售杀伤性望远镜”的消息，称“有假军人街头兜售望远镜，并唆使人试用，一旦望远镜聚焦便弹针伤人，假军人再趁机将人带走偷肾或眼角膜”。此消息一经发出引发不少网民的恐慌，经公安人员的调查，冒充军人的团伙兜售的望远镜为“三无望远镜”而非“杀伤性望远镜”。@江宁公安在线6月9日关于此事的辟谣微博可圈可点，他们在微博中称：“这个谣言里说，用弹针射眼，然后你的角膜和肾就会……都用针射眼了这角膜还有什么用！你告诉我还有什么用！”“这种事干吗老把肾扯上，真弄那么多肾，没配型能拿来干吗？烤大腰子吃吗”。同时，微博配上了烤腰子的图片。辟谣微博生动诙谐，图文并茂，获得了3235次转发，859次评论，辟谣效果非常明显。

五、结　　语

警务微博作为政务微博中一个特殊的群体，在公权力与民众的沟通中承担着更多的责任，掌握更多的网络舆论话语权对警务微博来说意义重大。在新媒体时代号准舆情的脉搏、掌握舆情的动向，改善公安固有刻板形象，加强公安部门与民众的沟通和交流，实现网上警务与网下传统警务的有机结合，最终实现公共利益的维护，对于构建社会主义和谐社会具有深刻的现实意义。

外省市来京新生代流动人口社会融合研究

曾祥明

摘　要： 把北京建设成为国际一流的和谐宜居之都，是习总书记对北京发展的战略指示。作为一个特大型移民城市，做好外省市新生代流动人口在京的社会融合工作，事关北京建成为国际一流的和谐宜居之都的成败，事关每一个外来人追寻北京梦的成败，事关中华民族伟大复兴千秋伟业的成败。课题组通过问卷调查、个案访谈，深入了解了新生代外来人口在北京的社会融合情况，运用定量分析与比较分析探讨了性别、年龄、教育程度、婚姻状况、职业状况、收入水平、住房性质、社会保障、公共服务、社会活动等关键要素对其社会融合的影响，分析得出新生代流动人口的社会融合是个人特征、经济因素和社会因素等共同决定的复杂过程。较好的个人特征、较优的经济因素和以人为本的社会制度安排能促进社会融合。目前北京的社会融合程度较高，但融合质量有待提高。因此，要继续深化改革、因情制宜、积极引导、分类推进来京新生代流动人口的社会融合。一个社会融合程度更高的北京将有助于北京、来京流动人口、国家的多方共赢，促进北京和谐宜居之都的早日建成。

关键词： 新生代；流动人口；社会融合；和谐宜居之都；中国梦

2014 年 2 月，习近平总书记在北京调研时指出，"努力把北京建设成为国际一流的和谐宜居之都"[1]。这是总书记对北京未来建设的殷切期待，也是求解北京当前发展困境的战略指示。把北京建成为和谐宜居之都的关键之一就是如何做好外省市来京流动人口的社会融合。作为一国之都，北京不可避免地吸引着全国无数的热血之士，而成为一座移民性城市。2013 年度人口抽样调查数据显示，2013 年年底北京全市常住人口为 2114.8 万人，其中常住外来人口为 802.7 万人，占常住人口的 38%[2]。数量庞大的

作者简介： 曾祥明，中国矿业大学（北京）思想政治教育学院讲师，博士。

外来流动人口问题是北京不得不重视的问题。一方面，外来人口为北京的建设增添了无数动力；另一方面，也给北京带来了不小的压力。如何做到健康有序的外来人口社会融合，将是北京和谐可持续发展的关键问题之一。它的解决需要流动人口自身、北京市以及国家制度层面等多方面的共同努力。外省市来京新生代流动人口社会融合研究，将为北京的流动人口治理提供参考，为北京建设国际一流的和谐宜居之都提供思路，让“北京梦”梦想成真，让“中国梦”因为有了“北京梦”而更加绚丽多彩。

一、研究方法

本次研究的主要对象是外省市来京新生代流动人口，即外省市来京的“80 后”“90 后”人口。2014 年七八月间，课题组在不同场所、不同渠道对其随机发放调查问卷，采用现场自填或网络自填问卷的办法收集他们在北京社会融合情况的相关资料，特别是收集具体影响来京新生代流动人口社会融合的因素数据，如性别、年龄、教育程度、婚姻状况、职业状况、收入水平、住房性质、居住形式、基本公共服务、社会保险、社会活动、人际交往等，进而分析新生代来京外来人口的社会融合现状、特点、困境及其发展对策。本次调查共发放调查问卷 120 份，收回 104 份，其中有效问卷 100 份。问卷回收之后，我们对问卷做了仔细的编码整理，并运用 SPSS 社会调查统计分析软件对样本数据进行分析。除了问卷调查、统计分析之外，我们也采用了文献分析和比较分析，通过收集不同时期北京人口的文献资料，分析每一时期北京人口的情况，并对其做一定的比较研究。

二、调查结果

（一）当前来京新生代流动人口的基本特征

1. 构成情况：以北京周边地区的“80 后”未婚男性为主

本次调查数据显示，外省市来京新生代流动人口中 62% 为男性，38% 为女性，男性比例高于女性，其中“80 后”占 58%，“90 后”占 35%，“00 后”占 2%。未婚者占 60.2%，已婚者 38.6%。在外地人的籍贯分布上，来自东部的外地人占据本次调查总数的 33%，中部地区占 59%，西部地区占 8%。其中，河北、河南、山东来京流动人口占比最多，分别为 18%、33%、11%。可见，来京距离、流出地人口规模、流出地剩余劳动力、流出地经济发展情况等因素决定了他们是否流动到北京。这与北京市统计局发布的2013年北京常住人口主要数据基本相符。

2. 教育情况：受教育水平明显较高，但低学历者也不少

从表1可以看出，当前在北京的新生代流动人口的受教育程度普遍较高。其中，初中以下学历者仅占11.5%，接受过高等教育的占60.4%，特别是研究生以上学历者已经占到27.1%，平均受教育年限为14年，高于全国平均受教育年限（9.05年）近5年，高于北京市常住人口平均受教育年限（11.6年）2.4年。这些受过较好教育的外来人口工作、生活于北京，不仅是出于他们自身生存发展的考虑，也是北京在发展过程中对于人才的大量需求的表现。他们活跃在北京的各行各业，为北京发展做着巨大的贡献，是推动北京发展的重要力量[3]。此外，我们也注意到，北京庞大的城市规模也为外来流动人口提供了不少工作机会。同样吸引着为数众多的低学历外来人口。如果按此比例，以2013年年底北京市常住外来人口为802.7万人测算，在京初中以下学历的外来流动人口有92.31万人，相当于我国一个地级市的人口总量。这些人口主要求生于北京的低端服务业领域。

表1　新生代来京流动人口的受教育程度统计表

受教育程度	频　数	占比（%）	有效占比（%）
小学	5	5.0	5.2
初中	6	6.0	6.3
高中	23	23.0	24.0
中专	4	4.0	4.2
专科	7	7.0	7.3
本科	25	25.0	26.0
硕士	19	19.0	19.8
博士	7	7.0	7.3
系统缺失	4	4.0	—
合　计	100	100.0	

（二）当前来京新生代流动人口的经济情况

1. 就业情况：就业比例较高，但水平还有待提高

从表2可知，若排除职业还是学生及未填写职业者，作答的被调查者

的就业比例高达94.87%，无固定职业者仅有4人。如此之高的就业率反映出当前经济高速发展的北京需要外地人所带来的大量劳动力。据北京市相关部门的统计数据，北京市在近十年的发展中GDP总量以每年平均2位数的速度增长，必定随之带来更多的就业机会和劳动力需求，外地人在北京的劳动力不是剩余，而是仍不饱和。

如果把职业构成分成以下三类：第一类是富有商人和投资者。他们收入很高，在市场经济条件下，即便没有北京户口，也能拥有较高的生活质量，而且北京也在不断地出台相关政策，吸纳这部分人口。第二类是体制内的中高级员工。他们大多数是来北京求学并获得体制内的工作而留京，也有一些京外精英人才"北漂"奋斗，通过努力获得优越的物质回报，在京生活比较稳定，也享有一定的社会地位，并为家乡人所羡慕。第三类人是商业服务人口，他们占比最大。近年来，北京第三产业发展迅速，对服务业的劳动力需求量非常大，吸收了大量的外省市流动人口来京从事第三产业。相比他们的父辈，这些新生代流动人口不会再像他们的祖辈那样进城干苦力当农民工，他们的就业范围只能局限在技术含量较低的低端服务行业和低端生产领域。他们大多数没有北京户口，没有相关的社会保险，因而就业成本较低。这与本次调查的职业构成是一致的。表2显示，国家机关及事业单位工作人口占12.6%，专业技术人口占20.7%，经商人口占2.3%，剩余的人口大多从事餐饮、商贩、家政、保安、装修、运输等工作，占比高达64.4%。

在工作时间方面，调查表明，每天工作时间为8小时的占比是52%，小于8小时工作时间的占比是15%，大于8小时工作时间的占比是33%。如果加上北京52分钟的平均上班通勤时间，那么，每个外地人的上班时间还要再多加将近一个小时。再减去午休2小时和晚上平均8小时的睡眠时间，每个外地人每天可自由掌握的时间平均只有4小时，大部分时间都花在工作及通勤上。

表2　新生代来京流动人口的职业情况统计表

职业	频　数	占比（%）	有效占比（%）
国家机关、党群组织、企事业单位负责人	2	2.0	2.3
专业技术人口	18	18.0	20.7
公务员、办事人口和有关人口	9	9.0	10.3
经商	2	2.0	2.3

（续表）

职业	频　数	占比（%）	有效占比（%）
商贩	2	2.0	2.3
餐饮	3	3.0	3.4
家政	1	1.0	1.1
保安	5	5.0	5.7
装修	3	3.0	3.4
其他商业服务业	23	23.0	26.4
运输	2	2.0	2.3
建筑	2	2.0	2.3
其他生产运输设备操作人口及有关人口	2	2.0	2.3
无固定职业	4	4.0	4.6
其他（学生）	9	9.0	10.3
系统缺失	13	13.0	
合　计	100	100	

2. 住房方面：住宿条件较差

当问及“目前的住房性质”时，受访者中的86%回答“租房”，11%回答“自购房”。高企的租房比例反映出当前大多数来京新生代流动人口居住压力很大，难以短时期内在京获得属于自己的住房。当问及“目前的居住形式”时，有9.7%的受访者表示“与合租者合住”，他们需要与其他人共同分担北京高额的房租并忍受与家人不在一起的煎熬。问及“目前每月房租”时，月租在“1～999”元的有43人，如果不计算未填答者及月租为“0”（即拥有自住房或其他房源）者，这部分人群所占的比重高达55.84%。在“58同城”北京站中搜索月租1000元以下的住房主要是五环外的单间、郊区的一居室、市区的床位、地下室、隔断间等，居住空间狭小，房间拥挤，环境卫生差甚至很多是违法房源。可见，大多数外来人口在北京的居住条件非常差。尽管如此，有受访者表示，就是这种房子现在也越来越难租到了，而且离市中心的距离越来越远，到市区上班越来越不便利。他们日益住到城市的边缘[4]。

表3　受访者每月房租情况统计表

月租金（元）	频　率	占比（%）	有效占比（%）
0	16	16.0	17.2
1～999	43	43.0	46.2
1000～1999	22	22.0	23.7
2000～2999	8	8.0	8.6
3000～3999	4	4.0	4.3
系统缺失	7	7.0	—
合　计	100	100.0	

3. 收入水平：分化日益突出，但多数为中低收入者

表4显示，当前新生代来京流动人口月总收入大多在8000元以下，其中月总收入在“0～3999”占30.4%，“4000～7999”的占40.2%，两者之和占到受访者的70.6%，8000元以上者仅占29.3%，其中12000元以上更是仅占13%。结合流入地与北京的平均工资及其生活成本比较发现，一方面，流动人口能够获得比起原籍更多的收入，这也是他们选择来京择业的主要原因；另一方面，多数流动人口在京生活是比较艰难的。问卷中关于“当前理财方式”的调查结果也印证了这点。据受访者回答，有理财行为的仅占20%，80%的人没有进行任何理财。因为他们并没有余钱可以进行理财。甚至29%的低收入者在解决完吃、住、行问题和给家乡亲人的生活汇款之后已基本无存款。经济原因是人们选择在北京工作的首要因素。但如果无法保障物质的基本需求，是无法留在北京的，如果这种状况不会发生改变，可能会在一定时期后选择离开北京。

表4　新生代来京流动人口的月总收入程度统计表

月总收入（元）	频　数	占比（%）	有效占比（%）
0～3999	28	28.0	30.4
4000～7999	37	37.0	40.2
8000～11999	15	15.0	16.3
12000以上	12	12.0	13.0
系统缺失	8	8.0	—
合　计	100	100.0	

（三）当前来京新生代流动人口的社会情况

1. 社会保障：亟须完善

在调查中，37%的人有城镇职工养老保险，42%的人有城镇职工医疗保险，有医疗报销的占43%。这意味着还有超过一半的在京流动人口无任何社会保障，在国家大力推进城乡社会保障体系建设的路程中，这部分流动人员由于受制于当前的城乡、城城的多元分隔障碍，难以被覆盖。这也解释了为什么多数受访者表示在北京高强度的工作与生活压力下，他们缺乏必要的安全感和归属感。一个国家的发达程度和文明程度很大程度上取决于这个国家的社会福利制度是否健全和完善，同时，享受社会福利也是每个公民的基本权利[6]。当这些外来人员选择了在北京生活，并且将自己的青春和宝贵的生命留在北京的土地上时，他们应有获得基本社会保障的权利，这也是北京社会持续健康发展的必要保障。

2. 户籍情况：大多无京籍

本次调查对象中，绝大多数新生代外来人口未获得北京户口。由于北京实行户籍严格管制制度，外来人口难以获得北京户口，北京很难给每一个长期在北京生活的外来人口保障最基本的公民待遇，相应的社会福利待遇也就更不会有。无北京户口的外地人如此之多，一方面因为公民法律素养水平不高，认为居住证没什么用；另一方面是不办理居住证的惩罚措施较低，政府管理制度存在疏漏[5]。虽然不办理居住证对人们来说无多大影响，但是这对于政府对人口的调控和管理带来巨大问题。由于无户口居民过多，政府对北京外来人口的人口信息极为不清，对管理对象客体无法掌握，进一步影响北京构建有效的人口预警机制及人口管理工作和对人口的服务工作。对人口缺乏管控，也会削弱政府对劳动力市场和住房市场的管理，不能统筹兼顾地解决好外地人在北京的社会融合问题，也就无法真正意义上实现北京的和谐与发展。

3. 社会生活：相对匮乏

调查人口中，参加过社会和社区活动的人数只占到了23%，也就是说有77%的受访者并没有参加过北京的任何社区活动。在今年参加过选举活动的只占到了14%。可见，外地人的社区活动内容十分匮乏。如果社区服务做得好，让外地人在工作之外有更多的时间参与当地的生活中，会使他们增强主人翁意识，更有利于他们进一步融入北京。

就受访者的人际交往而言，大多数人的交往对象主要是同乡，占到54.22%。不过，我们也发现38.55%的受访者的经常交往对象中有北京人

（见图1），这意味着外来人的交往对象逐渐摆脱单一化的老乡模式，这对其融入北京社会生活有利。当问及“是否认为北京人看不起外来人”时，只有28.6%的人认为本地人排外（见表5），其他绝大多数人都不这么认为。他们觉得自己和北京人相处得很融洽。人际关系的融洽直接影响外地人在京的融入感，本地人对外来人投以更多的关心和友谊，必定对北京和谐的城市氛围起重大的积极影响。

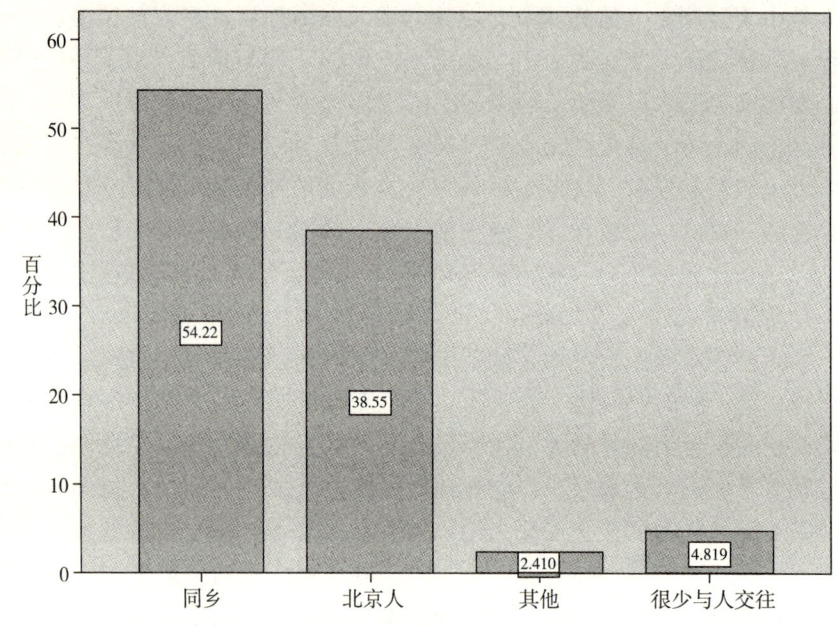

图1 受访者的交往对象

表5 是否感觉当地人看不起外来人

类　型	频　数	有效占比（%）
是	28	28.6
否	70	71.4
系统缺失	2	—
合　计	100	

（四）当前来京新生代流动人口的价值取向分析

1. 来京原因集中为收入、资源、教育因素

当谈及“离开家乡的原因”时，41%的人们选择了“老家无合适的工

作”，25% 的人选择“外出学习技能”，27% 选择“不喜欢老家生活”。当谈及“北京对他们的吸引力”时，排在前四的回答依次是“收入高”“工作机会多”“发展前景广”“教育条件好”，分别为 28%，21%，21%，10%。首都北京是全国的政治、经济、文化中心，无疑具有大多数人所羡慕的得天独厚的优势资源。然而，深究其背后的原因则不单单在于北京的政治、文化、经济的发达，还在于我国现实国情中城市与城市之间、城市与农村之间经济发展水平差距过大，人民收入的贫富差距过大，教育资源分布不公平，基础设施条件不完善等一系列全国发展中存在的问题[7]。尤其是北京周边地区与北京的差距较大，导致周边地区的人口不断涌入北京。因此，真正解决好北京外来人口问题，不仅要立足于更好地开发北京的现有资源，更要树立全局眼光，统筹全国的发展大计，逐渐实现全国同发展共进步。

2. 对北京的喜爱感情呈双重性特点

为了解外来人口对北京的感情到底是什么样的情况，我们通过层层递进的问题设计方式，全面、深刻地了解他们对于北京的真实感情。这不仅仅是简单的喜欢和不喜欢的问题，更可以从不同的侧面深入挖掘人们内心的感情取向。调查显示，91% 的人关注北京的变化，90% 的人喜欢北京，89% 的人愿意成为北京市民，75% 的人愿意把户口迁入北京，55% 的人想在北京长期居住。被访者的回答随着问题的设计，“愿意”程度层层递减，这暴露了外来流动人口对北京感情的矛盾性、双重性：一方面喜欢北京，另一方又犹豫是否真的留在北京。离开，或者留下，这必将是萦绕于大多数在京外来人口心头的一个问题。

3. 对下一代的愿望：在更好的环境下成长

宁肯牺牲自己也要给孩子最好的一切无疑是每个家长的夙愿。通过对“您期望子女以后在哪发展”的调查，我们能挖掘人们心底最理想、最美好的愿望和想法。期待子女留京发展的回答人数排名第二，占到了 20%，虽然在答案中排名非常靠前，但是出乎意料的是人们对子女的希冀中排名第一的选择是去国外，占到 24%，这是意料之外，但反而是情理之中。选择让孩子去国外的不单是那些高学历、高收入人群，还有很多是一些中低收入者。对于这些中低收入者，连他们自己去国外都是一件遥不可及的事情，但他们已经想到期待孩子去国外成长和发展，这看似是一件矛盾的事情，其实却和那些高学历、高收入人群怀有相同的初衷：去一个听说是碧水蓝天、生活更加舒适的绿色环境下成长。关于“在北京感觉最不幸福的事情是什么”的调查佐证了这点。大多数受访者表示“环境空气差、竞争压力大、交通拥堵、户籍障碍导致的不公”。这些“北京病”已经给人们造成无以复加的影响，并且人们认为在短期内这个问题难以解决。因此，对于北京的失望也就跃然纸上。所以，让孩子去国外，成为排名第一的选择。这就需要我们进一步去思考如何打造一个更加和谐宜居的北京，让人们真正感受到幸福，才会让祖国的下一代，在这个幸福的城市下茁壮成长并贡献自己的力量。

4. 外来人口的幸福问题

尽管他们认为生活工作中存在收入少、劳动强度大和居住条件差等问题，但他们依然喜欢北京、关注北京的变化，愿意成为北京市民，普遍认为北京人比较友好。对于幸福这个问题，51%的受访人口认为幸福，只有9%的受访者认为不幸福。当然，还有40%的受访者认为一般（见表6）。正是因为存在上述调查分析中的问题，才有了一大部分人感觉一般。这就需要我们在找出原因的基础上，积极寻找正确的方法解决这个问题。我们相信，只要我们努力解决存在的问题，人人都会感到幸福。

表6　新生代来京流动人口的幸福感统计情况

幸福感类型	频　数	占比（%）	有效占比（%）
是	51	51.0	51.0
否	9	9.0	9.0
一般	40	40.0	40.0
合　计	100	100.0	100.0

三、几点思考

（一）关于新生代流动人口在京融合现状的基本判断

1. 来京新生代流动人口社会融合主要受个人特征、经济因素和制度安排的影响

新生代流动人口的社会融合是个人特征、经济因素和社会因素等多因素所决定的复杂过程，其社会融合水平受到性别、年龄、教育程度、职业状况、月总收入、住房性质、住房形式、社会保险、婚姻状况、公共服务、社会活动、人际交往等关键因素的影响。

个人特征与新生代流动人口社会融合有着密切的联系，研究表明：女性比男性社会融合度高；未婚人口比已婚人口社会融合度高；受教育程度高的比受教育程度低的社会融合度高。

经济因素对新生代流动人口社会融合影响最为复杂，表现出非单一的线性关系。一方面，就业人口比未就业人口社会融合度高；国家与社会管理者或经理人或企业主比工人、商业服务业员工社会融合度高；拥有自住房者比租房者的社会融合度高；高收入者比低收入者的社会融合度高。另一方面，经济因素（特别是收入水平和职业状况）对制度因素、个人因素产生显著影响，调查数据表明，收入水平高和职业状况良好的基本上办理了居住证、签订了劳动合同、拥有社会保险等。

制度因素对新生代流动人口社会融合有显著影响。拥有户口、居住证、办理社会保险对社会融合度都呈现正相关关系。相较于其父辈而言，新生代流动人口有着强烈的社会融合意愿，但现有的制度安排在一定程度上阻碍了其社会融合的步伐。新生代流动人口能否实现社会融合，首先需要的是给予他们政策上的支持，如果不解决政策上的公平，他们很难实现真正意义上的社会融合。

2. 新生代流动人口社会融合度较高，但“融合质量”有待提高

数据显示，新生代流动人口在北京已经达到“半”融合水平，这主要是因为北京有着相对公平的竞争环境、相对规范的制度、较大的发展空间。这从近年来人们离开北京又返回北京的理性选择中也可以看出，北京确实为大多数新生代流动人口提供了较好的生存环境。

但一个现实是，在京新生代流动人口内部的分化日益严重，其在京的社会融合水平不断扩大。新生代流动人口中的精英阶层或许和本地居民基本上完全融合了，但其中的弱势阶层连“半”融合水平都未达到。这种内部差异较大的社会融合水平，其质量有待提高。另一个现实是，就社会融合的不同维度而言，社会接纳维度较高，文化与心理融合维度较低，这表现了新生代流动人口各个维度之间进展不平衡，同时也表现了社会融合质量不高。政府导向型的干预不仅要在完善社会保险、规范就业市场等政策方面做出许多有益的探索，也要更多地考虑到新生代流动人口内部的差异和各个维度之间的差异，政策的实施对象应当向新生代流动人口中的弱势阶层倾斜，还要更多地关注文化与心理维度方面。

（二）推进来京新生代流动人口社会融合的必要举措

1. 积极引导，分类推进

对于外来高素质人才，如高学历者、投资者、特别技能者，要完善人

才制度，减少政策壁垒，减轻其在京的生活压力，真正让这些外地人口获得与本地人同样的就业创业机会，维持公平的人才竞争环境；要出台协同政策，降低自主创业、设立小微科技企业的门槛，支持他们发展高新技术产业，让一切创造财富的源泉充分涌流，让知识在这里碰撞生发出知识革命的火花，以知识、科技推动自主创新，全面提升北京的自主创新能力[8]，增强北京的综合实力，推动北京的经济发展、社会进步。

对于那些数量巨大的在京低学历的外地人口，特别是农民工，要公平对待，合理引导，完善管理，搞好服务；取消对低学历的外地人口进城务工就业的不合理限制，切实解决拖欠和克扣工资问题，改善他们的生产生活条件；要做好在京低学历的外地人口，特别是农民工培训工作，积极发展各种劳务中介组织，逐步形成城乡统一的劳动力市场；要健全进城务工人口的劳动合同管理，维护他们的合法权益；要多渠道安排外地务工人口子女就学；要认真清理对外来人口进城务工的不合理限制和乱收费，纠正简单粗暴清退外来务工人口的做法。在京低学历的外地人口，特别是农民工参与北京的建设中、融入北京的生活中，不仅有利于农民增加收入，而且可以方便北京居民生活，增强北京经济的活力和竞争力，统筹城乡协调发展。

2. 深化改革，整合推进

一是加快户籍制度改革，尽快取消已经被形势发展所诟病的二元户籍制，统一登记为居民户口，建立与统一城乡户口登记制度相适应的教育、卫生计生、就业、社保、住房、土地及人口统计制度，扩大义务教育、就业服务、基本养老、基本医疗卫生、住房保障等城镇基本公共服务覆盖面[9]，以人为本，依法保障公民权利，努力实现外来人口更好地融入北京。

二是健全社会保障体系，特别是直接关系外来人口生活状况的养老保险、医疗保险、工伤保险、失业保险、社会救助、住房保障和职业能力培训。受制于户籍制度难以短时期内一步到位地改革掉，应实现社会保障制度与户籍制度的逐渐分离，建立独立的全国性社会保障体系。

三是加强劳动保障，特别是工资和劳动时间问题。要着力提高外来人口、特别是农民工的工资水平，要提高重度劳动行业、艰苦行业从业人口的工资水平，加大对这些行业人口的劳动保障力度，增加补助，确保其健康权利不受损害；要严格遵守国家最高劳动时间的规定，建立健全八小时工作时间制度，保障劳动者的合法权益，尊重和保障劳动者休息休假的权利，推进实施职工带薪休假制度。

四是优化后续学习机制。鉴于未来的社会是学习型社会以及新生代流动人口个人特征对其社会融合的重要性，需要不断优化他们的学习环境、创造条件促进其不断地提高个人的教育水平、人力资本。

首都北京是我国的政治、经济和文化中心，是每一个人都为之向往的地方。它吸引着来自祖国各地的人们到这里工作、学习和生活，来这里寻找自己的梦想、实现自己的梦想，他们为实现个人梦、北京梦、中国梦而努力奋斗着。外省市新生代流动人口为北京的持久发展注入了活力。为北京长远发展计，为北京首都的性质计，为社会主义前途计，为国民基本权利计，北京及其利益攸关方都应站在历史的高度促进北京的社会融合。让外省市新生代流动人口融入北京任重而道远，需要各方面齐心，共同努力。我们坚信，假以时日，北京的社会融合一定会更加完美，成就北京梦，将北京建设成为我国的首善之区，并为中华民族伟大复兴中国梦的实现贡献力量！

参考文献：

[1] 习近平．北京要建成国际一流宜居之都［N］．北京晨报，2014-02-27.

[2] 龙露．去年底北京常住人口达 2114.8 万人［N］．北京晚报，2014-06-18.

[3] 黄匡时．从社会排斥到社会融合——北京市流动人口政策演变［J］．南京人口管理干部学院学报，2009，(3)．

[4] 翟振武，侯佳伟．北京市外来人口聚集区模式和发展趋势［J］．人口研究，2010，(1)．

[5] 戴荣里．北京市外来务工人口对城市安全的影响及对策［C］//北京市社会科学界联合会．2012 城市国际化论坛——世界城市：规律、趋势与战略选择论文集，2012.

[6] 曹洋，宗辉．北京市常住外来人口社会保险调查研究［J］．社会福利（理论版），2014，(3)．

[7] 于洪涛．北京市外来劳动人口从业类型及居住地的省份聚集性分析［J］．南方人口，2002，(5)．

[8] 侯亚非，尹德挺．北京市外来人口特征变化分析［C］//北京市社会科学界联合会．和谐社会自主创新与文化交融——2006 学术前沿论坛论文集（上卷）．北京：北京师范大学出版社，2007.

[9] 乔晓春．北京市人户分离人口状况分析及户籍制度改革的设想［J］．人口与发展，2008，(2)．

网络议政的群体传播及社会治理刍议

周　琼

摘　要：在互联网影响力日益强大的社会转型期，各级党政机关、企事业单位和学术机构都越来越重视互联网舆情的监测、研究和引导。互联网已成为思想文化信息的集散地和社会舆论的放大器，成为党和政府治国理政的重要新平台之一。文章尝试对新媒体环境下网络议政这一政治实践和“社会实验”进行综合研究，实证调研民众对于网络议政关注度、满意度、参与度、认知度；在此基础上提出加强和完善网络议政在制度保障、立法支持、管理创新、政务公开和公民素质教育等方面的策略思考，以期建立新媒体网络群体传播的整体框架。

关键词：网络议政；网络舆情；网络民主；群体传播；社会治理

“公民”一词在中国是舶来品，长期以来，人们在社会心理和文化心理上依然深受封建思想、文化的影响，这些都与现代社会的公民意识格格不入。但近几年来，我国公民的意识正在逐渐培育中，网络为公众的公民意识的养成提供了合适的场域——公共空间。1998 年，“网民”一词诞生，2002 年网络公民在网络公共事件中开始发出自己的强音。所谓网络公民就是在虚拟性的网络世界里提前一步从事公民实践和公民维权的一些人。从第一代网民的诞生到第一代网络公民的崛起，中国用了 14 年。如今，近 1/6 的中国公民与互联网结缘，千万个网络公民的意见汇成声音，形成了民意。

网络公民以 BBS 论坛、聊天室、QQ、MSN、博客、微博、微信、电子邮箱为载体，通过网络投票、网络调查、网络访谈、网络直播等形式，把公共事件作为关注对象，用网络的力量在发表自己的观点、表明自己的意愿和态度。网络公民并非为了某种声名利益，而是为了国家的民主强盛，借助网络平台发表言论，交换观点，形成强有力的舆论空间。网络舆论、

作者简介：周琼，浙江工业大学宣传部讲师，中国传媒大学传播研究院博士生。

网络议政的兴起和蓬勃发展，催生了民意表达的最佳自由讨论区，更促进了公民民主意识的进一步发展。

从近年来传媒范式和样态的嬗变，不难发现这样一条清晰的演进轨迹，人们逐渐从最初的单纯的信息需求和接收，逐渐转向渴望表达和参与的愿望，进而发展为现今对各种信息的甄别和对公共事件的参与。网民越来越多地看到网络的影响力，一个个热点群体事件引发的问题在网络上得到解决，使更多的普通群体认识到并逐步培养起对网络的巨大信任感。从互联网政治诞生的那一刻起，人们就在期盼一个较为理想的民主生态环境。互联网的出现，改变了中国的舆论生态，昔日从未获得过话语权的沉默的大多数在互联网上迅速崛起，网络舆论演绎为草根表达政治意愿的平台，从而逐步改变着中国的政治生态。

一、网络议政群体传播的舆情分析

网络正在建立起更加便捷通畅的沟通渠道，为社会的稳定、健康、和谐发展起到积极的促进作用。网络舆论也越来越受到重视，各级党政机关、企事业单位和学术机构都越来越重视互联网舆情的监测、研究和引导。互联网业已成为党和政府治国理政的重要新平台之一，政府的网络执政能力究竟如何，公众对其的满意度有多少，网络议政的前景有多少值得期待，为此笔者进行了民意调查。

本次调研采取随机抽样的方式，对浙江省杭州地区的公务员、媒体从业者、教师、学生、公司职员以及其他职业的人员进行调查（见表1），其中男女比例分别占50.9%和49.1%，年龄段涉及18岁到60岁的33个年龄层，问卷共发放240份，回收有效问卷212份，问卷有效率达88.3%。本调查数据采用SPSS16.0软件进行数据分析，利用线性模型来进行方差分、线性分析和交义分析。

表1　职业分布

	公务员	媒体从业者	教师	学生	公司职员	其他
比例（%）	12.7	12.7	12.7	12.7	12.7	12.7

（一）关注度

通过调研发现，公众对于2012年全国“十八大”内容的关注较高，超过半数的52.4%的公众关注了十八大的报道，性别与政治关注没有明显差别，其中男性的关注度稍大于女性，分别占60%和51%（见表2和表3）。

表2　年龄与政治关注

	18~26	27~30	31~40	41~50	51~60
关注“十八大”的比例（%）	88.76	5.10	4.08	2.01	0.03

表3　职业与政治关注

	公务员	媒体从业者	教师	学生	公司职员	其他
关注“十八大”的比例（%）	21.82	7.27	9.09	52.73	8.18	0.01

从表2和表3中可以看出，年龄、职业与政治关注有较大差别，其中18~26岁年龄段的人和学生比较关注全国“十八大”政治报道及相关政治信息。

从表4可看出，在媒介融合时代的社会转型期，公众获知全国“十八大”信息的渠道最多来源于各大“门户网站”，“报纸”“电视”等传统媒体也是大多数人获知“十八大”消息的普遍来源，而新媒体“手机报”“论坛”“微博”等目前还不是获知政治消息的最主流来源。

表4　获知全国“十八大”消息渠道

	报纸	电视	门户网站	手机报	论坛	微博	电视
比例（%）	17.74	26.61	30.58	12.54	3.67	1.53	7.33

从表5中可以看出，公众参政议政的途径还是主要选择“论坛”，“微博”仅次于“论坛”，开始发挥出自媒体的强大优势，而传统现实途径如“上访”“参加政治组织”等则占的比重很低，这极大地说明了网络议政的时代已经到来。

表5　参政议政渠道

	论坛	博客	微博	上访	参与政治团体	其他
比例（%）	37.66	9.62	27.62	7.11	10.88	7.11

（二）满意度

通过本次调查，公众对网络议政满意度普遍不高，“十分满意”和“比较满意”只占到19.8%，超过半数的被调查者认为“一般”（见表6）。

表6　满意度

	很不满意	不太满意	一般	比较满意	十分满意
比例（%）	10.8	13.2	55.7	17.9	1.95

同样，公众对网络议政的可信度也普遍反映不高，认为“十分可信”与“比较可信”的占到总数的27.4%，超过半数的人认为“一般”（见表7）。

表7　网络政治信息可信度

	很不可信	不太可信	一般	比较可信	十分可信
比例（%）	3.8	15.6	53.3	26.9	0.5

公众对于网络执政的前景预期表现出很大的信心，认为“十分有前景”和“比较有前景”的被调查者超过半数，占总数的53.3%，认为一般的占34%，认为“没有前景”和“不太有前景”的只占一成多（见表8）。

表8　网络议政前景

	没有前景	不太有前景	一般	比较有前景	十分有前景
比例（%）	1.4	11.3	34.0	44.8	8.5

本调查采用SPSS16.0线性模型来进行方差分析（ANOVA），对网络议政的满意度、可信度、前景进行了因素分析，影响的因素有：性别、职业、年龄，其中性别和年龄为随机变量，职业为固定变量，样本服从非平衡设计，所以采用III型方差和进行计算。

表9　网络议政的影响因素分析

变量信息		
分类		
性别	2	男　女
年龄	33	18 19 20 21 22 23 24 25 26 27 28 29 30 31 32 33 34 35 36 37 38 39 41 42 44 46 47 48 50 52 53 56 60
职业	6	公务员、媒体从业者、教师、学生、公司职员、其他

在线性模型中，用 F 统计量计算，F 值为 2.85，p value 小于 0.0001，处于统计显著水平，模型成立。

表 10 网络议政的线性模型

Source	DF	Sum of Squares	Mean Square	F Value	Pr > F
Model	80	146.1441183	1.8268015	2.85	<.0001
Error	555	355.7929886	0.6410684		
Corrected Total	635	501.9371069			

从表 11 中可见，性别 p 值为 0.2856，说明性别因素对网络参政议政没有影响，年龄 p 值为 0.0003，统计水平显著，对参政议政有影响，职业 p 值为 0.0005，对网络参政议政有影响。在交叉设计中，性别和职业交叉对选择网络参政议政没有影响，其他都统计显著，表示有影响。

表 11 性别因素对网络议政的影响

Source	DF	Type III SS	Mean Square	F Value	Pr > F
sati	1	41.09433962	41.09433962	64.10	<.0001
性别	1	0.73246828	0.73246828	1.14	0.2856
年龄	32	44.15695819	1.37990494	2.15	0.0003
职业	5	14.52693241	2.90538648	4.53	0.0005
性别 * 职业	4	1.04681903	0.26170476	0.41	0.8028
性别 * 年龄	13	19.10172068	1.46936313	2.29	0.0059
性别 * 年龄 * 职业	24	34.40948682	1.43372862	2.24	0.0007

表 12 假设的方差分析线性模型

Source	Type III Expected Mean Square
sati	Var（Error）+ Q（sati）
性别	Var（Error）+ 3.9195 Var（性别 * 年龄 * 职业）+ 4.5757 Var（性别 * 年龄）+ 59.458 Var（性别）+ Q（性别 * 职业）
年龄	Var（Error）+ 5.4067 Var（性别 * 年龄 * 职业）+ 7.5714 Var（性别 * 年龄）+ 11.914 Var 年龄）
职业	Var（Error）+ 3.788 Var（性别 * 年龄 * 职业）+ Q（职业，性别 * 职业）

（续表）

Source	Type III Expected Mean Square
性别 * 职业	Var（Error）+ 4.0504 Var（性别 * 年龄 * 职业）+ Q（性别 * 职业）
性别 * 年龄	Var（Error）+ 8.8893 Var（性别 * 年龄 * 职业）+ 10.725 Var（性别 * 年龄）
性别 * 年龄 * 职业	Var（Error）+ 4.0553 Var（性别 * 年龄 * 职业）

从表13可见，利用t统计量来对性别进行检验，无论从满意度和可信度，还是从前景上，男性和女性在网络参政议政方面并无差别。

表13　用t统计量对性别因素检验情况

t Grouping	Mean	N	性别
A	3.14744	312	女性
A	3.10494	324	男性

从表14可见，在各项职业中，公司职员明显异于其他职业，学生和公务员群体高度相关。以上两个配对检验均采用Fisher's LSD（最小显著差异Least Significant Difference）方法。

表14　对职业因素的检验情况

t	Grouping	Mean	N	职业
	A	3.3214	84	公务员
B	A	3.1505	432	学生
B	A　C	3.0606	33	媒体从业者
B	A　C	3.0278	36	教师
B	C	2.8889	9	其他
	C	2.6667	42	公司职员

A：您对目前网络议政的满意度

B：您认为网络政治信息的可信度

C：您认为网络议政的前景如何

（三）参与度

通过调查可以发现，相比博客而言，微博正发挥出新媒体的强大优势，而网上公布、网上直播、网上投票和网上调查也颇受公众的青睐，成为网民网络议政和政府网络执政的主要手段和新型方式，促使广大网民网络政治参与的关注热情和参与积极性。

表 15　网络执政途径

	网上公布	网上直播	网上听证	网上投票	网上调查	网上论坛	博客	微博
比例	18.74%	15.4%	9.09%	16.88%	15.4%	11.69%	4.08%	8.72%

（四）认知度

从表 16 中可以看出，公众对于网络执政的认知比较分散，但认可为“民主政治的渐进过程”和“执政党的创新举措”的分别占到 34.15% 和 19.28%，持肯定意见的公众达到半数以上，但也有不少公众认为网络执政是“政府作秀”，占到 17.54%。

表 16　民众如何看待政府网络执政

	政府作秀	民主政治的渐进过程	执政党的创新举措	网民的政治参与互动	其他
比例（%）	17.54	34.15	19.38	25.54	3.39

公众对于网络执政的意义中，大部分人都认可了网络执政的积极导向作用，认可其为“中国公民的政治社会化过程”的占 34.07%，认可其为“中国政治文化的转型”占 21.43%，认可其为“国家与社会合理化”的占 19.78%，认可其为“中国政治体制的完善和改革”的占 17.86%，但也有 6.86% 的人不认可其积极意义（见表 17）。

表 17　网络议政的意义

	中国政治文化的转型	中国公民的政治社会化过程	国家与社会结构的合理化	中国政治体制的完善和改革	其他
比例（%）	21.43	34.07	19.78	17.86	6.86

公众对于网络执政的瓶颈认知较分散，认为其“娱乐化倾向比较突出”和“机会不均等”的各占两成多，有 1/4 的人认为“公共意见伪性建构”，接近三成的人认为网络执政“非理性倾向时有表现”的占比重最多（见表 18）。

表 18　网络议政的瓶颈

	娱乐化倾向比较突出	非理性倾向时有表现	机会不均等	公共意见伪性建构	其他
比例（%）	21.78	28.08	22.64	24.64	2.86

二、网络议政群体传播对网络民主的积极意义

网络议政群体传播中公民利用网络评论时政、表达民意，它是公民实现网络政治参与的非制度化形式。表达自由是民主的前提，网络舆论与传统媒体舆论的互动推波，形成强大的压力，不仅对腐败不公的个案解决有所裨益，也是制度改进的推动力量。而事实上发现问题甚至解决问题的办法并不困难，往往由于决策者的利益取向，迟迟不能推动旧制度改进和新制度的推出。就当前的实际而言，网络议政群体传播的舆论力量的助推显然大有可为。

当今信息社会，公众的注意力是分散的，公共群体事件必须首先经过媒介报道然后才能得到网民的注意。这个公共群体事件可能是来自于传统媒体的消息，再经过网络媒体的传播从而引发网民的注意；也可能是由于传统媒体的沉默，有相关人首先在论坛等网络场所上披露相关信息。观察近几年的重大公共群体事件，可以发现往往事件的策划者和发起者均为网络。因传统媒体的舆论导向要求使其报道体现的多是社会的主流意识形态，而由于网络参与权的平等，使不能被传统媒体刊登的一些事件得以在网络上快速流传，并引起公众的注意。“消息来源帖”从出现到被知晓和关注，成为特定事件舆论的“种子”。最初的“种子帖”在其后的舆论演变中并不一定成为“关键帖”，由于种种原因，最初的“原创帖”可能被淹没于其他更富竞争性的议题中。真正在论坛上产生影响、受到关注的帖子，需要经过“意见领袖”的重写、充实、修改和推荐。

在网络意见的整合过程中，“网络推手”和“意见领袖”在其中起着不可忽视的作用，他们的意见主导着的舆论方向。网络的“网状社会”使得舆论的表达不仅仅存在一个中心，网民不断发帖并在其他网络舆论场进行转帖，就像“滚雪球”一样，越来越多的人参与讨论，从而加速舆论的影响力和关注度。由于每个网民所处的环境不一样，他们的知识结构和社会地位不一样，他们的意见是多元的和有差异的。意见主体都希望自己的

主张和认识能成为社会共识，因此在换意见的过程中，网上会激烈争论。而只有客观的、理性的意见才有可能逐渐获得大家认同，并最终占据主导地位，形成某种共识性的网络舆论。

相对于传统媒体，网络有较大的自由表达空间，传播者可以通过论坛、博客、播客、个人网站、微博、微信等多种形式表达意见，交流思想，而这正是质疑声首先出现于网络的原因。当网络舆论产生后，传统媒体的关注和报道使得舆论进入立体传播。当传统媒体把网络上离散的讨论进行集中报道时，对舆论起到了一个放大和影响的作用，公众再次通过传统媒体或网络表达意见，从而推动舆论的进一步发展。强大的舆论会进一步引起传统媒体和网络的注意，然后引发又一轮的舆论热潮形成某种舆论合力，导致社会舆论的压力更加聚集，最终迫使当事人采取行动，或者导致某些政策的制定、修正、废除，网络舆论即产生了效果。在这一阶段中，政府的态度和行为是公共群体事件解决的关键因素。

媒介、政府、公众这三极是网络舆论产生和发挥功用的载体。网络舆论在这三者之间流动，引起三者态度、行为的变化，并最终使得舆论发挥作用。网络舆论就是通过这样一个简单的模式，不断重复发生，从而对公共群体事件和政府的执政行为产生影响。

三、对网络议政的社会治理的思考

网络新媒体时代，公民的参政议政方式和政府的执政方式悄然发生了一些新的变化，民众则越来越多地通过网络表达诉求、商讨国是、建言献策、匡扶正义，政府越来越多地借助互联网了解社情民意、加强舆论监督、转变执政方式。党的十八届三中全会提出："推进国家治理体系和治理能力现代化"，将此作为全面深化改革的总目标对于中国的政治发展，乃至整个中国的社会主义现代化事业来说，具有重大而深远的理论意义和现实意义。从近年来的网络群体事件来看，当前网络议政过程中存在着非理性倾向、政治娱乐化、机会不均等以及公共领域的伪性建构等诸多现实矛盾，随着民主意识的不断增强和社会制度的不断改进，要不断推进网络议政在制度保障、立法支持、管理创新、政务公开和公民素质教育等方面的积极作用和深远影响。

（一）建立应对舆情制度

各级政府要转变观念，大力提升应对网络舆情的能力。对于媒体的舆论监督，很多官员是抱着抵触的情绪：有些违法乱纪的官员担心所作所为被媒体曝光，而一些被批评者的上级则抱着“家丑不可外扬”的心态，对舆论监督千方百计阻挠。各级党政机关领导干部，要开阔视野，提升政治敏锐性和鉴别力，及时捕捉舆情苗头，及早处理。要转变思想，不能狭隘地认为了解舆情、应对舆情是其他部门的事，要从维护党和国家形象、维护社会和谐稳定的高度出发。要加强学习，学深学透政治理论和业务知识，增强政治鉴别力。要勤观察、勤思考，把握发展趋势。在公务员培训中加入应对舆情的课程，特别是根据新媒体特点，创新舆情管理能力培养的方式方法。如邀请舆情分析、公共危机处理等方面专家，采取报告会、专题讲座、现场模拟等多种方式，定期开展舆情培训。通过专门培训，提高公务员与媒体打交道的能力、运用互联网的能力、舆论引导的能力，确保政府在应对舆情中掌握话语权、占得主动权。建立舆情监控制度，利用舆情工作者队伍密切监控重要舆情动态，掌握舆论动向。要建立舆情引导制度，对舆情迅速分析研判，查找发生问题的根源，并以权威发布的方式，及时回应公众疑问，不作无谓争辩，不跟风炒作，不人为制造热点。同时建立舆情处理预案制度，就工作中的热点问题和容易发生舆情的网络等媒体，事先研究制订相关应对预案，预案应包括舆情事件表现形式、原因、先期措施、善后处理等内容。

（二）建立权力监督制度

自党的十三大以来，连续六次在党代会的政治报告中提到舆论监督的问题。党的十八大报告强调，要建立健全权力运行制约和监督体系，让人民监督权力，让权力在阳光下运行。近年来随着政府执政理念的进步，舆论监督的空间逐步扩大。各级政府要重视与新闻媒体的沟通，随着网络、手机的迅速发展，新兴媒体已成为社会意见的重要汇聚之地，很多舆情也越来越多地通过网络平台得以表现。因此，要主动与网络媒体建立联系，特别是在权威网站上及时将群众关注的热点问题公开，确保正面的、权威的信息始终占有主导权[①]。要加强与其他相关部门的联系，发挥他们的资源优势，加强对重点网站的跟踪、监控，为应对舆情创造条件。深圳出台了《深圳市预防职务犯罪条例》，赋予媒体“无过错合理怀疑权”等重要监督权利。主要媒体从业人员没有过错，那么他就可以合理地去怀疑公职

① 赵婵：《网络媒体舆论监督的功能及失范现象研究》，《新闻传播》，2010 年第 2 期，P98-99。

人员的职务廉洁性。深圳市政府号召在网上加强对公务员的监督。

（三）深化政务公开制度

目前的中国社会，政府是最大的信息资源占有者，各级政府掌握着80%以上的社会、经济、文化、法律以及全部的政策信息。首先，加快各级政府电子政务的建设是民众网络议政的有效保障。在信息化社会，数字鸿沟足以造成政治参与能力的巨大反差，在信息技术日新月异的背景下，政府亟待加速发展国家信息化建设。建设电子政府，解决数字鸿沟，公平分享信息化的成果①。一方面要加快信息基础设施的建设，推动信息产业的发展，在加大政府投资力度的同时，积极鼓励非国家性投资，加速整个社会的信息化进程；另一方面，对信息弱势群体要采取倾斜和扶助政策，对不发达地区，加大投入，普及电脑和网络知识，通过远程教育，让更多的人接触和了解网络技术，提高其吸收和利用信息资源的能力，消除数字鸿沟。

其次，加快政府网上政务公开是民众网络议政的根本所在。党的十三大报告提出，要“提高领导机关的开放程度，重大情况要让人民知道，重大问题要经人民讨论”。党的十五大报告在强调发展社会主义民主政治中，提出了要扩大基层民主，要求“城乡基层政权机关和基层群众性自治组织，都要健全民主选举制度实行政务和财务公开，让群众参与讨论和决定基层公共事务和公益事业，对干部实行民主监督”；十六大报告中提出要“各级决策机关都要完善重大决策的规则和程序，建立社情民意反映制度，建立与群众利益密切相关的重大事项社会公示制度和社会听证制度，完善专家咨询制度，实行决策的论证制和责任制，防止决策的随意性”；党的十八大提出“推进权力运行公开化、规范化，完善党务公开、政务公开、司法公开和各领域办事公开制度”。这些报告中的阐述显示了党对政务公开的重视和决心。政务公开，一方面能极大地丰富网上信息，为公民从政府网站上获取信息和服务提供方便，极大地降低了信息收集和传播的成本，实现政治体系与社会各界的信息共享，真正使互联网成为政府与公众交流的公共空间。政府网站要及时更新，政府论坛要及时反馈，促进公众和权威的直接对话。在政府网站的首页上可有选择地为其他论坛提供链接，鼓励公民提出政策建议，反映实际问题，并做出回应对策。另一方面，政府通过及时地在网上发布其所掌握的翔实准确的信息，有利于客观

① 王晓晴：《网络传播中的知沟理论再探》，《当代传播》，2006年第6期，P56-57。

信息的广泛传播，抑制虚假信息的影响和网络谣言的泛滥，以确保公众网络议政的客观性和真实性。

第三，建设透明型政府，提升政府执政理念，是民众网络议政的长远依托。建设透明型政府不仅有利于开展各方面的工作，也有利于提高政府的公信力和权威性。尤其要改变封闭的观念，树立开放的意识，把群众满意作为开展工作的出发点和落脚点，在群众关注的热点问题上，坚持面向社会、面向群众，做到信息公开，真正落实党员干部群众的知情权、参与权、监督权①。要建立信息发布制度，在主流媒体或重要门户网站，及时将重点、热点工作信息公布。培养高素质的媒体评论员，做好日常信息的收集分析，以及在舆情发生时的引导、应对等，如在主流媒体撰写评论员文章，在权威网络上做好发帖和跟帖工作等。首先，透明型政府有利于密切干部和群众的关系，增强百姓对干部乃至政权的信任感。其次，透明型政府有利于预防干部假公济私、以权谋私的腐败习气出现。第三，透明型政府有利于推进基层民主政治建设与进步。第四，透明型政府有利于防止怨气积累、矛盾积累和问题积累，从根本上消除地方群体性事件产生的可能。第五，透明型政府有助于推动整个中国民主政治的进步。

（四）建立完善官民对话制度

2003 年“非典”之后，国务院各部门都建立了新闻发言人制度，北京、上海、四川、广东、云南、重庆等十几个省份已经制定和实施新闻发言人制度。新闻发言人制度为新闻媒体提供了一种与政府对话的机制，代表公众立场的媒体可以就有关问题向政府提问，这实际上形成了一种政府与公众的对话。公众可以通过媒体的提问表达对政府的疑问或建议，政府则以此修正自己的政策。这些执政理念和政治措施为信息公开和舆论畅通提供了保障。今后应在我国逐步推进和完善新闻发言人制度，培养高素质的新闻发言人。新闻发言人可选择综合素质高、组织工作业务全面的领导干部担任，主要职责是在一些重要工作中代表组织部门做好信息发布和疑问解答。

近年来随着网络微博的发展，政府机构和公务人员纷纷开通政务微博，包括党政机构微博和党政干部微博。政务微博作为政府信息发布的渠道、为民服务的平台、了解民意的方式和官民互动的空间，逐渐成为构建

① 罗峰：《论党执政能力建设中的三重要素及其科学整合》，《探索》，2010 年第 2 期，P27-31。

对话模式、助推社会管理创新、探索政民互动的网络政治新模式的有效载体。构建科学合理的对话模式是政务微博的生命力之所在，是政务微博的发展趋势。政务微博借助网络技术实现了公众和政府机构之间的上下对话，通过政务微博，草根平民的声音获得了由下向上传递的能量，也使平民的意愿通过舆论的力量对政府造成了一定的冲击性。目前的政务微博运营尚存在应付式管理、服务性差、互动性差、非理智化等现象，因此规范政务微博的使用，健全其运行管理机制，提高其应用水平，更好地服务群众和服务社会成为关键所在。

首先，要宽容善意地对待政务微博，不断完善对话模式。目前，对话模式已经广泛运用于国内诸多问题领域，形成了一些特定情形下的对话与沟通的具体做法。行政听证制度、信访听证制度、问计于民的决策听证会、价格听证会、立法草案公开征询意见会、各地阳光政府制度、首长对话制度等，在不可否认其突出作用的同时也存在着一定的问题，临时性高于常规性，随机性大于规范性，被动性多于自觉性，应对性超越系统性。对话模式如何借助政务微博这一载体，从现有的具体制度中汲取力量并拓展其有效性，如何使对话过程成为一个真正在政府与公众之间加深理解、形成互信、包容差异、达成共识的过程，是一个深入思考和不断实践的议题。微博世界的舆论大军往往释放敌意和醋意，且存在着“不好好说话”或是“说话往往夸大”。如何善于理解、化解敌意，引导发言者慎言并独立思考是舆论氛围营造的关键点。发自心底的善意和正义感是目前对话中最需要的，它和质疑、批评、流量同样重要。

其次，要积极培育政务微博意见领袖，加强官民互动。一方面要团结微博上的意见领袖，加强与微博意见领袖的交流沟通和及时互动，特别是在遇到重大的突发事件和关键性问题时及时向意见领袖提供有用信息，及时地了解微博舆论的动向，通过意见领袖的转发来进行更好的引导，积极运用“发言人”的角色进行引导，有利于及时化解各种突发性的舆论事件。另一方面，政府也要培养自己的意见领袖，比如让有影响力的官员、知名专家学者、媒体人士积极进驻微博，通过这些意见领袖发布积极正面和权威性的言论，引导微博舆论健康发展，最终促成整个网络舆论环境的健康和谐。随着微博问政的进一步深入和普及，部分官员正在成为微博意见领袖。

第三，要完善法律法规，加强政务微博管理。目前，我国互联网的管理体制和机制在不断探索和日益完善中，但是对政务微博这一新兴网络媒体的管理体系尚不健全，缺乏相应的监管手段和措施。因此根据微博具有一般互联网信息的传播特征，政府部门应该在完善我国现有的互联网管理体系、推进互联网立法和监管的同时，制定对政务微博管理的条例和规章制度。从政府层面上保证政务微博规范化、制度化运营，预防政务微博上的不良运作给国家和社会带来的负面影响，营造和谐的运营环境。

互联网技术的快速发展和不断革新为大众开辟了新的表达空间和沟通渠道，很大程度上扩展了群众的社会交往范围，极大促进了网络舆情的立体化、高效率传播。特别在新媒体时代网络群体传播语境下，为网民参与社会公共事务、进行舆论监督提供了便捷有效的途径，网民的群体意识得以增强，网络舆情呈现规模化、强有力的传播态势。网民的网络议政对社会政治民主产生的作用以及由此产生的群体传播的传播效果，越来越受到学界和业界的关注和重视，政府等社会管理部门要以开放的思想，深入网络传播实践，对网络舆情进行准确的梳理、及时的研判和前瞻性的引导，保持舆情信息的公开，主动设置网络议程，妥善处理网民网上议政与网下联动，最大限度地规避网络群体舆情的负面影响，加快推进网络民主议程，进而推动整个国家的民主法治进程。

参考文献：

[1] 陈力丹．舆论学——舆论导向研究［M］．北京：中国广播电视出版社，1999.

[2] 哈贝马斯．公共领域的结构转型［M］．曹卫东等译．上海：学林出版社，2004.

[3] 凯斯-斯坦．网络共和国：网络社会中的民主问题［M］．上海：上海人民出版社，2003.

[4] 古斯塔夫·勒庞．乌合之众——大众心理研究［M］．戴光年译．北京：新世界出版社，2010.

[5] 曼纽尔-卡斯特．网络社会的崛起［M］．北京：社会科学文献出版社，2006.

[6] 丁俊杰，张树庭．网络舆情及突发公共事件危机管理经典案例［M］．北京：中共中央党校出版社，2010.

[7] 许英．论信息时代与公共领域的建构［J］．南京师范大学学报，2003，(3)．

[8] 谢梅，刘昊．网络传播环境中的舆论传播分析［J］．西南民族大学学报，2006，(8)．

[9] 赵婵．网络媒体舆论监督的功能及失范现象研究［J］．新闻传播，2010，(2)．

[10] 黄靖逢．网络舆情的群体传播语境解析［J］．新闻爱好者，2012，(2)．

[11] 隋岩，李燕．从谣言、流言的扩散机制看传播的风险［J］．新闻大学，2010，(1)．

[12] 隋岩，曹飞．论群体传播时代的莅临［J］．北京大学学报（哲社版)，2012，(5)．

作为象征的"爱城主义"

——符号学图景下的合肥城市口号变迁研究

薛明玉

摘　要：营销是消费社会的关键词，城市化进程中如何营销城市，是各大城市积极筹备的战略重点。城市形象文化成为宣扬城市的一大有力手段，各大城市积极推出颇具个性化的城市口号拉开"城市大战"，然而推广过程中口号雷同、内涵不够等问题却让一座座城变得"千城一面"。中国城市名片存在的普遍问题是创意雷同、名人故里争夺、定位超前、认知不清等问题。要解决这些问题，最关键的是要从"人"入手，归根到底，城市是人居住的场所，城市的精神也就是人的精神。文章选取索绪尔和皮尔斯的符号学视角，结合CIS系统来分析合肥市改写多次的城市口号，试图通过口号变化来看合肥市的城市品牌形象塑造。论文采取内容分析法，剖析出合肥欠缺的符号要素，尝试从品牌符号中总结城市名片的创新之道。

关键词：城市口号；城市品牌形象；符号；象征；个性

美国城市文化学家伊里尔·沙里宁赋予城市这样的活力——"让我看看你的城市，我就能说出这个城市居民在文化上的追求是什么"①。现如今，国家形象的竞争已经逐步落户到城市形象的竞争，作为名片的城市口号，彰显了一座城市最真实的"本我"文化。它对外传达的不只是城市居民的精神追求，更是一种城市形象的外在展现，用贝淡宁②和艾维纳③的话

作者简介：薛明玉，安徽大学新闻传播学院硕士生。

① 卢世主．城市形象与城市特色研究［M］．成都：西南交通大学出版社，2011：76.

② 贝淡宁（Daniel A. Bell）：生于加拿大，又译丹尼尔·贝尔。牛津大学哲学博士，现任清华大学伦理学和政治哲学教授。早年在英国读书时，他便与来自中国的女学生宋冰组成了跨国家庭，中文造诣很高。

③ 艾维纳·德夏里特（Avnerde-Shalit）：生于耶路撒冷，以色列人，耶路撒冷希伯来大学社会科学系主任和马克斯·坎佩尔曼民主和人权研究所所长。

来形容，就是“爱城主义”（civicism）。

合肥居皖之中、江淮之间、巢湖之滨，素以“三国故地、包公故里、科教基地”面貌示人，追求历史厚重感是合肥的惯常风格。2014 年 9 月 25 日，安徽淡出“中四角”，正式划入“长三角”城市群，由此合肥开启了打造科技创新风格的新时代。

去年 2 月 19 日，合肥市委召开中心组理论学习会议，正式将“大湖名城、创新高地”定为合肥的新名片，树立了合肥发展史上的里程碑。该口号是在融合市民意见的基础上制定而成，它降低了合肥本身的重要性，却升华了口号赋予的附加价值的重要性。城市口号让城市从无机体转为有机“生物”，这种“生命过程的演化”得益于活跃在消费社会和符号间的酶——品牌。品牌的本质是一种符号，包括品牌形象、品牌识别和品牌沟通三个要素，这要求城市形象对外传播要建立有效的传播渠道，准确传递传播内容。

一、城市口号的具象化

城市口号类似个人昵称，提到它，人们就自动在脑海中浮现一座应该如斯模样的城：“时尚之都”米兰、“音乐之都”维也纳、“水城”威尼斯……中国人喜欢更细致地描绘城市面貌：“桂林山水甲天下”“塞上明珠，中国银川”“孔子故里，东方圣城”山东曲阜等等，都以最能提炼出城市魅力的词句定制城市形象的外衣。

城市口号包含了传播符号学，从索绪尔语言学角度来看，当我们认为城市口号具有符号意义的时候，通常指的是城市口号的“能指”意义。皮尔斯的符号学则更具开放意义，当我们所描绘的对象指向城市某个具体概念的时候，它还可以进行无限演绎的推进。因此，对一个城市口号的评价不仅是美学判断，更应该是对城市居民生活方式和生存空间的评判。20 世纪 90 年代以来，合肥大力发展旅游资源，相继推出众多宣传口号，可是却再三被替换，这也从侧面表露合肥正处于自我形象塑造中，仍在不断寻找、提炼城市生存空间和文化精神。

（一）万全形象：三国故地、包拯家乡、淮军摇篮、科教基地、滨湖新城

外地人对于合肥的印象一直是“综合性城市”，如果要提炼出什么修饰语来，他们会用“发展快”“温暖”“拥挤”“没有个性”来形容合肥，

这正好命中合肥的软肋。通过对60名受访者的网络问卷调查（其中，合肥居民18名、非合肥市居民42名），结果显示，非合肥市居民中44%的受访者对合肥城市印象较差，32%的受访者持客观态度，另有24%的受访者对合肥印象较好。在对合肥城市印象描述的所有回答中，关于合肥文化底蕴、城市环境、个性特征和薪资水平的反馈最为强烈，这也即是说合肥在这些方面的标签不够明显。

城市形象的建构和国家形象的建构有异曲同工之妙：首先都取决于个体的综合竞争力，其次才取决于在社会互动基础上建立的一种身份认同关系。不愠不火的五大名片并不能完全代表合肥，从某种程度上来说，它是文学语言美化后建构出来的“他我”符号，是城市的自我认知和社会共同体对其认知的结晶。这五大名片相互互文，用学者刘自若的话说就是：“三国故地”是历史、“包拯家乡”是品牌、“淮军摇篮”是骄傲、“科教基地”是特色、“滨湖新城”是未来。

从符号学视角看城市口号，品牌价值就是城市口号的重要表达方式。“品牌资产的始祖”大卫·艾克对品牌识别模型进行分层模型识别，认为完整的品牌模型由三层外核包裹而成：核心层是品牌精髓，中间层是品牌核心识别，外层为品牌延伸识别。但当今的城市品牌识别主要存在两个问题：一是城市品牌中提炼的城市形象虽能作为城市核心形象，但不具备识别功能；二是大部分城市的口号识别系统仅停留在表层，没有触及城市的核心价值。

唐代诗人吴资留下《教弩台》绝句诗：“曹公教弩台，今作比丘寺。东门小河桥，曾飞吴主骑。”三国时代，合肥被视为“淮右襟喉之地，江北视为唇齿”，“腹巢湖，控涡颍，膺濡须，枕潜皖，实用武之地”，用“三国故地”作为合肥第一张名片似乎无出其右。从大卫·艾克的品牌识别理论角度看，“三国故地”理应是合肥品牌的核心识别符号之一。然而，中国可以称为“三国故地”的地方随处可见，湖北荆州、河北涿州、河南许昌等等都称自己是三国文化故乡，合肥并无特殊之处。放眼合肥的旅游资源，可以称得上三国旧址的只有逍遥津张辽衣冠冢、明教寺、三国遗址公园等，而这些都是不能再深层次开发的旅游卖点。

“包公故里”作为口号无可厚非，但作为城市口号就需要仔细斟酌了。专家认为如今合肥包公品牌有“三包”：包祠、包墓和包阁（清风阁），宋朝清官包拯的籍贯、出生地和埋葬地都是安徽合肥，但从政生涯基本上是在河南开封，人物事迹与开封联系较为密切，作为城市宣传口号的“包公故里”很难拿出能展现包拯个人符号的文化遗产。法国学者尤瑟夫·库尔泰（Yusuf Courtes）曾这样解释符号的意义，“符号学的目的在于发掘意义，这首先意味着它不能被压缩为对于传播学（communication，被确定为从发送者到接收者的信息传递过程）的描述。符号学包括传播学的同时还应该能阐述更为一般的过程，即意指（signification）过程”。作为包公籍贯地，合肥的“三包”都是后世所建，其意义本身就已经不能代表包公本人的形象符号了，从这一维度看，该口号也较难拉动合肥品牌力的增值。

合肥市志有载，合肥孕育了晚清淮军七大将领。《辞海》“淮军”词条中，列入主要将领的有张树声、刘铭传、周盛波、潘鼎新、吴长庆、丁汝昌、叶志超、聂士成，以及首领李鸿章，这9人中除吴长庆和丁汝昌外其余全部是合肥人，且合肥地处江淮之间，用“淮军摇篮”来定义合肥一点也不为过。在皮尔斯看来，客体对象是符号的成因，要让这一口号一为公众接触到就能立刻关联城市元素，就必须加强合肥淮军硬件设施的建设和完善，使历史人物能象征城市本身，这一口号的建立也是一个符号化和符号认同的过程。

合肥坐拥科学岛、江淮汽车等科技产业；设有“超导托卡马克装置”、选键化学等多项国家重点科研设施和省部级重点实验室；集中中国科学技术大学、合肥工业大学、安徽大学等一批高等学府；养育杨振宁、刘盛纲、王正国等一批优秀科技人才；入驻格力电器、美的电器、安科生物等重点企业。1999年，合肥与北京、成都、西安一起被并称国家四大科教基地，是名副其实的“科教基地”。这一名片和城市的发展现状、现有的物质、文化资源相吻合，表里如一的口号是城市传播力营销的长久之道，这在合肥今后的口号设计中可加以借鉴。

杰罗姆·麦卡锡（E. Jerome McCarthy）于1960年在《基础营销》一书中，首次将企业的营销要素归纳为4P营销理论：产品（Product）、价格（Price）、渠道（Place）、促销（Promotion），这与城市形象传播不谋而合。它启示城市形象对外传播机构把公众对城市的认知和需求放在首位，了解公众愿意在理解城市形象中花费多少时间和精力，尤其注意建立外部公众对城市的感知。“滨湖新城”着眼于合肥的未来发展，但是放眼全国，苏州、吴江、金坛等众多城市都将滨湖新城作为发展口号，这即是说该名片不具备辨识度，它只是一般性符号，不能作为城市特殊的象征符。

（二）旅游与环境形象：日出黄山、绿染合肥；包公桑梓地，黄山北大门

品牌理念强调 simple is better，城市形象定位就要考虑口号要简单易记，试图顾全大局反而会抹杀合肥的个性，因此，接下来合肥市设计的名

片都体现出“简约”的重要性。

安徽省政府确立合肥为全省旅游中心后，合肥市政府适时依托交通通达度优势，将“日出黄山”定为合肥旅游名片。“绿染合肥”是基于1992年开展的国家园林城市创建活动考虑，当时合肥与北京、珠海共同成为第一批国家园林城市，截至2011年，合肥市通过国家旅游局验收，荣获年度中国优秀旅游城市。

在符号消费中，消费者更容易消费具有高认知度或对自我有丰富认知经验的符号。孙东阳在《品牌传播中的符号印记》一文中指出“认知性是品牌传播最为重要的特性”，胡易容将这种印记归纳为“品牌符号势能”。

合肥市旅游局希望从口号中获得城市品牌传播的优“势”，这就需要解读合肥居民的生活观、价值观和对城市的认知状态趋势，“社会生活和文化背景是符号势能所依托的地基，是个别符号高起点的总体符号场”①。而“日出黄山”缺乏时间累积，与合肥关联度太低，没有在合肥居民集体意识中形成既定认知，也就难以与合肥形象匹配，后来的“黄山北大门”也是同样的问题。符号是承载信息的媒介，如果符号不能传递出事物的能指和意指，那么这个符号也就不能成为该事物的传媒。

应该说，符号一旦被占据就具有排他性，这就意味着城市口号一旦确立就应摆脱同质化的外衣。“绿染合肥”是合肥市的生态环境背景，单就社会生态、经济生态和自然环境个体分析，合肥均达到绿色经济发展指标，更是上榜2011年中国绿色经济发展指数报告。但近年来，由于大建设的开展，合肥遗憾跌出2013年前十榜单。放眼全国的城市品牌独特性，嘉兴号称“水都绿城，休闲嘉兴”、南宁吟唱“绿城寻歌壮乡情南宁”、南京打出“博爱之都、绿色古都、文化之城”的口号、三明定位“天下幽奇、中国绿都”，合肥城市名片符号感较弱，也就难以在众多城市中独树一帜。

长期以来，合肥的旅游资源相对薄弱。迈入2005年，安徽省旅游的双龙头时代已经来临，合肥与黄山的旅游收益基本持平。截至2011年，合肥成为省内仅次于黄山市的中国优秀旅游城市。此时，合肥旅游局推出全新名片——“包公桑梓地，黄山北大门”。

1873年，皮尔斯在《论符号的性质》中提到，一个符号和它指代的对象间一定要有某种物理性或物质性的联系。城市口号的设计大抵也是如此，“包公桑梓地”是文化积淀，“黄山北大门”是旅游环境积淀，前者明示了所在地为合肥，后者却为黄山以北的所有城市都做了“代言”。

---

① 胡易容．传媒符号学——后麦克卢汉的理论转向［M］．苏州：苏州大学出版社，2012：186.

《论符号的性质》发表一个世纪后，斯图亚特·霍尔发表《编码解码》一文，他认为意义和信息是被生产出来的，我们应当将意识形态的编码形式和受众领域的解码方式联系起来，关注符号和信息变动的政治场域。这一时期，合肥市大力发展旅游业，从城市口号的设计便可看清政策走向。遗憾的是，“黄山北大门”成为口号设计的累赘。城市符号的受众是城市居住者、旅游者和投资者，因此，城市口号的设计要考虑传播中公共利益的最大化。作为传播渠道的信源，政府要找准受众目标，搜集三方受众市场信号编码成城市符码。霍尔认为，“在编码环节中，编码这必须在一个有意义的话语形式内产生符号”，这就启示决策者，制定城市口号时必须将独特的城市意义放在首位。

（三）人文与情感形象：上善水都，微笑合肥——两个胖胖欢迎您

上述所有口号都是从最基本的旅游需求开发城市精神，如果将上述三个口号用“硬性”一词来形容，“上善水都，微笑合肥”就可以用“软性”一词来描述。这一时期，合肥市旅游局开始着眼城市的亲和力，从情感层面打动符号消费者。

2011 年，巢湖撤市，合肥从此拥有巢湖，可称“水都”。时间退至 2009 年，主打“水”的合肥城市口号，底气缘何而来？全国三十一个省市区里，合肥是个中庸的城市，为了凸显个性，必须摆脱现有的科教、文化、旅游资源的桎梏。合肥市旅游规划研讨会上有专家主张将情感元素融入城市口号中的主张，本着上善若水的处事原则，“上善水都”应运而生。

从城市形象的 CIS 系统来看，“上善水都”隶属理念识别系统，且只是一种理想状态下的方案设定。张鸿雁在《论当代中国城市的整体“CI”方略导入》（1995）中最早结合企业品牌形象识别系统，将企业的 CIS（Corporate Identity System）战略系统带入城市形象建设的 CIS 系统（City Identity System）中，这一系统由 MI（Mind Identify，城市精神理念识别）、BI（Behavior Identify，城市行为能力和效用识别）和 VI（Visual Identity，城市视觉元素识别）构成。其中，MI 是核心，所有的 BI 和 VI 必须围绕它开展建设。

单凭南淝河、翡翠湖和三河等水资源，合肥完全不敌杭州西湖、苏州周庄等地，“水都”识别元素是广泛适用的儒家思想的体现。合肥环城水系丰富，依傍巢湖，可以直接标榜水系特点，不必拐弯抹角地浪费符号消费者的时间精力去猜测泛泛而谈的水都所在。符号是传播的要素，正如施拉姆所言：“无论人们怎样称谓符号，符号总归是传播的元素——能够释

读出意义的元素。”[①] 如果符号不能解读出意义，那么这个符号定位就是失败的。

合肥市政府实施微笑品牌战略，预备把合肥打造成微笑之都，因此提名“微笑合肥”。口号一出便饱受争议，正方认为这很容易拉近受众与合肥的心理距离，反方则认为合肥的微笑不是特色。河南洛阳、河北盐山都曾一语既出“微笑城市”口号，但都未能形成气候。合肥市政府也预计把合肥打造成中国第一真正意义上的微笑之都，然而全部的战略重点都放在景区、城建和科技发展上，微笑终将沦为一纸空谈。

作为上述口号的搭配，“两个胖胖欢迎您”在翌年被正式提纲上线。这一口号最早由北京大学汤俊教授提出，当时是作为一条宣传口号来使用。“两个胖胖欢迎您——上善水都，微笑合肥”最初的争论焦点在定位词，其后的论点在是否降低合肥的美誉度方面，最终这一口号以当年十大雷人广告语草草结束。城市形象设计中讲求美誉度，该名片在本市居民看来极大损害了合肥的美誉度，但不可否认的是，合肥从未受过如此巨大的关注，口号争议带来的经济效益是 2 个亿也达不到的广告效益。

西方著名学者斯宾格勒曾这样描述城市精神：“将一个城市和一座乡村区别开来的不是它的范围和尺度，而是它与生俱来的城市精神。”城市精神的具象化，最便捷的方式就是城市口号。通过简单的口号宣传试图提升城市的美誉度几乎是不可能的，“两个胖胖欢迎您”契合合肥地名且朗朗上口，如果能文饰一番，则会口碑、形象双丰收。

（四）科技与未来形象：创新之都，滨湖新城

在“十一五”向“十二五”过渡期间，合肥城市口号几乎处在每年一改的流变中。放弃情感路线后，合肥锁定科技元素，着力打造“主题公园城、商务会展城、滨湖度假城”三张旅游名片。理由在于，合肥是 2004 年全国唯一的国家科技创新型试点城市，并上榜 2011 年中国优秀创新型城市名单。

创新，是中华民族兴旺发达的不竭动力。创新带来的进步气息，推动人民生活更为快捷，使得城市更富有朝气。早在 2007 年，北京就开始打造“创新之都”，2011 年 11 月 2 日对外正式公布“爱国、创新、包容、厚德”的城市精神；2010 年上海借世界博览会对世界传达“城市，让生活更美好”的精神，扩展了城市以人为本的服务理念。两大城市力压群雄，合肥

① 李彬．符号透视：传播内容的本体诠释［M］．上海：复旦大学出版，2003：6.

打造创新形象仍是“路漫漫其修远兮”。

美国社会哲学家、媒介环境学纽约学派领袖刘易斯·芒福德强调了城市环境中技术研究的重要性。与芝加哥学派不同的是，芒福德并非孤立地研究技术媒介，而是研究人与技术、环境和谐共生，这一系统是借助“符号”存在的。创新的符号是科技、知识、人力、文化、体制等多位要素的统一，这些符号构成的创新必须成为其他领域朝圣的方向。合肥要打造“创新之都”，不仅要借助已有的科学岛和支柱科技产业的优势，还要举办各种城市公关活动，利用博览会、公益或商业活动等形式扩大对外影响力，让城际互动成为城市认同的重要识别手段。

日新月异的合肥着眼于发展建设，将滨湖锁定为该市大力发展的对象，安徽省内不少策划人士认为“滨湖新城”并不能成为合肥的独特气质，江苏无锡、河北冀州、江苏武进等多个城市也提出打造“滨湖新区”的主张。这一名片是合肥未来发展的重点，尚未形成气候，作为发展根基尚可，作为名片使用应当慎重。

（五）文化与精神形象：大湖名城，创新高地

符号系统是现代城市的标示物，世界上每个知名产业除了象征符号外，都有自己的标示物——快餐产业麦当劳的标志物是麦当劳叔叔，山东曲阜的代言人是孔子——标示的作用是“代言”。2011 年 8 月 24 日巢湖市一分为三，巢湖纳入合肥版图，这时的“大湖名城”实至名归，全国第五大淡水湖成为合肥的“代言人”。

标示物的象征性具有条约化效应，即景观-标示物-景观[①]。当巢湖成为合肥的主水域时，它就不再是简单的湖水，而是成为一方流域的文化积淀，成为会叙事的文化。合肥不乏历史也不乏故事，“巢文化”在合肥的名片上加印了“大湖名城”的标记，在赋予省会财富的同时也赋予合肥治理巢湖的责任。巢湖位居国家严重污染的三湖三河之首，推进大湖名城建设要以治理为首。要使景观再变回景观，合肥在产业结构、生态治理和人民观念三方更要加强对巢湖的治理。

近几年的合肥今非昔比：“十一五”期间，合肥一跃成为全国发展最快的省会城市；摘得 2014 年中国十大创新城市探花；位居 2014 年中国十佳宜居城市第七；高新技术产值一路上升，城市综合竞争力大为提升，成为最具潜力的二线城市。“名城”也非泛泛而谈，安徽省委常委吴存荣将

① 叶舒宪．文化与符号经济［M］．广州：广东人民出版，2012：136.

合肥概括为六个城：实力之城、智慧之城、生态之城、创业之城、魅力之城、幸福之城；合肥主要经济指标进入省会城市十强之列，“大湖名城”初露锋芒。

伊塔洛·卡尔维诺在《看不见的城市》中这样描述复制的城市：“记忆中的形象一旦被词语固定住，就给抹掉了。”海口打出“娱乐之都”、大连打出“浪漫之都”、南京一度打出“博爱之都”的标语，这些口号都在质疑声中被淹没，没有任何证据来论证海南的娱乐、大连的浪漫、南京的博爱，合肥“创新之都”也是如此消逝离散。

从城市形象构成角度看，一个城市的优势行业、强势企业对形成良好的城市形象具有显著的正相关效应①。“创新之都”改为“创新高地”不仅是态度的转变，更是战略的转移。从某种意义上说，一座城市的形象往往是和一系列品牌形象联系在一起的，比如贵州省仁怀市以国酒茅台著称，拥有“中国酒都”美誉；辽宁省鞍山市以鞍山钢铁集团公司为支柱，定位“中国钢都”。近些年，合肥以“智慧”身份崭露头角，打造“创新高地”成为合肥的新形象。

行业、企业不仅是城市形象的构成符号，而且在其经营管理中也有意无意地变成城市形象的传播渠道。合肥以安徽江淮汽车股份有限公司、安徽科大讯飞信息科技股份有限公司、安徽安凯汽车股份有限公司等企业为核心建造了一批高新技术产业园区，这是独属合肥的标识。英国学者阿雷恩·鲍尔德温在《文化研究导论》中将这种独特的标识归纳为地方感，这是地方的主观维度，有国内学者将这一维度拆分成两个向度：一是地方自身固有的特性（地方性）；二是人们对这个地方的依附感。目前合肥能吸纳创新为自身特性，但由于宣传力度的问题，合肥没能让外部受众和本市居民感知到“创新”是作为社会角色的一部分存在的。

二、合肥城市口号的自我拘囿

进入“口号城市”时期以后，合肥一直在寻觅自己的名片。合肥城市形象定位可以发现非常明显的分界线：最初大力宣扬城市人文底蕴，打出旅游文化牌；其后，借景黄山，发挥旅游集散地优势；硬件效果牌不出众，转而走情感路线；智慧城市兴起后，重心移向科技与创新。这是明显

① 苏永华．城市形象传播理论与实践［M］．杭州：浙江大学出版社，2013：25.

的探索过程，和新中国建立初期寻找中国特色社会主义道路是一个道理。不断变更的问题也显而易见：一个符码还没有扎稳根基，下一个符码已经开始搭建基座，不断叠加的结果就是城市的个性在文字符号的积压中变得模糊不清，受众脑海中的合肥没有个性。

截至目前，合肥城市口号主要存在以下几个问题：第一，意欲口号囊括一切。从给人印象最深刻的“三国”名片来看，这一名片涵盖历史、名人、军事、科技和发展，且不谈城市口号过长不易记忆，这样的全盘接收就如试图学尽世间知识是一样的道理，“以全概全”最终必将博而不专。第二，名人故里、科技创新的雷同之争。历时以来的合肥口号，或强调历史文化的厚重感，或强调山清水秀的环境状态，或追求科技创新的革新步伐，每一张名片几乎都能看到另一座城市的影子。第三，空谈口号，缺乏实际。这一问题尤以“微笑合肥”“创新之都”为代表：微笑是人类的表情符号，有人的地方就有微笑，和合肥精神没有任何吻合之处；“创新之都”是2011年提出的，当时合肥的科技创新还没有如今强盛，这一个超前的口号，揠苗助长了合肥形象。第四，名片更迭频繁。这不利于城市固定形象的树立，然而这也是合肥的无奈，建设中的合肥只能在摸索中不断改变自我，才能让多年后的城市为今日的口号骄傲。

三、城市符号与爱城主义

李照兴在《潮爆中国》中写道：“真正的城市书写，不是历史，不是理论，而是即时的城市体验与生活。或者说，城市笔记不是记出来的，而是活出来的，先有生活，而后找到呈现的方式。”这是城市精神所在，一座城市的宣传口号不需要包揽万千气象，哪怕万中取一，只要这一种足够让人尝出合肥味道。“世界花园城市”新加坡、“浪漫之都”法国巴黎、“学术之城”英国牛津，这些口号不是当权者苦思冥想制定的，而是城市本身散发的魅力，它们是受众主动贴上的社会化标签。这种标签一旦形成便成定理，不会更改。

合肥本身是座“慢城”，生活节奏闲适、生活态度温和；养育一方名人，浇灌一方科教园地；公园众多，庐剧文化、社区文化盛行……比之打造科技与创新城市，追求未来的城市愿景，合肥人更注重“人情”，导致这座城市自身散发得更多的是一种人情味，这是合肥人民的爱城主义。合肥城市口号的问题在于，政府不想错失发展机遇，将本市的居民精神边缘化，这不利于城市印象的积淀，更显得城市心浮气躁。

符号和城市符号的差别在于，前者只需表达意义即可，后者更需要一种积淀。当下打造中的合肥名片，不仅是将关联已久的“巢文化”并入本市体系的重要举措，也是政府建立新型工业化和新型城市化“双轮驱动”机制的重要航标。“大湖名城，创新高地”的核心在“人”，不仅包括城市居民，也包括创新人才——城市居民积淀了城市的生活特质，创新人才积淀了城市的未来精神。

说到底，城市是人类居住的聚集地，人们在感知外部环境时，使用若干媒介和符号系统的组合去理解和建构媒介环境。这种组合源于自我对城市的认知，这也可以理解成，个体对城市的认知局限于个体长期生活的环境，因此，合肥城市名片的打造也应从生活环境的探析开始。

参考文献：

［1］王安中，李宜篷，龙明霞．中国城市传播竞争力模型建构与发展报告［M］．西安：陕西师范大学，2012：157-249.

［2］苏永华．城市形象传播理论与实践［M］．杭州：浙江大学出版社，2013：29-38.

［3］胡易容．传媒符号学——后麦克卢汉的理论转向［M］．苏州：苏州大学出版社，2012：183、122-139.

［3］［美］R. E. 帕克，R. D. 麦肯齐．城市社会学——芝加哥学派城市研究［M］．北京：商务印书馆，2012：39-49.

［4］［荷］根特城市研究小组．城市状态：当代大都市的空间、社区和本质［M］．北京：中国水利水电出版社，知识产权出版社，2005：89-97.

［5］［英］诺南·帕迪森．城市研究手册［M］．上海：格致出版社，上海人民出版社，2009：89-100.

［6］［加］贝淡宁，［以］艾维纳．城市的精神［M］．重庆：重庆出版社，2012：9-10.

［7］贝淡宁．爱城主义［J］．南风窗，2012，(2)：100.

［8］宋鑫陶．城市口号镜鉴［J］．商周刊，2011，(2)：26-29.

［9］王华．对话是城市的生命——刘易斯·芒福德城市观解读［J］．西南交通大学学报（社会科学版），2013，14（2）：104-109.

［10］水源．从城市形象识别系统看合肥城市设计［J］．赤峰学院学报（自然科学版），2012，28（10）：117-118.

[11] 袁礼存. "大湖名城、创新高地"是本土文化与远景规划合唱曲[N]. 合肥日报, 2013-3-22(3).

[12] 孙自铎. 合肥建设大湖名城创新高地的逻辑[N]. 安徽日报, 2013-9-23(B03).

[13] 秦峰. 用文化塑造城市品牌——基于CIS系统的城市品牌战略研究[J]. 城市管理与科技, 2014, (1): 32-35.

[14] 谢朝武, 李玉红. 基于网络知名度分析的我国优秀旅游城市的形象口号设计研究[J]. 人文地理, 2010, (3): 134-138.

[15] 本刊编辑部、《中国城市品牌传播研究》课题组, 金定海, 聂艳梅, 吴冰冰, 等. 中国城市符号与城市品牌符号的传播现状思考[J]. 广告大观(综合版), 2009, (9): 156-170.

城市的空间生产及媒介构建中的文化认同危机

——以“历史文化名城”太原为例

王　晶

摘　要：空间的生产，主要表现在具有一定历史性的城市的急速扩张、社会的普遍都市化以及空间性组织的问题等方面。城市规划、建造就是最为显著的空间生产现象。然而当速度作为现代性最为凸显的指标渗入空间生产时，伴随着空间形态的改变，人们对城市空间内的文化的理解和体验也发生深刻转变。太原作为一个身处巨大发展压力下的“历史文化名城”，面临的现代化生产中的文化认同危机，在中国广大二三线城市中普遍存在。文章以太原在构建“历史文化名城”过程中遭遇的文化认同危机为例，重点从传者与受者分析、语境分析等角度反思造成该危机的主客观原因与现实背景，力图探讨在构建理想的现代性城市空间过程中媒体的进路。

关键词：空间；文化认同；城市形象；媒体建构

一、研究背景：城市化下危机的产生

刘易斯·芒福德在《城市发展史——起源、演变和前景》中曾这样描述城市：“城市不是一个实体存在，而是一种文化存在……城市的主要功能是化力为形，化权能为文化，化朽物为活灵灵的艺术造型，化生物繁衍为社会创造……城市不只是建筑物的群集，更是各种密切相关并经常相互影响的各种功能的复合体——它不单是权力的集中，更是文化的归极。”

作者简介：王晶，南京大学新闻传播学院硕士生。

而笔者认为，在当前中国城市化进程的语境下研究城市，先从实体存在即空间形态入手，进而探讨其文化存在似乎更合适。

20世纪80年代以后，列斐伏尔、福柯、戴维·哈维等人均针对城市空间进行了深入的研究，尽管观点与侧重点不尽相同（由于城市空间内存在的价值的多样性，决定了对城市空间认知的多样性），但都深刻地揭示了空间的社会属性。在现代化大生产中，城市空间是一种特殊的社会产品，每一个特定的社会都历史地生产属于自己的特定空间模式。空间的生产，主要表现在具有一定历史性的城市的急速扩张、社会的普遍都市化以及空间性组织的问题等方面。都市规划、建造就是最为显著的空间生产现象。中国的城市化进程正以前所未有的速度改写城市的版图，然而不可否认的是，城市空间的不断重组与扩张产生了一种“空间的废墟化”（胡大平，2010）的现象——废墟的存在，正是转型时期中国城市令人触目惊心的空间现实。伴随着这一空间现象的，还有人们对城市这个生活空间的归属感、认同感的丧失。

“认同”是社会研究的基本概念之一。通常指的是个体在社会生活中将自身归类到某一群体并与其他群体相区别的主观性意识。从一般意义上说，文化认同是文化群体对于自身文化发展的连续性、反思性的定位、理解、辨识，还包括文化主体对其他文化群落存在、发展的看法和理解以及对于文化群落之间相互张力关系的参与、把握和认可。文化认同是一个社会存在与发展的“精神根基”。文化认同感的形成是任何一个发展共同体存在与发展的社会知识论前提。

一座城市能够千百年地延续下来，很大程度上取决于城市文化的延续。城市能否获得可持续发展，首先取决于能否“通过一种共同享有的认同意识将全体城市居民聚集在一起”，“没有一个被广泛接受的信仰体系，城市的未来将很难想象”[①]。文化认同危机是一种复杂的精神现象，它是在文化传统、现实的社会变迁及个体的特殊境遇相互作用下而产生的一个特殊阶段。由于城市规划中的都市空间开发是政治性、战略性的，因此在功能至上的现代都市空间布局中，空间的生产往往忽视了人与人在空间上的交往和内在的丰富性，“人成为效率的牺牲品，成为标准空间主宰下的被动的麻木机器”[②]。在这种语境下，人作为城市的主体不得不失去曾经拥有

① 陶东风、周宪主编：《文化研究·第10辑》，北京：社会科学文献出版社，2010，第201页。

② 汪民安：《身体、空间与后现代性》，南京：江苏人民出版社，2006，第128页。

的空间记忆和身份象征，一旦空间的价值失去了主体栖居的价值意义和精神属性，那么人逐渐就沦为城市的“他者”。

2011年3月，太原市获准成为“中国历史文化名城”。然而，这个拥有5000多年文明史和2500多年建城史，并被誉为“天王三京，北都居一”“唐风晋韵”的古城太原，却一直未被世人所熟知。对于并非城市历史或文化研究者的大多数匆匆过客来说，太原除了“煤都”的称号，给人留下的可能只是“土，土不到味；古，古不到度；洋，洋不到家；巧，巧不到位”难言特色的城市印象，甚至许多太原市民身居太原亦不知太原的历史沧桑。笔者于2011年9月在太原“中部贸易博览会”会场展开实地调查，主要采用的研究方法包括定量研究中的问卷调查和定性研究中的深度访谈，其中“您认为哪些词语最能体现太原历史文化?（多选）”这一问题的统计结果显示（见图1），人们对太原历史文化的印象还仅停留在“悠久”“古朴”等表现其千年“历史”的词语上，而对其真正的“文化”内涵和具体的“文化”内容并未形成现实的价值认同。

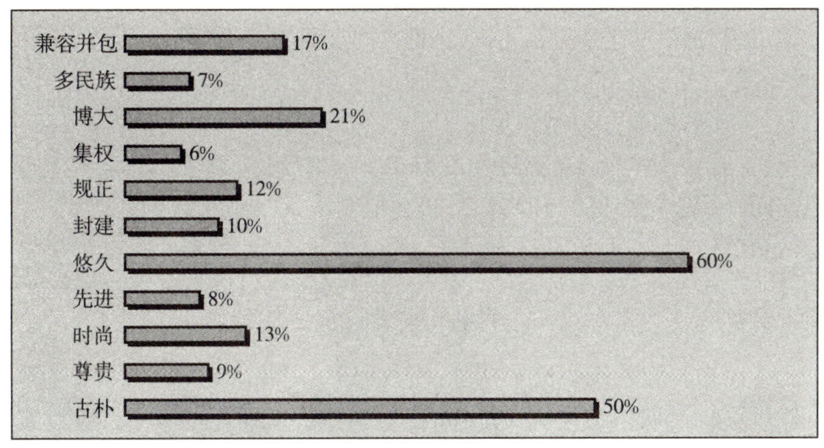

图1　最能体现太原历史文化的词语

“人文绿都”是南京，“江南园林”看苏州，“汉韵楚风”在徐州……然而，除了“龙城”这个认同度颇高的称号，太原的城市空间特色体系实际上并未形成准确清晰的规划定位。作为一个身处巨大发展压力下的“历史文化名城”，太原所面临的现代化生产中的文化认同危机，在中国广大二三线城市中普遍存在，而这样的文化认同危机有着怎样的表现，又出于什么原因背景，更是值得我们关注的问题。

二、文化认同危机的具体表现

（一）传者：历史记忆与现代生活的断裂

古城是复杂的有机生命体。它的固有属性同时包含“保护”与“发展”两个方面。城市的发展需要空间的扩张，对于历史文化名城而言，如何寻找“保护”与“发展”的结合点、完成空间开发后对空间意义的建构，是塑造本土文化认同的关键。“一般来说，个体成员对所在群体的认同取决于这个群体本身的三个因素：文化认同资源、价值凝聚力和制度结构”①。在制度结构相对稳定的情况下，当前城市文化认同危机主要表现在认同资源的缺乏，也就是人们找不到那些具有日常生活意义的、可以认同并值得认同的东西。

1. 政府城市规划下的文化缺位

城市首先是一个生产及生产空间。列斐伏尔将空间分为三个层面即“三位一体”空间：空间实践（一种扩展的、物质的环境）、空间表征（用以指导实践的概念模型）和表征的空间（实践者与环境之间的活生生的关系）。爱德华·W. 索亚将空间分为第一空间（具象的物质性空间）、第二空间（观念的空间）和第三空间（既真实又是想象化的、既物理又是观念的想象空间）。他们都看到了空间的物质内涵背后深刻的文化内涵，然而现实中主导空间生产的运作者却往往只着眼于其物质层面的开发。城市形象系统（CIS）包括三个系统：理念系统、视觉系统和行为系统，城市规划者历来较为重视的视觉系统（包括建筑风格、标志性雕塑、场馆广场、广告等）是城市文化认同符号的形象构成，然而理念系统（包括核心价值观、经营管理模式、市民观念、宣传口号等）却常常被忽视。

每个城市的空间嬗变都包含“自构”的作用及“被构”的印记，前者指城市遵循自身内在的发展规律成长，后者指决策者有计划、有意识地干预、影响城市发展进程来实现一定时期内的发展目标，通常采用总体规划的方式进行。自 1954 年以来，太原的城市总体规划 60 多年间经历了 4 次编修（见表 1 所列），反映了不同时期下城市功能的不断细化和城市定位的不断调整，如先前一直强调的“重工业中心城市”定位在近年来产业结

① 陶东风、周宪主编《文化研究·第 8 辑》，桂林：广西师范大学出版社，2008，第 24 页。

构转型的背景下调整为“新材料和先进制造业基地”，而文化职能也明确到了具体的文化类型层面。

表1　太原市60年4次编修城市总体规划

	年　份	城市性质
第一版	1954—1974	山西的工业区中心，全省政治、经济、文化中心
第二版	1983—1991	山西省省会，全省政治、经济、教育、科技、文化的中心，以冶金、机械、能源、化工为支柱的重工业城市，山西能源重化工基地的中心城市
第三版	1998—2010	山西省省会，以能源、重化工为主的工业基地，华北地区重要的中心城市之一
第四版	2008—2020	山西省省会，中部地区重要的中心城市，全国重要的新材料和先进制造业基地，历史悠久的文化古都

2009年太原市规划委员会通过了《太原市城市总体规划（2008—2020)》和《太原市城市总体发展战略规划研究》，确定太原市的城市性质为：“山西省省会，中部地区重要的中心城市，全国重要的新材料和先进制造业基地，历史悠久的文化古都”。对比表1的城市定位可以发现：其中“历史悠久的文化古都”是相比于前三版城市总体规划提出的新内容，之前的城市规划中体现的是典型的工业化战略，并没有充分考虑到历史文化内涵对于城市的重要性，因此几十年的工业生产对几千年的城市空间肌理造成了巨大冲击。以太原城独有的丁字形街道布局①为例，有别于中国传统古都的棋盘式街巷，又有别于国外三大古城的放射状格局，丁字形城市街巷格局，在中国古都城市中，唯太原所独有，与“龙城”的历史形象息息相关。“新中国成立之后，城市街道的社会功能和美观价值受到重新理解，传统街道的意义淡化，为解决城市干道交通问题，政府将主要街道的宽度拓为60~70m。境内道路主要以整修拓宽改建为主，增加了干道密度和配套设施，形成了棋盘式并辅以环形网状、向外辐射的道路系统。据不完全统计，因道路拓宽改造及其他原因而消失的街巷至少有70条”②。

① 由于太原曾是汉朝的“龙潜”之地，唐朝的“龙兴”之地，当时认为晋阳是出“真龙天子”的“龙城”。故宋代统治者在修建太原时，将城市街巷都规划设计成丁字街。“丁”与“钉”谐音，意为钉破“龙脉”，使太原不再出现“真龙天子”，危及宋朝天下。

② 阙维民、任疆：《世界遗产视野中的太原古城街巷格局》，《城市规划》2011年第35卷，第91页。

在笔者所在的科研项目组进行的的调查问卷中，民众对“丁字形街道”的认同度仅为7%。

虽然太原的工业化战略是当时的国家战略要求与以经济建设为中心的时代背景下的客观存在，但单方面强调工业而忽视历史遗产的保护，却直接导致了文化认同符号的缺失，影响了人们对其历史文化的认同。现代化大生产需要城市空间的扩张，但这并不意味着破坏城市文脉形象。因为城市的空间结构不仅是城市社会文化形态的建构，也形象地反映了一个城市的文化特征，历史文化名城的街巷格局，作为城市社会经济生活与制度文化的物质反映与空间载体，是人们理解与记忆历史文化名城的历史与文脉的重要内容。

2. 媒介传播策略中的价值迷航

由于快节奏的生活和地域、交通条件等的限制，大众基本上无法对一座城市形成实地的体验和感知。因此，大众心目中的城市形象很大程度上来自于传媒，而传媒自身具备的强大功能则极大地影响着城市的形象。“传媒在交流、叙述、反思与劳作后获得的果实产品，其实便是经过文化过滤和调停过程后众人获知的文化认同，久之就使城市人群逐渐形成城市特有的文化归属感”（韩隽，2007）。而城市媒体的缺位势必会加剧文化认同危机。

2011年3月，太原获准成为“历史文化名城”，作为一个以能源型产业发展起来且正面临产业转型的城市，太原长期以来的城市形象相对单薄，而历史文化赋予其沧桑感、文化感无疑将有利于太原塑造丰厚的城市形象，带动文化产业的发展，使其面对未来的城市竞争更加自信。然而一座城市的历史感的营造是建立在本土文化内涵的深刻挖掘的基础之上的，尤其是太原作为“一般古迹型”历史文化名城，文物古迹数量多但十分分散，如何将分散的历史文化要素（建筑物、街道、风貌区……）纳入意义完整的城市文化系统，更需要反复慎重的论证。西安提出了皇城复兴计划，大同在做大规模的古城复兴工程，陕西汉中也曾提出将投巨资打造“中华汉城”，当许多城市掀起“复古”风潮时，太原要避免形成新的模仿，且让自身的“历史文化名城”形象深入人心，就必须重视对新闻媒介的开发和利用。但目前的情况是本土媒体还没有做出特色来：电视媒体山西卫视存在定位不清的问题，2011年公布的“黄河是我家”的口号不仅与河南卫视多年贯彻的“立足中原，走向世界”的宣传语撞车，更未体现出地域文化的特色。同时，省、市级电视台均缺乏品牌节目对城市文化进行系统性、长期性的传播与思考，之前虽然有文化专题性节目《一方水土》，但却看重对历史秘事的探索，而缺乏将历史文化资源转化为文化认同资源的大视野，传播效果十分有限并且如今已处于停播阶段。山西省旅游局等机构的微博也长期存在关注度低、更新速度慢、与市民互动少等问题。

城市是一个信息场，有西方学者统计，仅仅从城市公共信息——城市户外的文化象征符号如商业符号与信息传递中，一个人在大城市里通过逛街等活动便可主动或被动地获得2000个以上信息。这些信息的集合，构成了城市的象征、城市形象的表现形式。然而太原市内的户外广告牌及公交移动电视等媒介，塑造的多是房地产广告等财富想象。即使在2011年9月承办“中部贸易博览会”期间，其对历史文化符号的传播力度也远远不如太钢、璐安集团等企业，丧失了通过经济文化盛会将自身丰富形象对外传播的机会。

在塑造城市品牌与传播城市形象的过程中，城市形象片以直观、形象生动的方式向受众传达了城市品牌的理念，是达成城市与受众之间有效沟通的纽带和桥梁，可以增进人们对这个城市的认识和理解，从而能够产生文化和情感上的认同和共鸣。2012年1月，在中央电视台及凤凰中文台播出的太原城市形象宣传片中，以“唐风晋韵、锦绣太原”为主题的宣传片包含《人说山西好风光》、双塔寺、晋祠、拉面、老陈醋、太钢工业园区、长风商务区、汾河景区等基本元素。应该说选取的元素都属于文化认同符号，但整个片子却让人觉得只是符号的堆砌，并没有看到符号背后深层的文化价值。传媒在传播城市形象时的视角应是全方位、立体化的，而不应陷入单一化、平面化。

（二）受者：空间速度与个人体验的矛盾

“现代城市，其空间形式，不是让人确立家园感，而是不断地毁掉家园感，不是让人的身体和空间发生体验关系，而是让人的身体和空间发生错置关系”①。有人曾这样问道：在一个城市中，当你看不到500年前的影子，看不到100年前的影子，甚至连50年前的影子都找不到时，你会不会感到恐慌？难怪有学者早就指出：当城市的现代性空间正朝着均质化、功能化发展时，建设者常忽略一个事实，那就是空间并非由某种知性表象的规划设计而构成，它首先是被看到的和被展示的。文化作为城市发展中重要的建构性力量，大多数时候也尴尬地处于政治运作和商业运作的派生物的位置，城市空间生产从前并未彰显出足够的文化自觉，当那些凝结着记

① 汪民安：《身体、空间与后现代性》，南京：江苏人民出版社，2006，第129页。

忆的历史沉淀物消失时，人们对这个城市的认同自然大打折扣。

城市是靠记忆存在的，这些记忆构成城市的文化符号。城市集体记忆可以作为空间生产的证据和产物。具体的空间性呈现经常潜藏在人类知觉与感知的复杂再现之中，符号影像、认知地图、观念和意识形态等在塑造社会生活的空间性时也扮演了重要的角色。洛特曼的文化符号学理论认为文化正是一种“集体记忆”，因为人类的生活经验是体现为文化的，文化存在的本身就意味着符号系统的建构以及把直接经验转化为文本的规则。集体记忆文本和集体记忆代码的“长久性”，是文化得以在集体意识里组织和保存信息的基本机制。人是城市的主体，他们需要记忆，需要凝结记忆的历史沉淀物，这些沉淀物以历史见证者的身份超越了其自身的生命周期。“记忆”现在已经是空间研究的一个主题，这也启动了另外一个反向的问题——对空间的某种（集体）遗忘的问题。脱离了符号化原初语境，城市空间主流的高速运转已经让人很难对那些旧建筑的原始意义保留清晰的印象了。当前历史文化名城保护与发展面临的一个突出问题，就是过度的旅游开发和商业开发似乎正应了马克思的那句“一切固定的东西都烟消云散了”。大量迁出历史街区的原住民，将古城变成旅游大市场，使极富地域特色和民族特色的传统文化淹没在喧闹的商海里，尤其对文化遗产保护造成极大的伤害。当城市建设者通过大规模而迅速的空间重组来改变城市面貌时，伴随着空间形态的历史沉积模式的急剧改变，意义建构的传统方式也丧失了确定性基石，出现了“意义之蚀”现象。由此可见，文化认同危机不仅表现在文化认同资源的缺失，更隐藏着个体对城市空间的感知与体验的缺席，甚至价值共识层面也出现了动摇。

三、文化认同危机的深层原因

列斐伏尔等人的一个基本观点是，现代社会正是通过不断地生产和再生产空间关系和全球空间经济，才得以存活至今。多元共生的城市空间建构是透过地理空间、媒介空间、跨国空间等层面，通过不同文本的言说来共同完成的。如今必须承认的现实是，社会和文化的完整性在现代性话语下已遭破坏，全球市场的“同一性”正发挥作用，文化认同的传统机制受到削弱。在传播城市文化的活动中，无论是对于传者还是对于受者，独特的时空语境和交流双方的价值取向对传播活动的成功与否，均起着至关重要的动力作用和杠杆作用。但无论是政策制定者还是传播实践者，往往割裂了传播过程的纵横关系、点面关系、整体与局部关系，过分专注于传播的共时性，忽略了历时性或专注于当下性，忽略了历史性：这是城市化中文化认同危机产生的深层社会原因。

（一）历时性语境：现代化生产的文化断裂

英语世界里，城市（city）与文明（civilization）源于拉丁文的同一词根 cit，对西方人而言，城市就是文明本身。中国社会由传统向现代转型、过渡与发展的过程也是中国城市空间转型的过程。现代性是一个极其复杂的多义性概念，中国的现代性具有地域性和特殊性，时空重组就是其重要表征。当空间生产背后的现代性话语与根植于历史的文化发生断裂时，无论是文化认同还是价值共识都无法得到保证。

在帝制时代的政治意象中，“城市本身就是一种‘文化建构’：城郭被作为华夏文明的象征，城市形态与空间布局是礼制精义的空间展布形式，城墙不仅是王朝威权的象征，还标志着不同群体的身份特征”①。太原是拥有 2500 多年历史文化积淀的古城，虽经多次战火洗礼和历史变迁，老城区内仍遗留下相当多的具有保存价值的历史文物建筑，一些传统街区还保留着明清时期的风貌特征。自 20 世纪 80 年代末期起，太原市开始进行大规模的房地产开发和市政道路拓宽改造建设，有效地解决了居民住房和城市交通问题，但也对传统民居和历史文化环境产生了一定的损害，旧城内的传统平房区域逐渐被现代化的楼房小区所代替，特别是具有北方建筑特色的传统四合院民居在逐步消失，这些民居是“石头的史书”，大都有百余年甚至近千年的历史，蕴含丰富的历史文化信息。太原市规划委员会与 2009 年的《城市总体规划》同步推出的还有《太原市历史街区历史建筑名录》，重点保护“文物古迹比较集中或能较完整地体现出某一历史时期的传统风貌和民族地方特色”的五大历史文化街区和五大历史文化风貌区②。

然而，如何在保护中使其重新焕发生机，如何在合理开发中避免“建设性开发”，太原在以上两方面似乎还有很长的路要走。就单个历史文化

① 鲁西奇、马剑：《空间与权力：中国古代城市形态与空间结构的政治文化内涵》，《江汉论坛》2009 年第 4 期

② 五大历史文化街区分别为南华门历史文化街区、东三道巷历史文化街区、明清太原县城历史文化街区、矿机宿舍历史文化街区、太重苏联专家楼历史文化街区；五大历史文化风貌区分别为文庙——文瀛湖历史文化风貌区、督军府——钟鼓楼历史文化风貌区、城西水系历史文化风貌区、迎泽大街历史文化风貌区、小东门街历史文化风貌区。

街区来看，其保护措施还是仅限于不扩建、保存外观完整性等层面，并未深入挖掘其文化内涵加以发扬。如南华门历史文化风貌区中的民国建筑表面上以灰色调、青砖低层为主，沿街的商铺经过统一规划，招牌为清一色的红底白字，突出了整条街的整体风格，但是这种规划也只是停留在招牌表面，还没有上升到形成明确的指向历史文化氛围营造的层面，而且其经营的内容依然是最普通的生活用品，与"历史文化"并无意义上的关联。这样的保护措施致使所谓的历史文化街区完全湮没于现代化城市之中，甚至与周围景观联系来看时可以发现这些也只是片段性保留，与周围生活空间格格不入，更不要说由此衍生出产业价值和文化价值了。而从整体来看，五个历史街区彼此意义断裂，无法体现城市历经千年历史后形成的城市性格与风貌。一个个历史文化街区或风貌区可以看作一个个"符号域"，根据文化空间理论，在现实运作中，清晰的、功能单一的系统不能孤立地存在，它们只有进入某种符号的连续体中才能起作用。应用在城市结构部署上，就是将单个的空间定义于关系领域中，并将空间的意义置放在这种关系中。太原"历史文化名城"的形象要得到民众的认同，只靠塑造景观上的怀旧符号是远远不够的，需要的是以尊重历史的态度真正将文化资源融入城市生产，正如哈耶克说的那样："传统是应当受到尊重的，因为我们无法按照自己的理性建构未来，只有从以往的传统中演化历史。"

（二）共时性语境：全球化时代的文化同质化

对社会发展而言，社会成员对社会共同体的存在价值、发展目标的共识，即文化认同的形成，无疑是任何一个社会存在、发展的精神基础；对城市化而言，能否形成城市成员对城市的文化认同，无疑也将从文化支撑的意义上决定一个城市的存在样态与发展潜力。在全球化时代，城市空间往往超越了原初意义上的单一空间所指，而形成全球想象。"在消费性社会里，消费逻辑开始控制并主动去创造各种消费需求，进而强有力地控制对城市空间的改造和再改造"（包亚明，2006）。消费主义的逻辑成了社会运用空间的逻辑，消费性场所取代生产性场所，成为城市标志。全球化对地域文化的冲击导致了城市景观的同质化及地域文化的失落，而人们在全球化下的文化想象中也逐渐丧失了对本土文化的认同感。

在太原的城市改造中，我们也可以清楚地观察到消费文化已经成为控制城市空间生产的一种有力手段，"那些与意象、记忆相关的独特的城市生活体验，引领的不再是对地域性的城市生活的鲜活认识，它们只是作为认识不同的城市空间的标签，配合着资金和人员的全球性流动"①。同北京的王府井、上海的南京路、成都的春熙路一样，柳巷一直是太原历史最悠久、最繁华的城市核心商业区，拥有三百多年的商业历史，承载着几代人的回忆。作为中国四大夜市之一、大陆十大商业街之一、华北地区最大的夜市，它是一个城市的地标、一个时代的"背景"，更是太原市向世人展示晋商遗风的一个门面。今日的柳巷建设所追逐的是堪比西单、王府井、南京路的繁荣，然而，在人们心中最富魅力的柳巷则存在于"棚户区""老字号""夜市"的时代。从 1988 年起，因为新规划的需求，"老字号"不得不为现代化让路，陆续搬离柳巷。2003 年，柳巷夜市彻底从太原市民的视野中消失。如今时尚专卖店纷纷进驻柳巷，铜锣湾、贵都等购物中心已成为柳巷附近的新地标，清和元、一间楼、华泰厚、老香村等百年老字号则退出了柳巷的舞台。

时代在发展，社会在进步，城市格局在变化，如果一个商圈和商业街没有独特的地方，没有形成自己的风格和特色，再老的资格、再风光的历史都无法掩盖华丽的褪色。我们无法脱离所处的这个全球化时代而发展，因此，如何在国际资本与行政力量的牵制中保存城市空间的历史性与地方性的生活传统，如何积极地保护自发原生的城市生活形态，其实是生活在全球城市化浪潮中的人们共同面临的难题。

四、城市传播中的媒介进路

"新文化地理学"认为，城市景观和城市空间绝不是中立的功能性空间，而是与权力、政治、特别是人的主体性（如种族、民族、性别、身体条件等）密切相关的文化景观，是人类以城市空间为媒介的意义表达（迈克·克朗，2005）。文化作为一种完整的生活方式、一种话语实践，在其被携带或流动的历史过程中，不是一成不变的，而是有生命力的，文化认同也是不断被创建和塑造的。城市化的推进，不仅意味着城市空间的拓展、城市经济总量的增长、城市人口比例的增加，更意味着深刻的文化转换，意味着新型城市文化、城市认同的建构。在此过程中，由于对本土文化的认知不够和全球化各种思潮冲击等原因，太原在构建"历史文化名城"中产生的文化认同危机对国内很多城市都具有反思意义。

① 包亚明：《消费文化与城市空间的生产》，《学术月刊》2006 年第 5 期。

首先，大众传媒通过报道事实、表达舆论、屏幕呈现直接或间接介入了城市实体空间的建设，作为都市景观的重要构建者，传媒一方面应站在沟通政府与公众的角度上负责提供信息，强化舆论监督职能，及时发现和传播城市发展过程中的各种弊病和不足，为城市内部的发展“保驾护航”；另一方面，着眼于城市的长远发展，传媒还要在对外形象传播中负责提供城市发展信息，为城市发展营造良好的外部舆论环境。

其次，大众传媒构成了一个虚拟的公共空间，这个“想象的共同体”在现代社会中不断被赋予催生舆论、参与公共事务等多重意义。如北京奥运会、上海世博会、太原中博会等从开始申请到取得成功，参会主体空间的传播及城市中的各大媒体对事件的进展情况解读、事件过程中的逸闻趣事、事件实施中的难题解析等所做的连续报道，持续地引发了本城市主体及其他城市主体甚至全民的全程关注、讨论、监督等，而这无形中促成了市民对城市事件的间接参与，增强了市民的文化认同感。

最后，市民与城市的关系是城市发展的永恒张力，因此对于文化认同来说，除了文化符号资源，还有更深一层的公共生活。这就需要媒体积极促进政府、市民之间，市民不同阶层群体之间的对话与沟通，形成良好的互动传播模式，提高公民的信息素养，让作为城市的媒介和城市中的媒介成为社会文明建构的主心轴和策动力。

参考文献：

[1] 江根源，季靖．地区城市形象：传统、权威与刻板印象［J］．新闻与传播研究，2006，(1)．

[2] 包亚明．消费文化与城市空间的生产［J］．学术月刊，2006，(5)．

[3] 简·雅各布斯．美国大城市的生与死［M］．金衡山，译．上海：译林出版社，2005.

[4] 汪民安，陈永国，马海良．城市文化读本［M］．北京：北京大学出版社，2008.

[5] 包亚明．现代性与空间的生产［M］．上海：上海教育出版社，2003.

[6]［英］迈克·克朗．文化地理学［M］．杨淑华，宋慧敏，译．南京：南京大学出版社，2005.

[7]［英］安东尼·吉登斯．现代性与自我认同［M］．赵旭东，方文，译．上海：上海三联书店，1998.

[8]［美］曼纽尔·卡斯特．认同的力量［M］．曹荣湘，译．北京：社会科学文献出版社，2003.

[9]周宪．文化现代性精粹读本［M］．北京：中国人民大学出版社，2006.

[10]汪民安．身体、空间与后现代性［M］．南京：江苏人民出版社，2006.

[11]陶东风，周宪．文化研究·第10辑［C］．北京：社会科学文献出版社，2010.

[12]陶东风，周宪．文化研究·第8辑［C］．桂林：广西师范大学出版社，2010.

[13]［英］鲍曼．流动的现代性［M］．上海：上海三联书店，2002.

[14]陈映芳．都市大开发：空间生产的政治社会学［M］．上海：上海古籍出版社，2009.

[15]［法］亨利·列斐伏尔．空间与政治［M］．李春，译．上海：上海人民出版社，2008.

[16]［美］凯文·林奇．城市意象［M］．方益萍，何晓军，译．北京：华夏出版社，2001.

[17]［美］戴安娜·克兰．文化生产：媒体与都市文化［M］．赵国新，译．南京：译林出版社，2001.

[18]［美］刘易斯·芒福德．城市发展史——起源、演变和前景［M］．宋俊岭，倪文彦，译．北京：中国建筑工业出版社，2005.

[19]王立业．洛特曼学术思想研究［M］．哈尔滨：黑龙江人民出版社，2006.

[20]鲍宗豪，胡以申．文化：国际大都市的灵魂［M］．上海：上海社会科学院出版社，2004.

转型期社会的多元媒介表达与舆论引导

——以城镇化相关舆论为例

周 彤

摘 要：城镇化建设是涉及全体中国人利益的大决策，涉及全社会多层次、多方面的问题。政府的政策、专家的主张、农民的心声、城市居民的看法、境外媒体的关注、社会各阶层民众的意见表达，会使这场新世纪的重大改革任务出现异彩纷呈的舆论景象。从描述意义上看，以“三个舆论场”理论为指导对城镇化舆论的考察中，大致可以看到，《人民日报》忠实地宣传党和政府对新型城镇化的定调，充分利用精英话语指导各地的城镇化建设；草根微博夹杂了各种民间的情绪，总体上贬义大于褒义；像“美国之音”这样的境外媒体瞄准了中国城镇化建设中的种种问题，对中国国家道路和体制的成见持续存在。

关键词：舆论；城镇化；主流媒体；霸权

一、舆论格局的划分：从“两个舆论场”到“三个舆论场”

新华社前总编辑南振中曾提出，在当下中国存在两个舆论场：一个是党报、国家电视台、国家通讯社等“主流媒体舆论场”，忠实地宣传党和政府的方针政策，传播社会主义核心价值观；一个是依托于口口相传特别是互联网的“民间舆论场”，人们在微博客、BBS、QQ、博客上议论时事，针砭社会，品评政府的公共管理①。

作者简介：周彤，安徽大学新闻传播学院博士生。

① 参见人民网舆情监测室．打通“两个舆论场”——善待网民和网络舆论［EB/OL］．http：//opinion. people. com. cn/GB/15119932. html，2011-07-11.

"两个舆论场"的划分客观、真实地反映了新时期我国舆论格局的变化，得到了学界和业界的广泛认同。但还应该指出，新媒体技术通过压缩时空，逐步用时间消灭空间，中国开放的进一步深化使中国与世界的交流日益紧密，麦克卢汉所言的"地球村"时代已然来临。境外舆论场在国内舆论生成、演变中发挥的作用不容忽视。无论是温州动车事故、空气质量问题这些具体公共事件，还是中共十八大和十八届三中全会召开这样的重大时政新闻，境外舆论都发挥了不容忽视的重要作用。因此，我们在"两个舆论场"的基础上增加"境外舆论场"，提出"三个舆论场"概念。要全面、准确地分析目前我国的舆论格局，这三股力量必须综合考虑：一是由党和政府掌握的党报、党刊、国家、省（地）市级电台、电视台以及附属的市场化媒体（包括市场化媒体的新媒体平台）所形成的官方舆论场；二是以新媒体中的自媒体为依托，以草根用户发声为代表的民间舆论场；三是全球化背景下的境外舆论场。

二、《人民日报》关于城镇化报道的分析

新闻是人们了解世界的窗口。塔奇曼在《做新闻》一书中指出，新闻网、新闻类型及事实网构成传播界筛选客观世界的框架，这个新闻框架是助人认识世界的无知之意识形态的具体范例。从社会建构论的视角来看，新闻框架形塑了媒体对社会的认知，也形塑了受众通过新闻图景对社会图景的认知。媒体通过由"已有认识""筛选""强调""排除""规则""重组"等框架策略建构了一个媒介社会，通过持续不断的信息流告诉我们这个世界在发生什么，并赋予每个事件意义。

在研究《人民日报》关于城镇化的报道中，笔者拟从内容分析角度探究《人民日报》到底建构了一个关于城镇化怎样的新闻框架，它的议题分布、话语源分布，传递了怎样的城镇化声音。"城镇化"成为社会热词之前经历了充分"等待"的过程，《人民日报》2004—2013 年关于城镇化报道的篇数共计 400 篇，分布情况如图 1 所示。

2012 年 12 月，中央经济工作会议召开，其中"城镇化"被视为扩大内需的最大潜力所在，城镇化上升为"最大的改革红利"和"新的经济增长点"。中央经济工作会议召开前期的政府吹风、社会热议、各界解读，让城镇化概念在社会上拥有了足够的讨论空间。在社会各界翘首等待中央城镇化工作会议尽早召开时，中央层面似乎刻意降低了城镇化的调子，

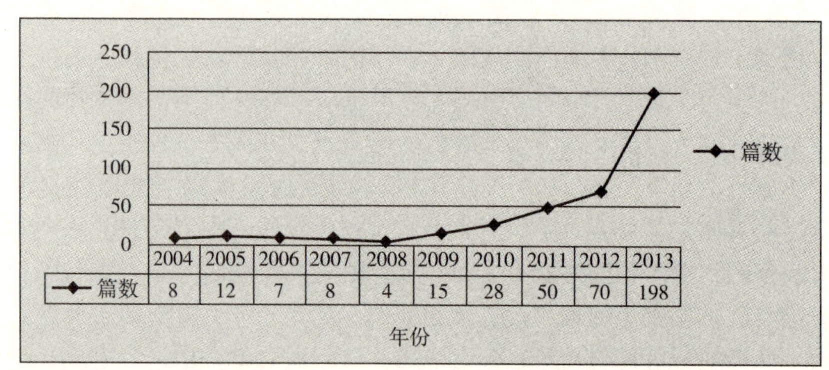

图 1　《人民日报》2004—2013 年关于城镇化报道的篇数统计

《人民日报》在 2013 年下半年连续推出 11 次新闻策划“关注城镇化中的不良倾向”。

（一）新型城镇化是什么：《人民日报》建构的城镇化议题

1. 人的城镇化——新型城镇化最重要的改革方向

城镇化实质就是人口向城镇集中的过程①。从对中国城镇化发展历程的梳理中不难发现，新阶段的城镇化相较于以往最突出的就是“人”字，强调城镇化的质量，从而着力解决悬而未决并制约城乡一体化的体制难题。在考察的 81 条样本中有 10 条样本的标题直接写入“人”字，在报道中强调“人”在新型城镇化建设中重要地位的表述比比皆是：

加快推进城镇化，必须着眼于满足人的需求、促进人的发展（《积极探索城镇化新路》），摘自《人民日报》2012 年 10 月 17 日。

推进城镇化，应坚持以人为本、立足改善民生（《同步化、特色化、人本化支撑新型城镇化》），摘自《人民日报》2013 年 1 月 13 日。

幸福城市必定是以人为本的城市。城镇化实质上就是让更多居民享受幸福生活的过程，不仅市民更幸福，而且农村转移人口也能获得同样的幸福感受（《以人为本是新型城镇化的实质》），摘自《人民日报》2013 年 1 月 13 日。

实现“人”的城镇化，关键是提高“人”的生活质量城镇化（《“人”不能掉队》），摘自《人民日报》2013 年 1 月 18 日。

---

① 参见新型城镇化百度百科［EB/OL］. http：//baike. baidu. com/view/3349463. htm？ fr = wordsearch

推进城镇化，核心是推进人的城镇化，关键是提高城镇化质量，目的是造福人民群众（《城镇化：破解难题、提高质量》），摘自《人民日报》2013年1月27日。

让每一名农业人口享受到和城市一样的公共服务（《城镇化要补齐农村公共服务短板》），摘自《人民日报》2013年3月5日。

“人”是城市的灵魂，应按照人的生活习惯和便利来设计和构造城镇（《避免千城一面》），摘自《人民日报》2013年3月8日。

…………

十八大召开前期，《人民日报》刊载评论《新型城镇化让生活更美好》，给我们展现了新型城镇化建设中重视“人”、关注“人”，从而带来美好生活的美丽画卷：

> 在“乡村中国”向“城镇中国”的华丽转身过程中，比速度、规模更值得我们骄傲的，是城镇化的质量：
>
> 交通更顺畅、出行更便捷、住房更宽敞，基础设施显著改善，让生活质量大幅提高；
>
> 就业有着落、养老有保障、医疗能报销，公共服务更趋均等，让百姓共享发展成果；
>
> 绿地增多了、河水清澈了、污染减少了，坚持建设“两型社会”，让城市环境更加宜居。
>
> 回望10年，从城市优先到城乡协调，从高能耗城镇化到新型城镇化，从“土地城镇化”到“人口城镇化”，科学发展理念贯穿始终。

党的十八大提出，加快改革户籍制度，有序推进农业转移人口市民化，努力实现城镇基本公共服务常住人口全覆盖。《人民日报》通过报道策划“城镇化，我期待……”选取“70后”“80后”“90后”农民工代表的期望，阐述新型城镇化过程中要重视社保、教育、住房等民生问题，切实落实城乡公共服务的均等化。

2. “最大的改革红利”——新型城镇化道路之于当下中国的意义

十八大《报告》将新型城镇化纳入国家“新四化”建设。2012年年末的中央经济工作会议，“城镇化”首次被列为全年国家经济工作的主要任务。时隔一年，中央召开中央城镇化工作会议，城镇化上升到中央工作会议的层面，无疑更加强调其在当前我国经济社会发展中的重要地位。就其重要意义而言，可以从《人民日报》相关报道所引的话语表述中看出。从经济层面来看，强调“城镇化是实现现代化的必由之路，也是当前扩内需、保增长的重要着力点"[①]"城镇化是未来经济成长的引擎"[②]。

从社会改革层面来看，强调城镇化是中国当前改革的最大红利，是"中国未来几十年最大的发展潜力所在"[③]，并将城镇化视作"全面建成小康社会的载体之一和经济发展方式转变的重点之一"。

从中国发展战略角度来看，强调城镇化是中国发展的大战略，是"现代化的应有之义和基本之策"[④]，是我国现代化建设的历史任务。

3. 全面支持——新型城镇化建设的各方动员

城镇化必然涉及大量的资金投入，半年间，《人民日报》在要闻版和金融特刊推出四篇关于城镇化建设金融行业动员情况的报道：《国开行逾半新增贷款投向城镇化》《周小川：城镇化融资可考虑资产证券化市政债》《开发性金融给力新型城镇化》《为新型城镇化提供全方位金融服务》，无不在传达国家金融部门已经做好为城镇建设提供投融资服务的准备。

全国两会上，来自地方政府的"一把手"纷纷亮相《两会特刊》，一谈城镇化建设中的问题和不足，二谈地方的创新性举措。梳理一下不难发现，地方官已着手在"城市布局规划""地区性重大基础设施建设""公共文化服务建设""外地务工人员社保、医保、子女教育一体化""征地返还"等方面结合地方实际做了探索试验，并在两会上交流。

半年间，《人民日报》长篇刊登地方官员关于城镇化的理论解读 3 篇，《两会特刊》单独报道地方官员关于城镇化言论的有 12 篇，在官方舆论场上营造了地方政府高度重视城镇化建设，全面贯彻中央城镇化政策的舆论氛围。

4. 重"新"弃"旧"——避免城镇化建设的误区

搜索《人民日报》半年的报道，除了一篇评论员观察《高房价非城镇化之福》，笔者没有发现其他关于城镇化的负面报道或者批评报道。针对城镇化建设中实际产生的问题，《人民日报》一般引用专家学者的解释或者高级官员的政策解读，采用"城镇化'不是……''不能……''不要……'"的报道思路，提醒地方应尽早纠正对城镇化的片面认识和错误做法。

同时利用"蹲点·沉下去""观察中国·探路新型城镇化"的报道策划，连续用三个否定句作为整版报道的标题（"城镇化，不要急着脱离乡

① 易炼红．积极探索城镇化新路［N］．人民日报，2012-10-17.

② 朱磊，何聪．关注城镇化［N］．人民日报，2013-3-6.

③ 张尧学．新型城镇化，关键是质量［N］．人民日报，2013-3-10.

④ 叶琦．以市场化改革激活"城镇化红利"（人民时评）［N］．人民日报，2012-12-18.

土”“城镇化，别光想着把城铺大”“城镇化，不能‘化’成一个样”)，让人警惕城镇化中的不良倾向。笔者发现，半年中，关于城镇化的报道，《人民日报》使用否定句做标题的篇数占到样本总数的1/5。否定的对象集中在“城市规模地域的盲目扩张”“城市建设的千城一面”“二元对立的僵化思维”“GDP崇拜”等。可见，在这些领域，中央级媒体已经觉察到某些地方上做法的盲目急切、不切实际，但是从造舆论、支持中央新政的角度，《人民日报》将批评色彩淡化，通过不断引用“高层发声”和“学术话语”给各级政府的城镇化“蛮干”提个醒。

（二）城镇化的声音：谁在《人民日报》上发言？

图2反映的是《人民日报》城镇化报道中的话语来源分布，该图仅是粗略的统计，统计依据为相关信源在报道中出现的次数，还并未涉及不同信源在报道中的篇幅。由图2可见，政府、官员和专家学者的出现频率最高，基层民众的话语占比较低。在报道体裁上，《人民日报》直接援引专家、官员撰写的理论、专访、社评有28篇，占到总篇数的三分之一。一定程度上说，《人民日报》在关于城镇化报道中体现了官方话语和精英话语。

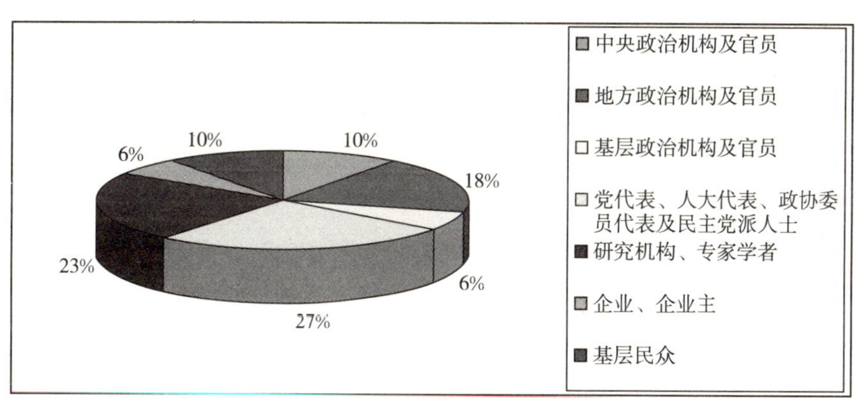

图2　《人民日报》城镇化报道话语来源背景分布

《人民日报》作为中央级党报，政策宣传、政策解读是其使命。十八大上新型城镇化上升到“新四化”的高度，《人民日报》需要培养全社会对城镇化建设的支持，自然要扮演传统党报的“鼓动者”和“宣传者”的角色。相关报道融合了党政高层对于新型城镇化的定调：城镇化是当前最大的改革红利，但要走出有别于以往的新路。

2009年以后，以城镇化研究为名在全国各地成立的研究中心也像雨后春笋一样地冒出，《人民日报》的理论版、评论版的文章很多出自这些研究中心。专家学者和围绕新型城镇化召开的若干次全国性学术论坛，在《人民日报》上有很大的空间，他们无疑充当着中央“新型城镇化”解释者的角色。全国政协、民主党派在中国发挥着建言献策的重要作用，他们广泛联系社会精英阶层，与高层政治决策圈、学术圈、企业家群体、社会知名人士等有广泛联系。《人民日报》连续对民革中央副主席、台盟中央主席、政协常委的专访，实际也是在借用政协、民主党派的作用为社会做新型城镇化的解读。

就官方舆论场媒体而言，专家资源、民主党派资源意味着可信度、权威度与某种相对于政府的公共性和独立性[①]。通过借用学术话语、民主党派话语丰富官方话语的内涵，既从知识层面给“新型城镇化”定义，又依赖学术话语、官方话语、媒体话语的组合运用给“新型城镇化”释义。可以说，《人民日报》娴熟地将学术话语中的专业成分移植到官方话语中，利用学术话语来佐证自己论证的有效性和权威性[②]。

虽然在考察的时间内，《人民日报》有两次大型的面向基层的报道策划——“蹲点·沉下去看中国”“城镇化，我期待……”但在援引消息源时，鲜见基层民众的声音。报道主题基本上是城镇化建设给老百姓带来的实惠，以及“三农”相关的产业得到政策支持、资金支持得到发展等。基层企业主的发声在《人民日报》上常见，发达地区城镇化做得好，百姓受益，他们的声音也有，但基层民众的声音尤其是中西部地区农民的声音在中央级媒体上严重不足。

三、微博关于城镇化话语的媒介呈现

（一）草根微博中城镇化的舆情观察

笔者以“城镇化”为关键词，利用微博搜索工具搜索 2012 年 10 月 1 日至 2013 年 3 月 31 日微博条数共计 1903440 条。由于数据容量太大，进行二次抽样，在时间节点内以每晚 7 时至 9 时转发量转发超过 500 次的微博作为研究样本，剔除重复微博、官方媒体微博，省略相似微博，仅考察原创微博，共收集 567 条有效样本。通过对样本的梳理，我们可以看出微

① 赵月枝．传播与社会：政治经济与文化分析［M］．北京：中国传媒大学出版社，2011：219.

② 胡永琦．社会话语与政治转型窗口［J］．中共南京市委党校学报，2011，(3)：85.

博舆论场中城镇化舆情主要集中在以下几个方面：

1. 拆迁、征地、房地产问题

城镇化建设必然涉及土地征迁，因拆迁利益补偿问题酿成的群体性事件近年来呈现多发态势。微博舆论场中“拆迁”议题的矛头一般直接指向基层政府，涉及的问题主要有：拆迁方式粗暴、非人性化；征拆不合法、不公正；政府和开发商联合与百姓谋利等。

3 月 31 日，河南中牟的铲车肇事案件，引发民间舆论质疑，境外媒体也介入报道（“美国之音”连发三篇文稿，将其比作河南“钱云会案”，直指中国基层严峻的官民矛盾），影射交通事故的原因在于城镇化中地方政府拆迁过程中的“蛮干”，罔顾百姓生命。在考察时间内，几乎涉及土地征拆问题的帖子均为贬义，不夸张地说，37 条“涉拆”网帖在这个问题上呈现的是一幅“官逼民怨”和“民不聊生”的景象。

同时，不少网友质疑城镇化的快速推进，必然会扩大转移人口对城镇商品住宅的需求；中央层面的加快城镇化意志，地方释放的提高固定资产投资信号进而加剧房地产市场的泡沫，进一步抬升房价。房价居高不下，民怨沸腾已久，由微博“意见领袖”发起或转发的房价继续攀高的帖子，民间舆论场拍砖、抱怨声不断。

2. 政府形象、工作作风及腐败问题

这类微博样本集中反映当前我国基层政府工作作风浮夸、工作态度差、组织机构臃肿、官民对立等问题。12 月 11 日，微博“思想聚焦”一个帖子“终于知道一个县多少机构了”，引发过万次转载，网友细数县级单位的标配单位有 100 多个，而且许多单位权责不清，对于人口量少、经济基础薄弱的县城，如此多的政府机构无疑增添了大量的财政负担。

贴上官民矛盾标签的帖子很容易在微博场域中扩散，这类微博反映的问题集中在拆迁、暴力执法、房地产开发中的官商勾结上。由于缺乏通畅的权力监督机制和意见诉求表达机制，基层民众在遇到“官民”矛盾时，“发帖爆料”成了最直接的手段，加之民间“仇官”情绪，相关帖子的火热度在微博舆论场中持续“高烧不退”。

3. 不切实际、缺乏规划的城镇化“蛮干”问题

这类微博关注的问题集中在城镇化进程中基层政府违背发展规律和百姓意愿所做的“强制上楼”“征地建厂”“毁田造屋”“撤县并市”“撤县并区”等做法，且许多原创微博有配图。

可以说网民反映的这些问题，的确大部分都存在。由于盲目规划，项目大量上马，房地产过度开发，高楼林立，入住率却低得可怜；马路宽阔，却

人少车少，如“鬼城鄂尔多斯”在微博舆论场中被讨论次数最多（传统媒体也大量报道），类似景象也出现在多地新建的城区中，微博样本中，江苏常州、内蒙古鄂尔多斯、云南呈贡、广西北海被网民提及次数最多。

4. 知识分子积极发声，为城镇化建言献策

自由主义知识分子和新左派知识分子在其中的发声最为抢眼，他们在这场事关中国命运的大潮中的对话交锋，所表达的乡村治理、国家治理的理念，直接影响到国家领导层对新型城镇化建设的“顶层设计”。茅于轼、辜胜阻、于建嵘、郎咸平、刘胜军、许小年等人关于城镇化的观点在微博舆论场中反响度较高，这些学者的观点大多具有“高屋建瓴”性质，站在社会发展和国家发展道路的角度，围绕土地资本化与小农经济、政改与经改的关系、国家政权与乡土结构、土地资本化与新乡土主义、城镇化与乡村建设、城镇化与公民社会等展开讨论。更有一批学者效仿当年梁漱溟、晏阳初等人的乡村建设实践直接参与城镇化（新乡村、乡土）建设中，并在微博空间中引起反响（如周瑞金，笔名皇甫平，海南大丛黎族村庄建设；于建嵘挂职贵州兴义市则戎乡担任安章村村长助理等）。同时，包括一些体制内的官员在微博场域中大胆发声，表达出与官方话语不一样的见解。

四、机遇？风险？——《人民日报》城镇化报道和微博舆论的主导框架分析

排除微博舆论场中的极端民粹主义、网络语言暴力，官方和民间话语在探讨中国新型城镇化中有两个或隐或现的框架，笔者将其总结为“机遇”框架和“风险”框架。机遇框架对这场政府主动推动的城镇化建设持乐观态度；风险框架摒弃了官方的定调，针对实际问题，提出的担忧大于对政策的支持。

“机遇”框架，围绕城镇化释放巨大红利，是深化改革的重要抓手，是拉动经济的有力引擎等叙述展开。我们从对《人民日报》半年来的城镇化报道和话语源的分析中不难看出，这种框架是《人民日报》城镇化报道的主导框架。这种报道框架回避了有关“城镇化是结果并非是手段”“谁该主导城镇化”“当前中国社会比城镇化更重要的是什么”等问题的探讨，着重讨论“如何做”和“不该怎样做”的问题——比如：如何实现人口转移；如何实现公共服务均等化；如何拉动内需；如何培育承接人口转移的

新兴产业；如何减少环境发展成本等。在这样的框架下，话语主体集中在中国官员、政府智库、房地产开发商和大中型企业主。他们是宏观城镇化政策制定者、政策落实的直接推动者，为城镇化“绘蓝图”“造饭碗”。

需要指出的是，这种框架并不都是正面报道，也有批评报道，比如《人民日报》“沉下去，观察中国”的三篇报道策划，就是对地方政府超前和冒进的城镇化做法的提醒，如其在文章中的发问：农民入城，享有城市户籍，但城市中相应的配套准备好了吗？各地尤其是中西部地区的产业培育达到了哪一步，城市有能力为大规模的人口转移提供就业岗位吗？“机遇”框架不争论城镇化本身，而是充当“师爷”角色，为各级政府出谋划策，或者对地方政府不当做法“提个醒”，这是在“机遇”框架下新闻类型化处理的一般方法。

面对各地大规模城镇化建设中暴露出的种种问题，“风险”框架的话语叙述的基调是担忧。对问题的担忧，实质隐含话语主体对这场政府主导的“去乡村运动”的担忧。当然城镇化是不可逆的趋势，这类叙述大多不在于反对新型城镇化中的种种改革，而是对“中国特色城镇化”道路的审慎乐观。“风险”框架的话语叙述，抛开了官方对城镇化重要意义的定调，既关注实际存在的问题，又对城镇化本身提出反思。

反思一：国进民退，政府主导，导致权力滥权。

投资主导的城镇化建设会导致国民经济比重进一步失调，并加重行政权对市场的干预。2008 年金融危机之后，中央政府 4 万亿投资提振经济的方案曾遭到市场自由主义知识分子的微词，面对这场大建设，政府到底是裁判员还是运动员，新阶段的市场化改革是否因此而停滞，自由主义学者对此表示担忧。

反思二：比城镇化更重要的是“深化改革”和民主宪政。

虽然两者并行不悖，但是改革未成，城镇化难有新突破。十七大之后日益高涨的民主政治改革的呼声不断，而新一届政府上台之初就以城镇化作为执政主题，这无疑是对“政改”声音“分散注意”的做法。

城镇化直接面对的是中国的“三农”问题，实际解决的是 6 亿多农业人口向城市的转移。新世纪后，城市扩张，GDP 以每年超过 9% 的速度增长，人地矛盾日益突出，各级政府垄断土地交易一级市场，通过土地财政实现政府收入的大幅增加。新型城镇化中，农民土地以何种形式参与土地市场，实现利益分配。其中体制顽疾、观念顽疾以及利益分配的僵化格局成为城镇化中的需要着力破解的难题。土地、户籍，成了制约农村深化改革的瓶颈，突破这个瓶颈，不少民间舆论认为政治体制改革必须跟上经济改革，甚至认为当前最重要的是提高现有城镇化质量，而其中最重要的一条就是政改。

反思三：何处安放的“乡愁”。

国内思想界，尤其是新左思潮在其中颇有代表，这是在“风险”框架下对中国城镇化模式的反思，现实观照是低质量的城镇建设、“千城一貌”的城镇化布局和农村乡土气息的消失。30 年中国改革遵循的是市场化和新自由主义逻辑，当市场主义全面侵入农村，土地实现资本化，中国乡土社会独特的社会结构、人际维系被资本浪潮冲击得“粉碎”，中国国人的乡愁将变成永远无法治愈的乡痛。在商业逻辑下，乡村所具有的悠久的历史传统和本土气息的文化形态在城镇化浪潮中冲击得几乎荡然无存，城市商品社会制造出来的流行文化、不切农村实际的生活方式和价值观却已渗透到农村的每一个角落①。

民间舆论场中“风险”框架下的城镇化的话语是有意义的，对官方舆论场的影响也是直接的。《人民日报》关于城镇化的批评报道虽然在笔者统计的这半年的报道中篇幅、数量都较小，但在下半年的报道中明显增多，共推出 11 次新闻策划关注城镇化中的负面问题，给各地不切实际的城镇化建设之风提出批评。直到 2013 年年末才召开的中央城镇化工作会议提出六大任务②，积极吸纳了民间舆论场中关于城镇化的话语叙述。

五、“美国之音”网站关于城镇化的对华报道分析

（一）基本呈现

笔者以同样的时间节点，利用“翻墙”软件，以“城镇化”为关键词在“美国之音”网站上检索，选择具有典型代表意义的文章做主题分析，

---

① 住房和城乡建设部课题组．“十二五”中国城镇化发展战略研究报告［M］．北京：中国建筑工业出版社，2011：74

② 中央城镇化工作会议 12 月 12 日至 13 日在北京举行，会议提出推进城镇化的六项主要任务：推进农业转移人口市民化；提高城镇建设用地利用效率；建立多元可持续的资金保障机制；优化城镇化布局和形态；提高城镇建设水平；加强对城镇化的管理。会议公报中出现“城镇建设，要体现尊重自然、顺应自然、天人合一的理念，依托现有山水脉络等独特风光，让城市融入大自然，让居民望得见山、看得见水、记得住乡愁；要融入现代元素，更要保护和弘扬传统优秀文化，延续城市历史文脉；要融入让群众生活更舒适的理念，体现在每一个细节中”。这些话语在民间舆论场引起热议，得到网友好评。

见表1所列。

表1　图外媒体对中国城镇化的评价

文章标题	时间
主要观点	
2013年中国经济能否恢复稳步增长	2013年1月13日
1. 新政府的执政重点是城镇化； 2. 投资比重过大已严重影响中国经济质量； 3. 引用国内学者观点：城镇化能增加农民收入和消费，扩大内需，拉动经济增长。	
观点：习总的哈姆雷特之困：反腐败，还是不反？	2013年1月30日
1. 城镇化的一个焦点是“房子”，不仅是经济的，还是政治的，更因其与民生有关，还成为民怨的聚集点。 2. 反腐高压下官员抛售房产，没有公职人员的“以权谋私”炒房行为，中国土地财政难以为继。	
中国城镇化系列报道一：关键在户口	2013年2月3日
1. 户籍制度改革是中国城镇化建设的关键； 2. 城乡二元户籍制度是中共统治的支柱，也是改革开放后中国经济发展的基石； 3. 户籍改革阻力大，不能拿出一套完整行之有效的“改革蓝图”。	
中国城镇化系列报道二：高楼大厦和棚户区并存	2013年2月5日
1. 城中城、棚户区在现在中国普遍存在，对这些地方的改造是破解城市二元结构的关键； 2. 中共建政以来，长期存在城乡户籍差别，破除二元体制“户口是纲，纲举目张”。	
时事大家谈：中国推动“新城镇化”的难点	2013年2月7日
突出的评论观点：1. 中国城市产业发展不足，不能容纳转移来的大量市民；2. 高房价成为农民进城的“拦路虎”。	
观点：无就业，“新城镇化”＝制造流民	2013年2月7日
1. 近十多年的城市化进程，是房地产业对土地需求激增导致的“伪城市化”，是政府、房地产开发商与银行合作围绕土地的牟利； 2. 中国经济现在存在无就业增长的窘境；如果没办法解决被城镇化的农民的就业问题，城镇化会制造更多的城市流民。	
中国没有“贫民窟”的虚荣后面	2013年2月12日
1. 公民自由迁徙权是基本人权，中国没有贫民窟是对这一权利的侵犯； 2. 政府用有形的区隔（户口制度），社会用无形的区隔（城市的高房价与高价格的公共服务）剥夺了高达数亿人口的基本权利。	

（续表）

<table>
<tr><th>文章标题</th><th>时间</th></tr>
<tr><td>时事大家谈：中国的城镇化与都市贫民窟</td><td>2013 年 2 月 28 日</td></tr>
<tr><td colspan="2">1. 中国人畸形的财富观使贫民窟从社会的丑陋现象革命性地升华为稀缺的宝贵资源；
2. 中国没有私人财产权、自由迁徙权以及与市民享受同等权利；
3. 政策性福利房被权力消化，普通民众难得其惠。</td></tr>
<tr><td>推进城镇化中国面临社会、财务危机</td><td>2013 年 3 月 7 日</td></tr>
<tr><td colspan="2">1. 中国城镇化可能因恣意扩大财务支出，导致金融危机；
2. 农民向市民转变，社会福利保障制度面对巨大压力。</td></tr>
<tr><td>美议员：美中只能处于长期竞争状态</td><td>2013 年 3 月 8 日</td></tr>
<tr><td colspan="2">环境污染和大量流动劳工问题是中美竞争中中国的劣势所在。</td></tr>
<tr><td>“两会”观察——中国人对未来的怕与盼</td><td>2013 年 3 月 8 日</td></tr>
<tr><td colspan="2">1. “三驾马车”将要熄火，政府寄希望城镇化中的房地产成为拉动经济的力量；
2. “底层革命”在积蓄力量，如果新城镇化不能实现，中国将会出现动荡。</td></tr>
<tr><td>观点：“中国梦”是谁之梦？</td><td>2013 年 3 月 18 日</td></tr>
<tr><td colspan="2">中国经济增长建立在资源消耗、环境破坏甚至人命践踏上，“带血的 GDP（煤、矿等）与带毒的 GDP（污染企业）轮番成为经济支柱，目前只剩下一个世界上最大的房地产泡沫，还被包装成‘新城镇化’，准备用来引领下一个五年的中国经济”。</td></tr>
<tr><td>看天下：土耳其：放松对库尔德语限制</td><td>2013 年 3 月 18 日</td></tr>
<tr><td colspan="2">城镇化政策使库尔德语言受到了威胁，土耳其的多元民族特色日趋消减。</td></tr>
<tr><td>河南强征压死人，制造中原钱云会</td><td>2013 年 3 月 28 日</td></tr>
<tr><td colspan="2">土地纠纷导致“铲车铲人致死”事件发生，直指城镇化中地方政府和开发商“合谋”，漠视百姓生命。</td></tr>
<tr><td>“天然气预购”的背后是什么？</td><td>2013 年 3 月 30 日</td></tr>
<tr><td colspan="2">1. 城镇化建设作为新的施政重点，需要巨额资金投入，量化货币政策难以为继，政府需“广开财路”；
2. 地方财政吃紧，地方政府巧立名目向企业预征预缴税收，增加企业负担；
3. 天然气债券化是当前中国地方财政寅吃卯粮、捉襟见肘的反映。</td></tr>
</table>

从报道数量、篇幅上看，美国之音对中国城镇化的关注较国内舆论相对滞后，笔者在检索中没有发现 2012 年 10 月至 12 月 3 个月间有对中国城镇化问题较为长篇、系统的报道，而从 2013 年 1 月下旬开始，相关报道渐渐变多，形式也变得多样，新闻报道、特约评论员文章、时事大家谈等围

绕中国城镇化建设有不少讨论。

（二）“美国之音”关于中国城镇化报道立场与主题分析

从报道立场上看，“美国之音”对于中国城镇化的报道基本上持负面态度，否定中共建政以来城镇化成果，强调城乡二元对立问题的严重，对新一届党和政府提出以新型城镇化作为执政重点的前景不看好。

从报道主题上看，有明显的偏见选择，集中在中国的腐败问题、人权问题和土地征迁问题。具体来说，可概括为以下几个方面：

第一，大量篇幅批评城乡二元户籍制度，强调其剥夺人权。比如在《中国没有“贫民窟”的虚荣后面》一文中，作者写道：“中国没有形成东南亚或拉美式的贫民窟，表面上似乎是‘成就’，但细究起来，却并非中国的光荣，因为印度、巴西等国的贫民窟正好彰示了这些国家贫民的人权状态优于中国。”① 作者认为，中国没有出现像其他发展中国家一样的贫民窟现象是因为政府通过户籍制度限制农村人口取得城市户籍，限制他们享受公民社会保障和福利待遇，“为了保证城市的‘干净’，牺牲了中国农民的自由迁徙权”②。在其他文章中，还可以看到更为严厉的指责：“当局长期歧视农民的政策……成了共产党统治的社会中不可或缺的社会组织手段，也成了今天共产党政府发展经济的基石。”③

第二，质疑中国经济发展质量和产业培育能力，认为城市经济难以承接大量的人口转移。中国经济长期建立在投资和出口上，利用巨大的廉价劳动力和政府大规模投资来拉动经济。城镇化意味着人口的城市流动，城市成本必然远高于农村，而失去巨大人口红利的中国经济经不起这样的转型考验，增加转移人口收入缺乏因应的产业。同时，中国地方政府背负巨额债务，投资效应难以为继，甚至为了化解债务危机，不惜增加税负，让中小企业陷入更大窘境。

第三，以中国腐败严重为由对城镇化政策落实持负面态度。文章《习总的哈姆雷特之困：反腐败，还是不反?》针对十八大之后习近平总书记的反腐举措，作者提出相当大的质疑，认为中国房市和官员贪腐之间已经形成利益链条，反腐会直接影响中国楼市，中国房地产泡沫会被挤破，将重创中国经济。

---

① “美国之音”2013 年 2 月 12 日报道，引自何清涟博客《中国没有“贫民窟”的虚荣后面》。

② 同上

③ “美国之音”2013 年 2 月 3 日报道《中国城镇化系列报道一：关键在户口》。

突出当前中国社会的各种矛盾，强调中国社会的“官民对抗”“社会压制”“权贵合谋”，这种类型的文章在美国之音上大量存在，以当前社会突出矛盾作为诉求点，瞄准老百姓心理防线最为薄弱的贫富差距、体制内外不对等，直接攻击中国政治模式和社会制度。如《“中国梦”是谁之梦?》具有浓厚的反华色彩，强烈质疑中国体制和中国发展道路。

（三）对“美国之音”关于城镇化议题对华报道的评价

美国之音对华报道的基本套路就是放大中国问题，聚焦社会负面，戴着“有色眼镜”看中国。在给美国之音撰写评论的人员中，有很大一部分是海外“民运”分子，质疑中国体制、质疑中国发展道路、质疑中国民主人权是他们的惯用套路。如在这段时间何清涟的撰文被美国之音引用得最多，而她的评论也最有“杀伤力”。

当然，要辩证地看待美国之音对华报道，城乡二元体制、腐败问题、土地拆迁问题在中国的确存在。虽然没有所言那么严重，或做过分的联系——上升到体制的颠覆角度，但是这些问题引发的民间舆论场的表达、抗争已然存在。他们也正是利用了民间情绪，包裹西方“自由”“民主”的外衣表达对中共体制的不满，进而攻击国家政权。

要看到的是，民间舆论场和境外舆论场在群体性事件的舆论呈现上有交织现象。在考察的时间范围内，河南中牟的铲车肇事农民致死事件，在境外舆论场与民间舆论场中显著地存在，而且诉求点相同，都放在底层百姓无力的抵抗和政府开发商“权”与“利”的合谋。境外舆论场以“政治权力驱动下的权贵资本主义”来描述当前中国的社会体制，类似问题正好给了他们一个借题发挥的空间。民间舆论场憎恶权力与资本的合谋以及官商对底层百姓生命安全的漠视，“仇官”“仇富”是当下社会的普遍情绪，借由此事件网上鞭挞之声不绝于耳。然而，事件真相果真如此吗？据当地警方的调查，这是一起过失交通肇事事件，死者当时血液酒精超标，处于醉酒状态。美国之音将此事件联系浙江乐清的“钱云会案”，借此说明中国“官民对抗”的严重。而“钱云会案”的后续勘验表明，钱案也是一场普通的交通事故，与之前媒体“权贵嚣张枉顾人命”报道的说法大相径庭。此时“美国之音”还引用错误的报道，明显存在歪曲事实之嫌。

六、结　　论

中国社会历经 30 多年的改革开放，社会利益主体多元、利益诉求多元、利益表达多元是基本现状，而任何社会离不开作为“社会凝聚力”存在的“共同体”，体现在社会舆论上，“多元表达”与“一元主流”将是舆论常态。强调“多元表达”是正确体察社会转型、技术变革和对外开放导致社会话语空间扩大的现实；强调“一元主流”是认识到作为意识形态存在的社会舆论对于社会稳定、政权统治、国家治理的重要意义。

以“三个舆论场”作为理论模型考察城镇化舆论中，我们的确看到了在社会重大关切中，不同媒介表达所形成的舆论多元样态，也看到了主流媒体渴望塑造主流舆论用于调动新型城镇化建设全民力量的努力。然而，三个舆论场之间的对抗与博弈持续存在，官方舆论场与民间舆论场在重大社会关切的舆论生成上时而重合、时而冲突；民间舆论场与境外舆论场在“民声怨、官方压”的事件舆论生成中表现得异常活跃；官方舆论场和境外舆论场，在关乎国家道路和意识形态上的较量持续存在；同时，境外舆论场积极参与类似城镇化建设这样的国内重大事件上，对官方舆论场和民间舆论场产生较大影响。

当前舆论格局下，企图用一方力量压制另一方的做法已不可行。舆论治理的目标就是要在保持主流媒体对舆论格局引导能力的基础上，在舆论场互动中累积“合奏共鸣”的默契，寻找舆论场间的“动态和谐”。而舆论治理与社会治理密切相关，这当中需要政府的参与、媒体的参与，更需要每一位公民的参与。

从“小隐于村”到“中隐于市”（上）

——传播视野中的合肥艺术家村打造与农村城镇化

刘高见

摘 要：研究案例是合肥市的两处文艺空间：城郊的崔岗艺术家村和市区的“中隐于市”艺术街区，前者有赖于农民市民化的有力驱动，后者则是城中村改造的别样路径，他们暗含的都是城镇化问题。在传播学的视野中，文艺空间的打造之于城镇化既意味着原有人际关系的变动，也意味着以往城市/乡村面貌的变迁。文章分为上下两篇，由不同的研究者分别撰写，上篇以崔岗村为例，着眼于勾勒从乡村社会解体到艺术家村创设的脉络；下篇以“中隐于市”艺术街区为例，着眼于城中村改造中艺术街区的打造这一路径的意义。

关键词：文艺空间；城镇化；合肥；崔岗村；中隐于市

中国现代化的进程是伴随着城镇化的进程展开的，城市与乡村的二元经济体发展也已经纳入改革的进程当中，乡村在城镇化的进程中应该如何有效地、因地制宜地发展，是乡村发展必须解决的一个问题。农村城镇化的问题，是时代的潮流，是关乎农村发展的主要环节。

围绕着乡村发展与乡村传播的理念，乡村社会的人际交往关系不仅仅是一个社区内的人际交往，乡村的发展与乡村人口的流动是分不开的。首先，中青年群体已经渐渐向城市靠拢，逐渐融入城市生活，随着城镇化过程中存在的各种各样问题，事实上，这个群体已经渐渐远离乡村。其次，乡村的发展道路不是一味地走出去，仍然有乡村本地的一些人寻求发展出路，因此乡镇企业与乡村旅游应运而生，成为吸引大批游客的主要行业。乡村人际交往关系的变动反映着农村的发展变化和格局变迁，一个乡村共同体的交往是伴随着一个既有的乡村群体的生存空间而来，街坊邻居是交往的主体所在；另一方面，外来入住乡村的一些人，包括游客、艺术家

作者简介：刘高见，安徽大学新闻传播学院硕士生。

等。自身以及与本地人的交往又是另一个交往的空间。以传播学的视野来研究城乡变迁过程中不同的交往主体，意在将交往行动者的主体地位凸显，探讨乡村社区文化内各个交往主体之间关系的变化。

文艺空间的打造，在以前往往以废旧工厂的改造为主，这些工作室的建立，仍是停留在城市内部的文艺空间打造。近些年，一些艺术家开始选择在城郊的乡村筹办工作室，打造不同于所在城市内部的文艺空间，例如北京的宋庄、杭州的翠庄、郑州的石佛村等。乡村的安静与舒适也是艺术创作与交流的绝佳环境，这些乡村的建设不再立足于传统的农耕，而是利用艺术家们租建的工作室，进行文艺创作和文化交流，吸引更多的艺术家和文化名人，以此来扩大影响，成为一个城市的文化地标。这也正是城镇化进程中城市与乡村发展的另一图景。诞生不到一年的合肥市新的文艺地标——崔岗艺术家村，与上述艺术家村有着相似的发展经历，而立足于安徽省会城市合肥而建的艺术家村，对于合肥文艺空间的打造以及崔岗艺术家村这个社区内部的人际交往仍然存在着不同于其他艺术村落的发展态势。本文选取崔岗艺术家村的案例，意在探讨处在城乡变迁中的文艺空间建设的发展格局以及交往主体的内在变化。

一、崔岗艺术家村

坐落于合肥市庐阳区三十岗乡的崔岗村，在城镇化的过程中逃过被拆迁改造的命运，于2013年11月2日重新换了一个文艺的名字——崔岗艺术家村。三十岗乡是合肥市民皆知的北城“生态氧吧”，国家4A级生态旅游景区。在此之前，在乡村发展的规划中，这是一个很不起眼的小村落，在政府的规划中，为保护水源，曾打算将其拆迁。知名摄影家、《新周刊》特约撰稿人谢泽在此之前已经入住崔岗村，经过多方努力，政府开始重视并将崔岗作为艺术家村建设纳入政府的投资项目。

本文搜集了相关刊物的介绍和合肥本地媒体及其他报道[①]，梳理崔岗村的“前世今生”。在此之前，崔岗村只是三十岗乡西部一个再普通不过的乡村，下设12个村民小组，8个自然村。现有农户301户，人口1180人，耕地面积1547.8亩，人均耕地面积1.31亩，农业以种植粮油为主。

① 刊物主要为《绿色视野》（2014年第2期）；合肥本地媒体包括：都市报媒体《新安晚报》以及《江淮晨报》，网络媒体包括新浪安徽和安徽网，以及门户网站搜狐网。

在村庄周围大部分是农家蔬果种植基地和苗圃种植基地，以及一些分散在主干道上的农家乐。崔岗村以其优美的自然环境，以及更加原生态的乡村环境，再加上通往合肥的一条幽远的柏油马路，是起初吸引艺术家和文化名人到来的主要原因。在崔岗艺术家村，当地住户向艺术家租住院落和农村普通的砖瓦房，以用来筹建艺术工作室，租住的期限是 15 年。从 2013 年年底开村至今，一共签了 53 户，动工的有 20 户，改造基本结束的只有 13 户，还没动工的 20 户。艺术家们在对房子和院落进行改造的时候，尽量在不改动房子和院落原貌的基础上，将围墙或者重新用木板篱笆代替，或者在墙上涂鸦，彰显艺术的魅力；在内部则是以艺术品装饰和美化房子以及小院。经过这样的改造，村里的计划生育人口学校则成了省城摄影爱好者的根据地，摄影家谢泽则给工作室起名“瓦房工作室”，紧接着，“小梅多肉馆”“徽风色影八间房子”“棉花乐园”“柴院客栈”“胡海林工作室”等陆续在崔岗村扎根。谢泽曾构想崔岗艺术家村的未来，以几家艺术工作室、画廊、咖啡馆、酒吧、书吧以及民俗客栈为主要形式，渐渐发展成合肥人休闲的好去处。

进驻崔岗艺术家村的不只有摄影艺术家，诗人、画家、雕刻家、民间艺术的收藏家等也都相应成立“书院”、画展、民艺展览等。何冰凌、陈先发、罗亮等以诗人为主的十多人发起建立的雅歌书院，定期举办诗歌朗诵会，以诗歌的交流促使更多的诗歌爱好者加入。而许多画家也在此办画展，以及民间艺术，如素陶工坊等。越来越多的艺术家开始关注崔岗村的建设，进而开始在崔岗村建立工作室和各种艺术展馆。由于政府的控制，可以租住的只有 60 户，但是崔岗艺术家村的文艺空间和艺术氛围开始初显成效。于 2014 年开始入驻的安徽大学新闻传播学院的两位教师芮必峰与张阳，也在精心打造属于自己的文艺休闲之地——明聪院，张阳主要的目的，是在此地进行电影和纪录片的拍摄、学习以及观看，从而可以发展为新闻传播学院学生拍摄纪录片的一个基地；而芮必峰的看法则是在此能够举办文化沙龙，进行研讨和学术交流。

崔岗艺术家村成立至今还不到一年的时间，而以艺术家为主的外来人口渐渐融入这个普通的农村，也使得崔岗艺术家村也开始走上艺术村落的发展道路。以政府、艺术家、当地村民三个主要驱动力量而成的艺术家村，政府实际上发挥着很重要的作用。政府一方面出于改造农村的考虑，借助艺术家的影响力，发展乡村旅游；另一方面也考虑到农转非人口的迁移问题，建设崔岗艺术家村，安置部分农村人口，融入城市生活，这是城镇化进程中面临的一项选择。艺术家的入驻更多的是考虑到艺术作品的创作以及影响力，当地村民对于融入的艺术家们则是好奇与观望。崔岗艺术家村的形成离不开这三个主要驱动力量，渐渐步入正轨的艺术家村也成为合肥市一个有特色的文化地标。

二、人际交往的重构：不同群体的交往

人际传播存在于自在个体的人，在时空的客观存在中，人与人之间不断通过传播建构社会的意义。美国的约翰·斯图尔特教授认为：“人存于意义的世界中，传播是人类共同建构意义的过程。”（王怡红，2000 年）他分析我们生存的这个世界至少由五种要素构成：空间、时间、自然规律、文化和关系，若就成人而言，还要加上劳作。它们都是通过传播，得到承继，加以构建，更变合宜或模式化（王怡红，2000 年）。人际传播的意义对于不同群体的人来说，是存在交流的过程与障碍的，显然在建构社会意义的过程中会存在矛盾与断裂。

基于社区建立起来的生存空间，本身就是一个人际交往和社区互动的场所，再加上大众传播和新媒介的传播，处在农村社区内的每一个行动主体都可以纳入整个的传播体系之中，因此人际传播存在着传者与受者之间的交往。“乡村传播研究的知名学者李红艳认为，传者主要是指乡村社会的农民主体与乡村社会的外来传者，二者的变迁构成了乡村传播者的总体状况”（冯广圣，2013）。艺术家在融入之前，村民这个既定共同体是传统乡村都具备的农村社区的人际交往；艺术家融入之后，村民与艺术家虽然处在相同的生存空间内，但相互之间的交往并不是特别多。

（一）原有关系网络的变迁

一个由普通的传统乡村发展而来的艺术家村，崔岗村的社区空间也在发生着变化。起初，在原有乡村共同体生存下的村民之间因为血缘、共同利益等而拥有着共同的集体记忆，乡村的人际交往则是伴随着村头闲聊、挨家串户、红白喜事等活动展开。因处在相同的生存空间之内，人与人交往必然伴随着各种各样的活动，而这些活动也正是维系村民关系的纽带。人们产生对周围世界的认知和理解，继而对自己的生存空间产生想象，从而在当地人头脑中形成一个乡村的共同体和社会记忆。城镇化的进程，以人口的流动为推动，而中青年群体开始走出农村，走向城市。这样带来的问题是，久居农村的人口以老人、妇女、儿童为主，人际关系仍然是通过

血缘、习俗等来维系，而新的传播技术的应用，使得传统的人际关系交往开始借助新的通信工具来维系。虽说以往的人际关系交往开始淡漠，但仍然没有完全打破整个乡村共同体的关系网络。其间也有大众媒介和新媒介的影响，电视、手机、移动互联网进入农村，逐渐得到大量的使用，客厅也渐渐成为家庭成员和村民之间沟通交流的主要场所。以客厅与乡村公共文化空间为主要场所的乡村人际交往始终在传统乡村占据着相当大的比例。

笔者实地考察崔岗村的村落布置和居住人群，大部分的家庭仍然是以老人、妇女、儿童为主，可以说与中国其他地方的乡村毫无二致，同时也与其他乡村有一个共同的特点：乡村人际交往很大程度上是靠血缘、习俗和集体记忆来维系。乡村设施也伴有村里的广场、村民健身的娱乐场地、电影放映场所、基督教堂等，原有的关系网络逐步开始转变，靠传统的习俗和血缘维持的关系逐渐式微，不同媒介的涌入和乡村人口的流失是改变原有关系网络的主要驱动力。

（二）艺术家涌入带来社区人际交往的转变

艺术家的进驻，也是通过他们的努力，使得政府的规划发生转变。当一个普通的乡村因为其地理位置和周围的自然人文环境渐渐转型成为艺术家村的时候，普通村民对于这样的举动是持好奇和观望态度的，艺术家们进入这样一个地方来建立工作室进行艺术创作与展览，对于村民来说是陌生的。可是，由于艺术家的进驻，在空间使用上给予当地村民一定的租金收入以及其他额外收入，正是两者之间存在利益的来往，从而使得他们之间的人际交往并不是截然分开的两个群体，而是在生活上存在着这样的人际交往。“1/3 艺术、1/3 生活、1/3 商业”，这是谢泽在村民、乡政府和艺术家沟通和交流中，提出的对艺术家村落的定位：不破坏原住民的生活状态，让艺术家在村落里以舒适安静的状态从事创作。三者统一在一个和谐的系统内，艺术家村的发展才会更有生命力①。每一个进驻的艺术家都要和崔岗村这个社区、当地居民发生联系，他们之间会因为某些共同的利益进行协商对话，两者并非绝对二元对立的群体。

但是，正如著名策展人、碧山共同体计划的发起人之一左靖提到的，“崔岗村里现有的工作室，多半都是半公开半私人的状态，缺少一个完全

① 崔岗村——合肥文艺地标［J］. 绿色视野，2014，(2)：61.

对公众开放的公共空间”①。问题正是这样一个半封闭半公开的工作室，对于当地居民来说，是人际交往关系上的一个障碍：首先，艺术家因为工作需要，很少会与当地居民产生过多的交流，反而可能会避开当地居民以利于创作；其次，当地居民由于自身艺术知识的欠缺，也很少参与艺术家们的空间内，除了在一些租金和生活上的往来，其他关于艺术和文艺空间建设的话题，对于当地村民来说是陌生的。因此，当地居民对于入驻的艺术家们，存在着一个交往的鸿沟，这个鸿沟是由知识差异造成的，也是由先前的生活经历的不同所造成。

（三）游客、农家乐与艺术家村社区的交往

如上文所述，村民原有关系网络随着电视媒介和新型媒介越来越多地使用，村民与外界的沟通扩大了，村民的闭塞观念也在发生转变。在以往，村民共同体强调自身的整体性，对于外来人口和产业的进驻是警惕的，他们担心外界会破坏自身的生活。观念的转变是随着改革开放的深入展开的，“走出去”的农民在外面的世界里开阔了眼界，也尝到改革开放的甜头，他们这一批人实际上扮演着领航者的作用。由城市的开放到近郊乡村的开放，城郊的乡村逐渐被政府用来开发乡村旅游，为当地农民创收，但是各样的农村发展有着各样的发展方案，崔岗村则拥有不同于其他农村城镇化的路径。

崔岗艺术家村的地理位置优越，距离城区二十公里左右，环眼望去，周围郁郁葱葱，自然环境和人文环境优美，也是著名的景点鸡鸣三县的所在地，是短期自驾游值得选择的一个好地方。笔者在前往崔岗艺术家村的途中，看到周围拥有大量的农家蔬果种植基地，部分农庄成为游客前去采摘、休闲的一个绝佳场所。并且也看到有一些旅游大巴车，在前往崔岗村的途中，周围的农家田园风景和文艺空间场所，成为观光团游览的主要场所。在这些游客当中，不仅是一些普通游客，也包括一些文化名人和艺术家，在参观崔岗艺术家村之后，继而萌生出在崔岗村筹办工作室的想法。旅游场所和农家乐成为外界与崔岗艺术家村沟通的缓冲地带，而游客以及前来观赏的艺术家和文化名人则成为艺术家村对外扩展的很有效的“媒介”。

事实上，人作为一种媒介，在社区人际交往当中，发挥着激发行动者的作用，感情因素、文化情怀、艺术审美等等都可以作为激发行动者的主

① 引自搜狐网新闻资讯：合肥有个崔岗村，网址为：http：//roll. sohu. com/20131108/n389817971. shtml

要因素。游客串联着乡村与城市的外在交往，崔岗村的艺术家则与外界的文化名人发生着内在交往，这样的双重交往关系，在崔岗艺术家村的社区交往当中发挥着越来越积极而有效的作用。

（四）艺术家之间的交往

艺术家在崔岗村建立工作室，不仅仅是出于艺术创作的需要，更多的是一个交流和展示的平台。崔岗艺术家村可以吸引更多的艺术家来此交流和参展，从而促进彼此之间艺术情怀和艺术观念的交流。

从“他者思维”的角度来看，文艺作为交往的形态之一，存在于马克思恩格斯的精神交往论中，“与宗教、舆论、宣传、新闻等等交往形态相比，文艺交往具有令人羡慕的不朽魅力”（陈力丹，2008：119）。追求美的价值意义成为艺术家之间经常探讨的话题，而并不能从完全意义上来认为，所有艺术家都存在这样的观念。艺术家不仅在艺术和知识之间进行争论和交流，而且在扩大自身的影响力、推进各自领域的艺术的保留与传承，以及取得社会所能带来的现实利益等等，都是艺术家之间交往的内容所在。“对文艺的创作者来说，最重要的是能动的想象，这是文艺与其他交往形态的重要区别之一”（陈力丹，2008：121）。而艺术家投入乡村的宁静环境当中，也是在寻求艺术创作的想象力。摄影家谢泽就坦言，被一条通往崔岗村的柏油马路以及周围安宁舒适的环境所吸引。马克思将“文艺看作一种声音和形象的系统，因为它不仅诉诸人们的智力和心灵，诉诸抽象的感觉，而且引起人们的听觉、视觉和触觉（如工艺品）的共鸣”（陈力丹，2008：121）。因此，文艺既是一种传播内容又是一种传播形态，在艺术家群体当中进行传播。

虽然，艺术家之间的交往看似存在于相同的群体之中，但是艺术家因各自所在领域的差异，在某些领域中的交往存在隔阂。但这并不是主要问题，笔者实地观察到，存在于一个社区的艺术家群体，社区的联动效应并不明显，一个艺术家社区虽然容纳了各自领域的艺术家，但是艺术家之间的互动与艺术家村的建设远没有形成一个有效的环节与长期规划，当然，这与政府的规划不无关系。

三、问题：文艺空间遭遇传统乡村

如前文所提到的，崔岗艺术家村刚刚起步不到一年，一个传统乡村的角色转变，是需要多方力量的支持和充足的时间来改变的。正是这样一个环境优美的传统乡村，在被艺术家们所赋予的新的角色之后，各种形态发生着变化。以传播学的视野来看，人际关系网络的变化是值得考究的一个问题，人际交往也伴随着所在空间形态的变化而变化。

人际关系的变化只是诸多变化中的一个细小的环节，乡村改造与文化建设是整个大的环节。一个长久以来以农耕为主而生存的小乡村，面临现代社会所带来的技术冲击，也在改变着自身的生存状态。以政府、艺术家、当地村民三者为驱动力而逐步创立起来的艺术家村，发展存在诸多问题，对于刚刚起步的乡村文化建设，建设性的意见更重要。文艺空间进驻传统乡村，从大的方面来说，共同体的结构发生一定的改变；从小的方面来说，生活方式也在发生变化。

文艺空间由城市转移到乡村，在中外早已有之，不仅仅是考虑到农村环境的宁静安逸，有些知识分子的考虑是为乡村文化建设而来。黄山黟县的碧山是一个很具代表性的文艺空间，在海内外名声大噪。碧山的建设对于崔岗艺术家村的建设能够带来哪些经验以及需要重新审视的问题，这些显得尤为重要。

（一）“碧山计划”与区隔

乡村在文化名人与艺术家的眼里，是一块珍贵的宝地，可以用来发展艺术和文化交流，而在当地村民看来，他们的乡村主体地位似乎正在被削弱。2014 年 7 月哈佛大学博士周韵发表网文——《谁的乡村，谁的共同体？——品味、区隔与碧山计划》[①]，质疑欧宁与左靖等发起的“碧山计划”，指出“碧山计划”是富有精英意味的，而与当地村民的生活方式相比，两者是区隔开来的，因此，她认为普通村民是游离于“碧山计划”之外的群体。周韵坦言，这不是纯粹的学术论文，只是针对问题所写的一篇随笔。周韵的说法不无道理，但是，双方在诠释运动本身都没有做到全方位的诠释，而只是就个别问题展开争论。这本身就是一个文艺空间遭遇传统乡村所要面临的棘手问题。

从周韵的文章来看，碧山的农家书屋和妇女在村里的大会堂跳广场舞，这些才是农村文化建设的一条简单而有效的道路。与此相比，碧山书局和猪栏酒吧这些存在于农村的高档消费场所，无形中划分了与当地村民

① 该文为哈佛大学博士周韵在参加南京大学暑期班前往黟县碧山参观时在微博发布的长文，后又在周韵自己的豆瓣主页上发布。网址为：http：//www. douban. com/note/365631250/。

的界限。笔者认为，“碧山计划”与梁漱溟、晏阳初等的乡村建设存在显著区别，首先就在于谁处在主体中心的地位上，是农民还是知识分子？“碧山计划”可能在实施过程中没有将农民主体地位放在中心环节，致使当地村民以一种旁观者的角色身份来观看“碧山计划”。周韵的批判用的是一种民粹主义的方式，将精英主义与底层乡村对立起来，是值得商榷的。

区隔理论来源于法国社会学家布尔迪厄，布尔迪厄所要阐发的思想是：“人们在日常生活中的文化实践，从饮食、服饰、身体直至音乐、绘画、文学等的趣味，都表现和证明了行动者在社会中所处的位置和等级。”（罗钢，王中枕，2003）而区隔理论利用品味判断以用于群体交往的划分是值得深思的，以上所述的具有符号学意义的标签化是区别不同群体的主要方式，人与人内在的交流是一个不断突破的过程，生存空间与生活方式的不同存在之广泛、形式之复杂，通过符号标签化来认定，总显得脚跟不稳。但是，不得不正视的问题是，文艺空间的打造在传统乡村社会面临着这样的问题，就使得精英知识分子与底层农民的交流存在断裂。

（二）从人际交往的重构再看艺术家村建设

不同群体的交往存在的问题前文已经阐述，艺术家群体与当地村民是否存在品味判断上的差别，答案是肯定的，知识差别和艺术鉴赏力的差别是主要原因。艺术家村半封闭半开放的工作室大多数的时候与当地村民并没有太多的关联，而是艺术家自身关系网络之间的交流，一定程度上给当地居民带来其他收入，但是还很微薄。崔岗艺术家村建设在谢泽看来，不是属于乡村建设，他认为：“崔岗的发展不是乡村的崔岗。由于崔岗已经没有乡村的基本背景——农耕，因此作为郊区的崔岗更像是城市的一个触角、独立的主题社区。因此，崔岗的建设并非属于‘乡村建设’范畴。”①在笔者看来，崔岗艺术家村的建设属于乡村文化建设的一部分，在改变社区交往和利益格局上是发挥着作用的。

当地居民的生活在外来人口进驻之后并没有发生明显的变化，大多数年轻人仍然追寻城市化的脚步，前往城市打拼。笔者深入崔岗艺术家村，观察到老人和儿童仍然是主要居住群体，当地的工人师傅们帮助修缮工作室，还存在着往来，大多数时候，还是各自做各自的事情。这些都是无可

① 引自谢泽为《生生不息——合肥当代艺术与设计展》的画册所写的后记，题目为《后记——崔岗村及其艺术展》。

厚非的，一方面，崔岗艺术家村刚刚起步，知名度需要进一步提升，当然这需要有名望的艺术家前来参与；另一方面，政府和当地居民完全靠着艺术家来招揽经济收入是不会长久发展的，政府和当地居民的有效参与和扶持才是艺术家村长久发展的良方。

虽然当地居民与艺术家群体存在交往的鸿沟，短期内是无法弥补的。但是，符合当地居民成长历程中的一些影像和戏曲艺术，仍然是聚集当地居民的有效方式，影像的放映和民间艺术的展览与普及是吸引老人和孩子的主要手段，是可以作为艺术家扩展与当地居民交往关系的方法。定期放映老电影，能够唤起当地居民对以往生活经历的记忆；民间艺术的展览，也是吸引他们回顾自己过往生活的方法，而且对青少年感知失传和隔代艺术作品的不朽魅力同样具有重要的意义。艺术家自身关起门来搞创作，而不形成一个社区内的社会互动，是艺术家村建设的一个阻碍。有效的社会互动和长久的发展规划是未来崔岗艺术家村建设应该考虑的发展策略。

传播学视野下，合肥艺术空间的建设需要用发展传播学的眼光来审视，而参与式发展传播可以发挥积极的作用。“参与式发展传播往往与发展计划相伴，把媒介与人际传播相结合，关注公众参与的过程，以促进不同利益群体之间的对话。并通过实施一系列行动来促进问题的解决，实现发展目标”（韩鸿，2010）。参与式发展传播需要借助媒介的力量，来促成社区内的互动，从而合力制定一个统一的行动计划，进而促进伙伴之间关系的建立与深入。这样一个发展传播的模型是基于各种媒介的使用和人际交往重构所建立的，人与人之间的社会互动在艺术空间建设当中并非没有任何效用。

四、结语而非结论

“小隐于村”的艺术空间建设是在城镇化的进程中展开的，崔岗艺术家村成为合肥新的文艺地标还要走很长一段路，电视媒介和网络媒介在乡村逐渐为人们所使用，这些新型的媒介形式，传统的乡村共同体的想象面临着解构。

乡村面对着这个迅速发展的世界，常显得步伐的缓慢与艰难，这与乡村的实际是相符合的。问题在于，“乡村共同体想象解构，建立起来的却并不是国家想象，而是消费主义价值观。于是出现了乡村表面的繁荣和深层的危机，比如失去共同体想象的农村按照经济逻辑，采取现代企业的经营模式来进行社会设置，这种模式对现代市场结构具有较好的适应性，但无法想象全体中国农村都变成实体公司的情景，并且建立在这种社会组织方式之上的乡村秩序无法解决价值观和文化重建的问题”（沙垚，2012）。因此，城镇化的道路并非遵循统一的发展模式，走乡镇企业化的发展道路，相比较于经济建设而言，文化建设同等重要。

崔岗村的角色转变没有遵循走乡镇企业化道路，而是以形成各色各样的工作室和展览馆以及文化交流的场所，并在此基础上打造属于合肥的文化地标。传统乡村在接纳新型媒介以及文化知识分子的时候，难免会出现各式各样的问题，交往的鸿沟与品味判断的区别，是真实存在的，也如前文提到，这些无可厚非，正视问题、解决问题才应该成为主要考虑的方面。

传播学视野下，崔岗艺术家村的社区人际交往发生改变，人际交往是社区建设当中的重要一环，原有关系网络在新型媒介进入后发生改变，在外来人口——艺术家进驻后发生改变，不同群体之间的交往也发生着改变。当地居民与艺术家是区隔开来的两个群体，真正广泛而融入的交往并没有形成，参与式地发展传播可以增强社区的联动效应，进而使得不同的利益群体形成对话的可能，这样会更利于问题的解决。

参考文献：

[1] 王怡红．人人之际：我与你的传播——读《是桥不是墙——一本关于人际传播的书》[J]．新闻与传播研究，2000，(2)：55-60.

[2] 冯广圣．乡村人际传播中行动者身份解构与村庄社区传播模型建构 [J]．新闻界，2013，(17)：11-15.

[3] 陈力丹．精神交往论——马克思恩格斯的传播观 [M]．北京：中国人民大学出版社，2008.

[4] 沙垚．从影戏到电视：乡村共同体想象的解构 [J]．新闻大学，2012，(1)：35-39.

[5] 罗钢，王中枕．消费文化读本 [M]．北京：中国社会科学出版社，2003.

[6] 崔岗村——合肥艺术地标 [J]．绿色视野，2014，(2)：59-61.

[7] 韩鸿．参与式传播：发展传播学的范式转换及其中国价值——一种基于媒介传播偏向的研究 [J]．新闻与传播研究，2010，(1)：40-49.

[8] Bourdieu. Distinction：A Social Critique of Judgement of Taste [M]. Harvard University Press，1984.

从“小隐于村”到“中隐于市”（下）

——传播视野中的合肥艺术街区创设与城中村改造

王文俊

摘　要：研究案例是合肥市的两处文艺空间：城郊的崔岗艺术家村和市区的“中隐于市”艺术街区，前者有赖于农民市民化的有力驱动，后者则是城中村改造的别样路径，两者暗含的都是城镇化问题。在传播学的视野中，文艺空间的打造之于城镇化既意味着原有人际关系的变动，也意味着以往城市/乡村面貌的变迁。文章分为上下两篇，由不同的研究者分别撰写，上篇以崔岗村为例，着眼于勾勒从乡村社会解体到艺术家村创设的脉络；下篇以“中隐于市”艺术街区为例，着眼于城中村改造中艺术街区的打造这一路径的意义。上下两篇合在一起，整体反映合肥市城镇化进程中的方法选择及潜在问题。

关键词：文艺空间；城镇化；合肥；崔岗村；中隐于市

改革开放以后，城镇化一直是推动中国经济迅速发展的重要引擎；中共十八大以后，面临新的发展阶段，“社会各界高度关注城镇化问题，对如何走新型城镇化道路展开了深入讨论”（魏后凯，2013）。可想而知，城镇化也是近几年国内学术界的研究热点。在中国的城镇化进程中，对城中村的改造是其中重要的一环。本文的着眼点即在于探讨这一时新但又很有意义的城中村改造问题。

“城中村是我国城市化发展到特定阶段的产物，是在城乡二元土地管理体制下，在政府某些公共产品供给缺位或不足的条件下，城市化的农民及集体经济组织利用自身参与市场化的各种有利条件，发展形成的一种特殊的社区类型”（成得礼，2008）。在中国的很多城市空间里，大大小小的城中村星罗棋布，这些城市现代化转型中的“次级区域”不仅有碍城市景观的观瞻，也不利于城市公共产品的公平分配。鳞次栉比的高楼大厦与集

作者简介：王文俊，安徽大学新闻传播学院硕士生。

中连片的棚户区的鲜明对照，只会加剧目前愈益激化的社会矛盾。因此，对城中村的改造，不仅关乎着很多人的生计和发展，也关乎着整个社会的和谐稳定。

对城中村的改造，目前最主要的做法是政府主导下的统一征地拆迁、集中分摊安置，再由开发商在原有的土地上进行新一轮的城市建设。但这种做法的弊病是不能照顾到每一家每一户，政府或开发商往往会因为赔偿、安置等问题受到原住户的抗争，并进而引发社会的质疑。此外，在一些大城市的城中村，由于房价低廉，往往是刚刚步入社会的年轻人“梦想起飞的地方”。但也正是这些各类人群聚居的城中村，治安混乱，犯罪迭发，危害着居住其中的人们的生命安全，因而很多地方政府不得不痛下决心对它们进行改造。总的来说，这是一个牵涉面非常广泛的问题。

合肥市近些年来迎来了城市大建设的黄金时期，它不仅体现在城市规模的急遽扩充方面，也体现在对老城区进行大刀阔斧的改造方面。而在对老城区的改造中，如何对待城市历史和记忆的争论一直不绝于耳，很多人会问，究竟什么才是最重要的？在回答这个问题之前，我们似乎可以这么推演：无论哪种形式的改造都意味着空间的变化，进而导致旧有共同体的解体、人际交往关系的变动，它们都是传播学领域里面的问题；同样，对是拆掉重建还是旧房改造的争论，则涉及城市历史的传承和形象的再构问题，它们也都内置于广义上的传播学视野之中。可见，在这样一个理论框架里面，我们似乎可以对很多问题作出实质的回答。

因此，本文试图建立这样一种观照：在传播学的视野里，以合肥“中隐于市”艺术街区的创设为分析案例，探讨这种形式的城中村改造路径对城市发展和市民交往意味着什么？它与国内其他相对成熟的艺术街区相比还存在哪些问题？它的文化实践究本质意义何在？有必要提一句，我们对这些具体问题的研究，归根结底还是要回到更为宏大也更为迫切的城中村改造问题上去——它才是本文的旨归。

一、“中隐于市”何以可能？

（一）曙光北路上的“破烂一条街”

严格来说，把“中隐于市”的前身——合肥市南一环旁边的曙光北路55号定义为“城中村”似乎不够有说服力，因为它位处寸土寸金的省人大会议中心东侧，无论冬夏，每天都是人来人往，车水马龙。但是，它又确实是一个彻头彻尾的城中村。在这块区区四百米的街区上，两年以前还有超过十家的废品收购站，而它们已经盘踞在此二十多年了；同时，这里还是城中村马冲居民组的所在地。由于环境恶劣而又地处城市干道附近，一直为不少合肥市民诟病，但它一度就像是合肥“大建设”浪潮中一个被遗忘的角落，在街区南北两头高档楼盘的映衬下，这条被合肥市民称为“破烂一条街”的街区显得格外破旧、肮脏。

尽管做了不少的努力，但笔者还是难以完整准确地回顾这个街区的历史沿袭。走在曙光北路上，道路两旁高大的法国梧桐还是能营造出一些老合肥的味道，在改造之前，这里居住有一百多名居民，他们多以收购废品为生，低业态、高污染曾是这个街区的主角，并演绎出了“脏、乱、差”的城中村主旋律。但是，“曙光北路有坡道，有弯道，周围还有现代建筑。设计如果得当，同时保留曙光北路原有的生活节奏，按照市民需求推出合适的店铺经营，不设置阶层概念，就有希望打造出自己的特色。”合肥香榭画廊创立人、圈内有名的文艺青年谢泽在接受《江淮晨报》记者访问时这么说道。而事实上，曙光北路所属的芜湖路街道办事处也意识到了这个问题，据其负责人张勇介绍，从2013年年初起，该街道就开始对曙光北路沿街店铺进行搬迁整治，“由于曙光路承担着城市主干道交通分流的任务，背街小巷不具备大规模重建的条件，只有将小门面集中进行业态转移。”随后，对坐落在曙光北路上的这个城中村的改造拉开大幕。

（二）“中隐于市”初现南一环

“中隐于市”一说最早见于老子的《道德经》：“小隐于野，中隐于市，大隐于朝。小者隐于野，独善其身；中者隐于市，全家保族；大者隐于朝，全身全家全社会。”后人因有评价：“在中国的历史上，隐逸已经是文人的一个悠久传统……相对于传统的归隐田园乡野，又派生出一方新的栖息地市朝。甚至认为能够在这些地方恬然自守，才是真正的隐士”（孙丽华，2009）。所谓“市”介于“朝”“野”之间，既能规避山野的穷困孤独，又能辞却朝堂的尔虞我诈。“市”是繁华的、世俗的，但也被“区隔”为一个个小的生活区域，生存其间的人若能发现兴趣、找到知音，则是另一种形式的淡远宁静。现代都市空间中不断出现的创意（文艺）街区，其形成逻辑大概都是如此，以此命名的“中隐于市”更是这样。

2012年12月份，乘着“大建设”的东风，作为合肥首座“城市怀旧人文休闲街区”的“中隐于市”项目正式启动。为此，街道引入了安徽中隐于市商业运营管理有限公司，对曙光北路沿街门面和民宅进行整体承租，意欲打造“中隐于市·赤阑桥文化创意产业特色街区”，使之变身合肥版的“田子坊”“宽窄巷子”。实际上，该项目在2012年3月份就已开工，5月底完成了外立面改造，并对内部街巷进行了整体改造和装修。在完成这些工作以后，“中隐于市”开始了招商工作，并要求入驻商户“装修要有特色，一定注意规避网购，主打小清新、小文艺风格，价格要亲民”。2013年10月31日，“中隐于市”街区第一家开业店铺“造船厂”咖啡店挂牌迎客。

随后的短短几个月内，这块不过一个商场面积的街区迅速聚集了一批特色的、有创意的店铺，像主题书吧、主题花店、DIY手工坊，动漫创意文品、主题餐饮等都是合肥比较少见的市集元素。在当地媒体大篇幅的集中报道和微博、微信等自媒体的广泛传播下，南一环边上的“中隐于市”艺术街区慢慢进入合肥普通市民的视野。笔者于2014年8月22日专程前往此地作田野调查和深度访谈，当天不是周末，而且天气也比较热，但这个还未完工的街区已经能够吸引不少人过来，无论是在“保罗的口袋”独立书吧还是在“造船厂”咖啡店，人们或是随意地翻阅书籍聆听音乐，或是坐在一起就着饮品小声交谈，整场气氛十分轻松愉悦。

二、公共空间：理想与现实的交合

“（城市）公共空间”概念的核心在于“公共”二字，它的出现“标志着在建筑和城市领域中出现了新的文化意识，即从现代主义所推崇的功能至上的原则转向重视城市空间在物质形态之上的人文和社会价值，并因其中含有的‘公共’与‘空间’的双重概念而使其自产生开始即成为一个跨学科的讨论议题”。（陈竹，叶珉，2009）“中隐于市”无论就其创设的初衷还是前景来说，都需要发挥在合肥市区的“公共空间”功能，那么，这种文化方面的功能究竟有没有实现呢？带着这个问题，笔者走访了“中隐于市”艺术街区，并进入“保罗的口袋”独立书吧、“造船厂”咖啡店、“罐头党”主题客栈、“树”皮革设计等部分店铺，以日常聊天的形式非正式访谈了一些店铺老板和顾客，连同之后做的对一些媒体报道的简单内容分析和其他相关资料的搜集，得出了这样一个基本的结论：至少从目前看来，“中隐于市”艺术街区是有着相当程度的公共性的。为了论证这个结论，笔者试图在广义的“媒介”框架之中，通过对手头资料的介绍和评价，希望给后来的研究者提供一些启发性的东西。

（一）旧有共同体的瓦解与新文化区域的建构

“中隐于市”艺术街区的创设，对于合肥这座相对年轻的省会城市来讲还是第一次。它关涉的是城市建设中的文化情怀，因此我们似乎更应该从文化的层面去理解它。既谈文化，之于“中隐于市”，最为贴切的描述大概就是街区共同体的瓦解与重构。所谓“共同体”，在本尼迪克特·安德森（Benedict Richard O´Gorman Anderson）那里，它是被建构出来的，这个论断可以从他对民族的概念辨析中推知，他写道：“遵循着人类学的精神，我主张对民族作如下的界定：它是一种想象的政治共同体——并且，它是被想象为本质上有限的、同时也享有主权的共同体。”（安德森，2011）安德森眼中的“民族共同体”是由包括语言、宗教、精神、族群等一系列特定的文化因素有机构成的，它虽然是被想象出来的，却在人们的生活和交往中迸发出无比强大且持续的能量。我们这里谈及的共同体自然没有安德森意义上的宏大，但于某一个具体的社会区域——“中隐于市”艺术街区，它也是多种文化因素交融而构的想象实体。

笔者通过对“中隐于市”艺术街区周边居民的简短采访，大概能够还原出这块曾为“破烂一条街”的街区景象：几十家废品收购站的老板大都是本地村民，相互熟知，每一家的主营业务也各有侧重，在村子里的街道上，每天来往着很多卸载、装运废品的各种车辆，虽然往前走几步就是车水马龙的南一环，但这里的人们依旧从事着价值产业链最底端的工作，生活在一片破败、肮脏和喧闹之中。落后的街区和底层的工作是这些原住民的共有处境，在周遭日新月异的城市化建设中，更将他们的生存彼此关联而形成了命运共同体，他们一方面彼此扶持、勉力维生，另一方面怀有希冀、畅想出路。由当地政府牵头的对这个城中村的艺术性改造，无疑让旧有的街区共同体彻底瓦解了，取而代之的是一个新的文化区域、新的街区共同体的建构。支撑这片新文化区域的力量源于新入驻居民的精神寄托，笔者为此接触了一些特色店铺的老板①，在与他们的交谈中，很容易发觉他们身上共有的情愫：希望在喧嚣的都市空间中寻得一处静谧的地方，读书、说话或是做一切自己真正感兴趣的事情。正因如此，“中隐于市”开街以后，前来闲逛的市民身上也多多少少带有一些这样的“乌托邦”想

① 这些人包括：“凯文的秘密”清酒吧老板凯文（加拿大华人）、“罐头党”主题客栈老板张晓雨、“小二楼咖啡”老板史睿、“造船厂”咖啡店老板徐进和“半朵悠莲”咖啡店老板胡兵。

法。相似的生活信念使得“中隐于市”的意义超越了地理街区的范围，从而形塑了一个更为宽广的文化共同体，它关乎怎么生活，更关乎怎么去更好地生活；在今后，将会有更多的人参与其中。因此，从某种意义上讲，以“中隐于市”为代表的文艺空间已然成为这个城市里的一个十分显要的“亚文化区域”，基于此而塑就的共同体暗含着无限可能的张力——这与旧有的街区共同体迥异。

当然，对这种同一个地理街区上共同体的解体与重构的分析仍是基于学理意义上的。事实上，作为新的文化区域，“中隐于市”的文化张力从新闻媒体的报道和本地市民的反应也能窥出一二。之于“中隐于市”，若是仅作独立的艺术街区加以考量，那么舆情的力量极为有限；但它又恰恰是城中村改造的一条路径，牵涉到很多人的利益和诉求，因此我们有必要重视社会的反响。下文的分析即从此处展开。

（二）版面镜头中的文艺街区

一种新生事物的出现，反应最快的往往都是新闻媒体。从“中隐于市”艺术街区概念的提出到店铺的开张，合肥本地的多家媒体[①]都对此进行了报道，其中《安徽商报》更是在 2013 年 7 月 25 日用 4 个整版的篇幅集中展现了“中隐于市”艺术街区的基本面貌和多家店铺的概况。

从笔者搜集到的全部公开资料看，合肥本地的媒体（以纸媒为主）大多是以一种褒扬的态度来报道“中隐于市”艺术街区，而鲜有批评的声音。他们的报道主基调和艺术家、店铺老板的想法几乎一致，即这种艺术创意街区的出现于合肥而言是一种文化的补血，合肥市民因此多了一个新的小资去处。其中，合肥晚报在 2014 年 8 月 6 日的报道（《城中村实验》）中探讨了文化与商业的关系：

没有文化的支撑，商业就缺乏强有力的根基，就算成功也只会被迅速地复制，而不具有独创性。未来中隐于世的商业理念将大行其道，实现街区景观化，实现文艺与民俗的共存，破除疏离感。

《安徽商报》在 2014 年 4 月 10 日的报道（《曙光路变身“中隐于市”将成合肥版“宽窄巷子”》）中则着重强调了“中隐于市”的示范意义：

由简陋小街巷华丽转身的“中隐于市”，是合肥的“国际纵队”，这里极小资文艺范，是包河区用文化振兴城中村的一个教案。

---

① 这些媒体包括：五家都市报《合肥晚报》《安徽商报》《江淮晨报》《市场星报》《新安晚报》以及一些网络媒体安徽网、合肥在线、中安在线、万家热线等。

而《江淮晨报》的记者更是难以抑制自己对“中隐于市”的喜爱和赞美，他们在2013年10月9日的报道（《曙光北路的“文艺宣言”》）中这么写道：

细想，似乎每一个大城市都有这样一条值得玩味的街区，北京有南锣鼓巷，上海有田子坊，成都有宽窄巷子，杭州有清河坊，福州有三坊七巷，苏州有平江路。而合肥似乎缺了点什么。记者了解到，未来的曙光北路也许真的就成为了一个景点。

类似的文字资料还有很多，限于篇幅，笔者不再一一陈述。媒体的集中报道对很多不知此事的人们起到了告知的功能，而媒体的态度意向在一定程度上也左右了这些人对“中隐于市”艺术街区的看法。在版面镜头的世界里，“中隐于市”符合了很多人对简单化生活、艺术性生存的想象，它也达到了艺术家和店铺老板的理念或产品的营销期望值。因此至少在目前看来，这种近乎一致的报道框架的选择使得“中隐于市”在版面上、镜头里以至合肥市民的思考领域都取得了良好的口碑，它的文艺特性不断被更加深入地注解和推广，暗含其中的文艺“共同体”也在不断向外膨胀。

（三）合肥市民眼里的公共空间

如果说，艺术家、店铺老板和媒体记者的看法还带有些许“乌托邦”成分，那么合肥市民对“中隐于市”的好印象则真正意义上实现了理想与现实的交合。于这些普通人而言，艺术街区的创设本质上是增添了一处交往的公共空间，而在这个空间里实现此种交往的前提是共有的文艺情怀和小资情调。

为了说明这个问题，在“中隐于市”艺术街区，笔者沿街向前来闲逛的路人发放了50份调查问卷（回收48份），而在此之前，笔者已经通过互联网方式向一些合肥地区的普通网友同样发放了50份调查问卷（回收44份）。在填写问卷的游客群体里，绝大多数人对“中隐于市”艺术街区的印象都“很好”，“风格迥异的创意小店”和“自成一派的小资情调”是吸引他们前来的两个主要因素，他们来到此地的主要目的也多是“朋友聚会”或“购物旅游”。在填写问卷的网友群体里，知道或已经去过“中隐于市”艺术街区的有19个人，其他不知道且没有去过的网友事后也纷纷表示欢迎这种类型的街区出现，并愿意在闲暇的时候与朋友一起前往参观。

除了进行旨在了解概况的问卷调查，笔者还在“中隐于市”艺术街区的某家独立书店里对两名陌生游客进行了深度访谈。其中，刘姓女大学生坦言自己非常喜欢这样的读书氛围，而且还有可能交到志同道合的“书友”，以后会经常带同学到这里来；另一名游客姓张，是一名专程来合肥旅游的上海人，他在朋友的介绍下来到“中隐于市”艺术街区，十分惊喜，并说他在上海也很难找到类似的文艺场所，以后会把位处合肥的这一小块地方告诉更多的上海人。可见不管是本地人还是外地人，对“中隐于市”艺术街区都持着肯定的评价。

可能我的研究方法还比较低级，但是我得出的结论也基本符合常理：在不少合肥市民的眼里，“中隐于市”艺术街区是值得一去的休闲场所，在这里，人们可以挥洒自己的文艺情怀，也可以结识素未谋面的社会知己。“中隐于市”艺术街区虽然强调“隐”字，但因它位处于“市”，所以它本质上是公共的，人们在这里所进行的活动也带有或多或少的公共性成分，因而它是一种公共空间，是一个进行交往、传播、讨论的理想场所。

（四）作为社会媒介的“中隐于市”

行文至此，我们有必要对作为公共空间的“中隐于市”艺术街区的本质和意义进行抽象。在合肥“大建设”的浪潮中，无论是政府官员、开发商还是出租车司机和普通市民，一开口就是全球化、国际化，一出手就是高起点、大气魄的“宏大叙事”非常有市场，但“在‘宏大叙事’的概念体系中，城市并非一个真实的存在，它是抽象的，远离普通市民的生活体验和需求，据此建造起来的城市或新区主要表达了决策者的念图和设计师的愿望”。（杨保军，2006）因此，“有‘宏大叙事’，就必须有‘微小叙事’，后者指每个人从自己的日常生活世界中获得的感受和发出的声音，它们往往更加贴近城市的本真”（杨保军，2006）。“中隐于市”艺术街区的创设似乎介于“宏大叙事”和“微小叙事”之间，它既被纳入合肥旧城改造的整体设计中，又包含了每一个艺术家、店铺老板和普通游客的生活想象。它本身就是一种社会化的媒介，决策者和设计师试图通过它来呈现进行文化建设的宏伟蓝图，而入驻商家和普通民众则意欲通过它来表达打造美好生活的良好愿望。不同利益主体各取所需的要求在这里找到了契合点，于是“中隐于市”艺术街区适时适地地出现了。

就如同20世纪60年代麦克卢汉（Marshall Mcluhan）提出的“媒介即讯息”那样，我们若以一种总体的视角来看待合肥的城市发展，也深觉作为社会媒介的艺术街区在传递着“讯息”。历史上的合肥城市规模并不很大，合肥设市是1949年以后的事情了，在改革开放以前，相较于其他省会城市，合肥也是资质平庸。但近些年来开展的城市“大建设”，让合肥第一次有机会变身“全国二线城市”① 的领头羊，同时作为“江淮城市群”② 的中心城市，使得人们对合肥的文化期许更高。“中隐于市”艺术街区的创设即暗含了这种社会/文化讯息，而它所裹藏的可能性更是代表了未来合肥的文化图景。因此，在这个层面上，“中隐于市”艺术街区最重要的不是它提供了多少创意小店或文艺空间，而是它本身对于这个城市和这里的人们的可能性意义。它是一个理想的公共空间，更是一种典型的社会媒介。

三、比较研究：艺术街区的本地气质

在全国范围内，利用旧城区、旧厂房打造艺术街区的案例也有很多，远有北京的“798”艺术区、天津的“6 号院”，近有上海的“田子坊”、杭州的“LOFT49”创意产业园区、常州的“运河五号”，往西南看还有成都的“宽窄巷子”等等。在国外，类似的案例更是不胜枚举。有学者研究发现：“20 世纪 80 年代，在一些世界大城市如伦敦、伯明翰、曼彻斯特、柏林等，随着传统制造业的衰落，出现了大面积的旧厂房、旧仓库、旧码头等。在这些区域中，经济复兴、城市复兴往往与创意产业的发展紧紧交织在一起，如曼彻斯特破败的老工业带卡斯菲尔德（Castlefields）和内城‘北区’（North Quarter）的复兴；美国纽约‘苏荷’（SOHO）的崛起；伦敦南岸艺术区、洛杉矶酿酒厂艺术村（The Brewery）、东京立川公共艺术区、伦敦克勒肯维尔（Clerkenwell）、美国鱼雷工厂艺术中心（Torpedo Factory Art Center）等都是从一些废弃的工厂、码头或是军事基地转变而来的艺术街区。”（方田红，曾刚，张云伟，2012）

总的说来，这些业已成名的艺术街区或创意园区至少在主题上是具有浓郁的当地气质的，比如常州的“运河五号”坐落在京杭大运河岸边，内

① 由《第一财经周刊》发起的 2014 年中国城市等级划分表显示：除了北上广深，新一线城市为成都、杭州、南京、武汉、天津、西安、重庆、青岛、沈阳、长沙、大连、厦门、无锡、福州、济南，而宁波、合肥、南宁、太原、扬州、大庆、淮安、桂林、包头、昆明、哈尔滨、温州、珠海、贵阳、佛山、呼和浩特、中山、嘉兴、郑州、常州、南昌、苏州、东莞、威海、镇江、临沂、惠州、长春、烟台、石家庄、南通、徐州、洛阳、潍坊、咸阳、泉州等 36 个城市为二线城市。

② 从规划上看，江淮城市群是一个以合肥为中心的“1+10”城市群，拥有人口 3100 万，面积约 6.5 万平方公里，包括合肥、芜湖、马鞍山、铜陵、滁州、安庆等 10 个省辖市。

中很多店铺也很好地传达着运河文化的精神气质。“中隐于市”艺术街区的项目负责人朱洪也曾经这么表示：“我们希望将‘中隐于市’打造成合肥的‘田子坊’、‘宽窄巷子’，让外地人看它很合肥，合肥人看它很骄傲。”有鉴于此，笔者试图以“田子坊”和“宽窄巷子”作为比较研究的对象，探讨“中隐于市”究竟是不是融汇了合肥的气质，并成为这个城市的文化名片。

（一）“田子坊”与“宽窄巷子”的改造实践

“田子坊”的取名源于中国古代画家田子方①的谐音，位处上海市卢湾区泰康路210弄。在新中国成立前，泰康路地区属于法租界边缘，曾留有丁玲、沈从文、徐志摩等文艺大师的生活痕迹，“这曾经的浓郁文化氛围以后也成为集聚文化创意产业的有利条件”（孔翔，钱俊杰，2011）。新中国成立以后，泰康路210弄主要分布着传统的上海石库门里弄和上海食品工业机械厂、上海钟塑配件厂等五家20世纪50年代典型的里弄工厂，但自20世纪80年代以来，随着产业结构调整和城市功能转型，这些里弄工厂难以适应日趋激烈的市场竞争，许多厂房也闲置下来。1998年年初，著名画家陈逸飞先生看中此地合适的艺术创作空间、相对低廉的租金和曾经的文化氛围，率先租用里弄工厂的闲置厂房，而后陆续开办了陶瓷、油画、摄影等工作室。自他以后，黄永玉、尔冬强、王劼音、王家俊等许多艺术家也纷纷进驻泰康路。“截至2009年7月，田子坊内近2万平方米建筑面积的旧厂房中共集聚了各类艺术工作室40家、画廊8家、设计咨询公司30家”。（孔翔，钱俊杰，2011）

田子坊从陈逸飞等一批知名人士进驻，到吸引众多的设计机构，几乎是一个完全自发的过程。在该街区形成一定的规模效应以后，当地政府才跟进采取了一些支持政策，逐步完成了泰康路210弄里的旧厂房、旧仓库的转让置换，从而为更多的艺术家和创意店铺进驻铺路放行。“田子坊”在此后的2005年成为上海市第一批挂牌的文化创意产业集聚区之一。

“宽窄巷子”是成都市三大历史文化保护区之一，由宽巷子、窄巷子和井巷子三条平行排列的城市老式街道及其之间的四合院群落组成。“宽、窄巷子是北方胡同文化在成都的遗存，既有南方川西民居的特色，也有北方民俗文化的内涵，对成都本地人以及外地人有着独特的吸引力”（杨春

① 据考证，中国古代有个画家名叫田子方，最早在庄子奇文里提到，虽无任何作品留世，却是中国画坛祖师爷。

蓉，2009）。2003 年，成都市“宽窄巷子”历史文化片区主体改造工程确立，该区域将在保护老成都原真建筑的基础上，形成以旅游、休闲为主、具有鲜明地域特色和浓郁巴蜀文化氛围的复合型文化商业街，并最终打造成具有“老成都底片，新都市客厅”内涵的“天府少城”。2008 年 6 月，为期三年的“宽窄巷子”改造工程全面竣工。修葺一新的“宽窄巷子”由 45 个清末民初风格的四合院落、兼具艺术与文化底蕴的花园洋楼、新建的宅院式精品酒店等各具特色的建筑群落组成。

可见，对“宽窄巷子”的改造是由政府牵头、意在保护原真的老成都历史街区的行为。由于清末民初时期的“宽窄巷子”便已颇具名气，在 20 世纪 80 年代以后更是受到很多文人、艺术家、怀旧者和“驴友”的青睐，所以对它的艺术性改造和保护颇受关注，改造成功之后的“宽窄巷子”也因此强化了它作为“天府”成都的城市名片的历史和文化地位。

（二）气质何在？——“中隐于市”的走偏

不难看出，无论是“田子坊”还是“宽窄巷子”，它们都很好地展现了上海或成都在历史上和特定地域里的文化品位、追求。“田子坊”的前身是废旧厂房，由艺术家们自发组织对之进行改造；而“宽窄巷子”的前身就是历史文化街区，当地政府主持的对其改造工作更像是为了保护古建筑的路径选择。“田子坊”和“宽窄巷子”都取得了成功，这与它们特定的历史、文化和地域背景分不开。相形之下，合肥“中隐于市”艺术街区的创设有点外力强加于上的感觉，或者说它就是“田子坊”“宽窄巷子”外在街面的模仿和复制，人们逛行其间，很难感受到那种说不清道不明的“合肥味道”。

其实，合肥并不是一个完全没有历史、毫无气质可言的城市。作为北宋著名清官包拯的故乡，合肥在设计城市名片时总要冠名所谓“包公故里”，包公园仍是市内一大旅游景区；在人山人海的淮海路步行街上，李鸿章的旧居“李府”每天都要见证无数前来休闲娱乐的市民；而著名至今的“淝水之役”“曹操点将教弩台”“张辽威震逍遥津”“吴主跃马飞骑桥”的故事形塑了合肥的历史地位；1969 年，在世界范围内也赫赫有名的中国科技大学由北京迁至合肥，直接促成了这以后又拥有三所国家实验室和四座重大科学装置的合肥，成为仅次于北京的国家重大科学工程布局重点城市、唯一的国家科技创新型试点城市，同时也是世界科技城市联盟会员城市。

“包公故里”和“创新高地”的交合是合肥进行文化建设的资源和优

势。但遗憾的是，在“中隐于市”艺术街区，除了一些楼房的设计体现了江淮地区的典型风格以外，我们始终找不到这些元素。可能会有人说，若是要求每一处文化区域都背负这样的包袱，未免不切实际。确实，在一个开放时代，多样化理应受到尊重。但综观各种材料，都很容易看到当地政府和项目单位是计划把“中隐于市”打造成为“最合肥”的特色街区的，因此，我们提出这个看法并不算过分。此外，合肥作为安徽省的省会城市，理所当然地要给驰名古中的“徽派”文化一席展示之地，“中隐于市”艺术街区的一些建筑虽然名义上融入了“新徽派”创意元素的风格，但给人的直接观感并不明显。

事实上，除了合肥，国内很多城市在打造类似的艺术街区上都存在简单模仿、照样复制的现象，究其根源，乃是中国步调几乎一致的城市建设带来的千城一面。年轻的人们生活在鳞次栉比的高层楼房和川流不息的宽阔马路的夹缝中间，他们做着同样性质的工作，开着同样价位的汽车，吃着同样口味的食物，在精神的需求上也取得了一致。艺术街区的创设本应包含打破这种千篇一律的功能，但基于人们的固有心态和市场的普遍逻辑，模仿和复制恰恰就是开发者们最保险、最有利的选择。大概也是基于这个原因，有学者对“宽窄巷子”质疑，指出现代商铺、高档餐厅、豪华酒店的纷纷入驻“冲淡了昔日百姓喝茶聊天的市井小巷……失去了遗产最本质和珍贵的东西，这样的开发模式既改变了历史的‘形’，又遗失了历史的‘神’，是为‘神形俱失’”（周向频，唐静云，2009）。

“中隐于市”艺术街区的改造工作尚未结束，今后若是在引进更多的创意店铺的同时，也能开发一处旨在方便学者讨论“徽文化”的公共区域、搭建一个旨在方便戏迷赏析庐剧的公共舞台等，那么在未来的日子里，“中隐于市”的艺术格调必将更为丰富，曙光北路的文艺张力必将更加饱满。何乐而不为呢?

四、比较研究：城中村改造的是与非

以上我们仅从“中隐于市”作为艺术街区的方面探讨了它的走偏，但另一方面，它又是内置于城中村改造的大背景之下的。对城中村的改造是任何一个尚在发展的城市必须面临的问题，“中隐于市”艺术街区的实践可以说是提供了另一种路径。在国内其他一些城市和合肥其他一些地方，很多城中村的现状也并不乐观，下文笔者选取广州市的石牌村和合肥市的姚公庙作为比较研究的对象，以此探讨“中隐于市”艺术街区改造实践的示范意义，同时对它进行必要的文化反思。

（一）石牌村与姚公庙的现状和实践

广州市石牌村是广州最大也是历史最长的城中村，位于繁华的天河区中部，它是由村民宅基地扩展起来的密集建筑群（被称为“接吻楼”）及部分自留地构成。石牌村原是广州市近郊的一个普通乡村，20 世纪 80 年代初开始，它的农地逐渐被征作非农用途，村民聚落周边的农地逐渐被标准的城市建筑取代。随后，石牌村的原住民也开始兴建房屋并把它们租赁给来广州务工的外地人，房屋租赁经济因此成为石牌村最主要的经济形态。有研究者在石牌村调查发现，“1994 年，入村租屋居住的流动人口已达万人，超过本土常住居民的人数。其后，流动人口数量不断增加，到 20 世纪 90 年代末，石牌村已成广州市声名显赫的流动人口聚居区。据 2000 年统计，区内共有本土居民 9181 人、3139 户，外来入村租屋居住的流动人口 4.2 万人。近年来，流动人口一直比较稳定地维系于这种规模”（蓝宇蕴，2005）。

石牌村的环境非常糟糕，绝大部分楼房之间只有一米多宽的距离，终日不见阳光，沿着窄路分布着很多店铺，也多是肮脏混乱。笔者去广州的时候，曾与朋友于晚饭后特意前往村中小逛，在拥挤不堪的巷弄里行走，我们实在很难想象生活期间的近五万人的起居景况，没逛一会儿，就因为无法忍受里面的潮湿与昏暗而丧气地逃出来了。但由于这里的房屋租金很低，石牌村成为无数初来乍到广州的年轻人“梦想开始的地方”，甚至很多人一住就是多年。石牌村的复杂状况使得广州市政府对它的改造举步维艰。前两年，广州市政府决定选取一个具有代表性的城中村，按照“修旧如旧，建新如故”的原则保留其原貌，结果石牌村成为很多专家和学者的“心头好”，其中华工建筑学院老师冯江在接受记者访问的时候这么说道：“城中村不是可耻的历史，而是一个城市抹不掉的印记，石牌村则是城中村难得的样本，有着无法替代的价值。就好像美女有很多种一样，石牌村是气质美女，不需要动手术来整容。”如是这样，石牌村将会长久地保持现有的样貌。

姚公庙是合肥市的一个传统地域名称，从金寨路高架桥下南二环往南走几百米，就到了这个因庙宇而得名的地方。姚公庙占地 1.9 公顷，常住人口总数超过 12000 人。1961 年，在此地成立了姚公村；2002 年合肥市规划调整的时候，姚公村被划归合肥市包河区常青街道，变身姚公社区居委会，但无论是姚公村还是现在的姚公社区，合肥人一直沿用旧习惯称此地为姚公庙。

在被划归包河区之后，由于经济发展缓慢，姚公庙一度成了合肥市的城中村。经济的落后造成了村容的颓败，在姚公庙祁门路与三河路的交口（即传说中庙的位置），有个大门已经锈迹斑驳的影剧院，几乎没有人光顾，而影剧院的四周变成了巨大的垃圾场，晴天尘土飞扬，雨天水漫大地——类似的景象在姚公庙随处可见。然而，姚公庙位处车水马龙的金寨路上，毗邻高楼林立的政务新区，而且还处在政务新区与滨湖新区的节点位置，为让政务新区与滨湖新区贯通，合肥市政府对姚公庙的拆迁改造势在必行。

由于姚公庙的特殊交通位置，所以对它的改造很大程度上还是遵循惯常的逻辑：拓宽道路，拆迁房屋。2012 年 6 月初，姚公庙开始拆迁沿祁门路的商铺，随后启动祁门路姚公庙段的改造，改造之后周边居民的居住环境和交通环境都得到了明显的改善。姚公庙改造之后，向东直抵马鞍山路高架桥南端的包河大道，向北直通政务新区，向南前往滨湖新区的道路更加通达快捷，整个合肥西南部区域的路网也随之完善。

（二）另辟蹊径——“中隐于市”的示范意义

石牌村由于体量太大、问题十分复杂，因此在很长时间内只能维持现状，当地政府除了适时“小修小补”对它进行整改和治理以外，也别无他法可循；而姚公庙因特殊的地理位置，不得不进行大规模的拆迁和重建，以至彻底消除了城中村的痕迹。这两种情况是国内大多数城市的普遍现象。有些地方政府片面追求达成目标，往往很少考虑不同类型城中村的个性和特点，而是简单划一地进行拆迁和重建。如此思路和实践很容易引起原住民的不满，导致他们与政府、开发商经常闹纠纷，甚至引发群体性事件。

因此，从这个层面上讲，“中隐于市”艺术街区的创设是另辟蹊径，提供了城中村改造的另一种方式、另一条路径。“中隐于市”的示范意义在于：它不因地处寸土寸金的南一环旁边就直接选择拆掉重建，而是在对街区的面貌和布局进行一番了解后，探索了文艺性改造的可能性。有必要强调的是，我们对曙光北路做法的肯定是意识层面的，并不是要推介这种特定的改造模式。不同城市、不同地段的城中村具有较大的差异性，不少还成零散状分布，并不适宜打造为艺术街区。就连芜湖路街道一名负责人在接受采访时也说：“我们还在摸索阶段，希望在摸索中升华。目前的目标是把曙光北路经营好，暂时不会在片区内复制推广。不一定都打文化牌，但是会有自己的气质。”

据调查，合肥市现有城中村 164 个、41473 户、132246 人，截至 2014 年 3 月份，共改造了其中的 18 个，涉及 7434 户，用地 1266 亩。其中，2010 年改造实施了 120 万平方米。整个“十二五”的规划目标是改造完成 500 万平方米①。应该说，合肥市尚未改造的城中村规模并不算小，计划上马的改造任务并不算轻，如何做好这个工作，是决策者需要仔细衡量、认真思考的问题。

（三）边界与区隔——对“中隐于市”的文化反思

笔者在上文有意避开了“中隐于市”艺术街区背后的艺术家、店铺老板、游客与周遭居民关系的隐忧——它实际上是一个很重要的文化问题。2014 年 7 月份，哈佛大学的女博士周韵用布尔迪厄的“区隔”理论质疑欧宁等人在安徽省黟县碧山村进行的乡村建设，指出欧宁所谓的“碧山共同体”是根本不存在的，因为碧山村的原住农民被外来的知识分子“区隔（distinguish）”开了，从始至终，它都不是一个关于“共同体”的故事，而是一个关于“区隔”的故事。周韵的质疑引发了知识界的注意和讨论，笔者虽不完全认同她的说法，但在“区隔”一事上却与她很有共鸣。在“中隐于市”艺术街区，开发商试图取悦的是中产阶级知识分子的趣味，是从喧嚣的都市短暂离开后能找到“静谧的读书空间”，但对于曙光北路上更多的普通居民（经济条件相对较差）而言，他们为了生计，几乎无暇光顾身边的这个文艺场所。于是，前者与后者之间出现了一条明显的“边界（symbolic boundary）”，打着文艺旗号的艺术家、店铺老板和游客自然而然地把其他人“区隔”开了。

“区隔”理论是布尔迪厄（Pierre Bourdieu）的理论建树，他在《区隔：品味判断的社会批判》（*La Distinction. Critique sociale du jugement*）一书中深刻而完整地论及了这个话题。“区隔”是布尔迪厄在关于“资本”的论述中阐发的。“在布迪厄的视野中，文化资本的效用由两个因素组成：（1）区别。‘要存在就得有区别，也就是说，占据特定的、与众不同的位置’，对文化资本来说，没有区别就意味着不存在。（2）争夺普通大众。如果普通大众不认可，行为便没有了合法性，文化资本的权力机制就建立

① 引自合肥市规划局网，网址为 http://www.hefei.gov.cn/n1105/n32856/n190909/n19742374/n19742885/n19743002/19754584.html。

不起来。合法的文化资本的价值就在于既因其为普通大众所难以企及而与之‘为敌’，又令他们心向往之。布迪厄将文化资本的上述效用称为社会区隔”（曹国新，2005）。笔者尝试与“中隐于市”艺术街区外围的居民交谈，他们不少人对发生在这里的事情并不知情，甚至没有进入其中任何一家店铺。因此，在“中隐于市”艺术街区，艺术家和知识分子标榜的是“远离资本”建立“落地的乌托邦”，开发商强调的是“发展文化产业”，“用文艺和小资吸引游客”，普通居民则似乎是游离于这一切之外的——这本身就是一个关于权力、社会结构与各种资本（文化资本、社会资本、经济资本）的故事。

“区隔”的问题根本表现为社会不同阶层的话语对立，之于艺术家和知识分子，他们往往自认为优越于这个社会的大多数（至少在精神上），对“去国还乡”的美好憧憬，对“精神家园”的孜孜追求，这形塑了他们的生活形式和格调；之于城市的普通居民，他们日常面对的就是各种关乎生存的问题，他们必须去努力挣钱维持自己和家庭的长久发展，于他们而言物质总是要优先于精神，家境富裕、子女幸福是他们的生活目标。也许在未来，随着更多的人物质和文化水平的提高，“区隔”并不会成为问题，“边界”也会逐渐消失，但在目前看来，这种对立是很值得我们警惕的。

文化并不是艺术家和知识分子独享的产品，他们也没有任何权利规定任何一种文化的去向。因此，“区隔”的问题归根结底还是上文提到的特定区域文化的传承问题，“中隐于市”艺术街区只有在精神上对当地居民开放，他们才能融汇当地文化的气质，这样的话，这个街区的艺术张力也才能一直有继。

在更为广泛的意义上，任何一个城市对城中村的改造，都必须仔细考虑到它的地域和文化特点，必须着实照顾到当地居民的物质和精神关切，以此为基础选择一个恰当的改造模式，从而不仅实现地理空间的城市化，而且实现人的物质风貌和精神气质等全方位的城市化。

五、结　　语

对“中隐于市”艺术街区创设与城中村改造的研究，是我们对合肥文艺空间打造与城镇化研究的一个方面。相较于乡村建设，它的核心问题是一种城市社区文化向另一种城市社区文化的过渡。正是因为城中村也有着城市的因子，所以它会比乡村变为城市更加融洽；但也正是因为城中村往往是城市贫困人口的集聚地，所以它的很多问题比较容易失控甚至扩大化。我们研究城市文艺空间，实质上是在探讨其背后的文化隐忧，我们坚定地认为这些文化隐忧倘若得不到应有的重视，一系列体制难以解决的社会/文化问题将会接踵而至，从而影响我国城市社会秩序的稳定。我们也在宏观层面提出了一些问题的解决办法，但具体的措施还是要因时、因地而异，这寄希望于决策者的果敢与智慧。希望我们的研究能起到一些作用。

参考文献：

[1] 孔翔，钱俊杰．浅析文化创意产业发展与上海田子坊地区的空间重塑［J］．人文地理，2011，119（3）：46–50.

[2] 方田红，曾刚，张云伟．纽约自发性创意街区空间迁移原因分析［J］．城市问题，2012，209（12）：91–95.

[3] 成得礼．对中国城中村发展问题的再思考——基于失地农民可持续生计的角度［J］．城市发展研究，2008，15（3）：68–79.

[4] 孙丽华．城市山林与君子栖止［J］．中国社会科学院研究生院学报，2009，173（5）：124–129.

[5] 陈竹，叶珉．什么是真正的公共空间？——西方城市公共空间理论与空间公共性的判定［J］．国际城市规划，2009，24（3）：44–53.

[6] 杨保军．城市公共空间的失落与新生［J］．城市规划学刊，2006，166（6）：9–15.

[7] 杨春蓉．历史街区保护与开发中建筑的原真与模仿之争——以成都宽窄巷子为例［J］．西南民族大学学报（人文社科版），2009，214（6）：108–112.

[8] 周向频，唐静云．历史街区的商业开发模式及其规划方法研究——以成都锦里、文殊坊、宽窄巷子为例［J］．城市规划学刊，2009，183（5）：107–113.

[9] 曹国新．社会区隔：旅游活动的文化社会学本质——一种基于布迪厄文化资本理论的解读．思想战线，2005，31（2）：123–127.

[10] 蓝宇蕴．都市村社共同体——有关农民城市化组织方式与生活方式的个案研究［J］．中国社会科学，2005（2）：144–154.

[11] 魏后凯．党的十八大以来社会各界关于城镇化的主要观点［J］．经济研究参考，2013，2502（14）：15–32.

[12]［美］本尼迪克特·安德森．想象的共同体：民族主义的起源与散布（增订版）［M］．吴叡人，译．上海：上海世纪出版集团，2011：6.

从个体化走向共同体：微博民间舆论场研究

黄盛泉

摘　要：随着个体化社会的崛起以及信息传播技术的进步，目前我国的舆论空间出现了“民间舆论场”和“官方舆论场”平起平坐的局面。如今，个体能够借助微博这个开放的公共空间表达自己的意志，形成众多“个体化舆论场”，它们构成了我国“民间舆论场”主导性力量。目前学界关于两个“舆论场”的研究较多，但是从具体研究议题来看，关于“民间舆论场”中群体的研究很少。文章将研究重心聚焦于“微博民间舆论场”中的群体，重点分析“微博民间舆论场”中个体对共同体的分割，以及如何建构共同体聚合“微博民间舆论场”。

关键词：微博；舆论场；民间；共同体

一、引　　言

近年来，关于“两个舆论场”（“官方舆论场”和“民间舆论场”）的讨论非常激烈。一方面，由于互联网（特别是移动互联网）的迅速发展，各类新媒体如雨后春笋般涌现，个体借助新媒体表达自己的意志日益便捷；另一方面，由于我国目前正处于社会转型期，各类社会矛盾不断暴露出来，但是官方及官方媒体尚未跟上新媒体时代的步伐。因此，在我国出现了“官方舆论场”和“民间舆论场”双足鼎立的局面。

这一现象也引起了新闻与传播学界的高度关注。以中国知网数据库为例，新闻与传媒领域“全文”涉及“舆论场”的中文期刊论文达 3807 篇，“关键词”涉及“舆论场”的中文期刊论文也达 2117 篇；但是“篇名”

作者简介：黄盛泉，南昌大学新闻与传播学院硕士生。

涉及“舆论场”的中文期刊论文仅有213篇（见表1）。可见，目前新闻与传媒领域对于“舆论场”的相关研究比较多，但是专门针对“舆论场”的研究较少。

表1　中国知网数据库中“舆论场”相关文献数量

搜索关键词	搜索指标	文献数量（篇）
舆论场	全文	3807
	主题	2206
	关键词	2117
	篇名	213
两个舆论场	篇名	70
民间舆论场		36
官方舆论场		15

注：统计时间截至2014年10月9日。

深入分析发现：这213篇专门研究“舆论场”的文献，主要集中于研究如何打通两个舆论场。如官建文的《积极推进政务微博，打通“两个舆论场”》，陈广娟的《打通“两个舆论场”构建新闻传播新格局》，明廷栋、王琪和沈阳的《@人民日报：对接两个舆论场的有益尝试》，洪丹、孙爱群的《微评论“打通两个舆论场”的南方尝试》，等等。

而在具体的“官方舆论场”和“民间舆论场”的研究上，关于“民间舆论场”的研究相对较多，相关中文期刊论文数达78篇①。从研究议题来看，主要还是集中于研究“民间舆论场”与“官方舆论场”的融合和“民间舆论场”引导（见表2）。而关于“民间舆论场”中的群体研究很少，主要有两篇：中南大学潘蕾的硕士学位论文《网络事件中的民间舆论群体研究》（2013）和李蓓的《探析网络舆论事件中的民间舆论群体——从“华南虎事件”谈起》（2009）。潘蕾的文章主要“将民间舆论群体置于网络事件的背景之下来探讨民间舆论群体的形成、类型以及特征，并在此基础上分析舆论群体所存在的问题和引导对策”。李蓓的文章主要分析了“网络舆论事件中的民间舆论群体的形成及其对现实社会各种问题的情绪表现或意见表达的特点，这一群体的话语实践对政府、公众舆论、传统媒体所带来的影响”。

① 数据来源于中国知网统计，统计时间截至2014年10月9日。

表2 “民间舆论场”的研究议题分布与代表文献

研究议题	文献数量	代表文献
民间舆论场与官方舆论场的融合	12	《“主流舆论场”与“民间舆论场”的融合》
民间舆论场与官方舆论场对比	3	《官方民间舆论场异同剖析》
民间舆论场的特征	9	《微博舆论要素、效应与民间舆论场特点》
民间舆论场发展现状	7	《社会主义核心价值体系下民间舆论场研究》
民间舆论场的群体	2	《网络事件中的民间舆论群体研究》
其　他	3	—

注：统计时间截至2014年10月9日。

由于目前新闻与传播领域对于“民间舆论场”中群体的研究很少，所以本文将研究重点指向“民间舆论场”中的各类群体。此外，微博作为一个开放的公共空间，个体能够在微博上比较自由地表达自己的意见和建构“小群体”，形成“个体化舆论场”，比较具有代表性，所以本文进一步将研究中心聚焦于“微博民间舆论场”中的群体。本文从结构功能主义的相关理论入手，分析个体化社会在我国的崛起和个体化对“微博民间舆论场”的分割，以及如何建构共同体聚合“微博民间舆论场”。

二、个体化社会的崛起

早在1887年，德国社会学家斐迪南·滕尼斯（Ferdinand Tönnies）就指出，从传统的农业社会向现代的工业社会转型中，经历了从共同体到社会的转变过程，“‘共同体’是自然形成的、整体本位的，而‘社会’是非自然的即有目的人的联合，是个人本位的”。可见，随着社会的不断进步，人们日益从传统共同体中“抽离”出来，个体的主体性地位不断提高。特别是随着城市化的发展，社会结构逐渐由传统基于熟人之间以经验和关系联结的社会结构向以社会契约为中心的社会结构转变。亨利·梅因（Henry Maine）认为，现代工业文明的出现，包含了从传统的地位等级社会向陌生人之间市场导向的、契约型的社会转变，契约主义的兴起割裂了个人与家庭、社区之间的密切联系，人们被引入一种以陌生人之间的个人契约关系为基础的社会。

在我国传统社会结构中，个体基于血缘共同体、地缘共同体和情感共同体等强关系聚合在一起，个体深深嵌入在家庭网络和亲属关系中，并被它们所界定。而随着新中国的成立，特别是改革开放的发展，个体被不断“松绑”。此外，随着传播技术的不断进步，传统的时空界限被打破，地域消失；而且借助自媒体，个体能够更加自由地表达自我意志。可见，在政府相关政策和市场的双重作用下，我国社会个体的个体化程度日益提高，进入了阎云翔所说的“中国社会的个体化”阶段。

（一）市场的兴起

1949 年，中华人民共和国的成立，宣告了我国人民从此站起来了。之后，经过“三大改造”，我国进入了社会主义初级阶段。通过集体化与人民公社，国家推动集体主义方针，使个体将其忠诚的对象从家庭转移到集体，最终到国家。在这一历史阶段，人们以国家共同体为指导，平等地处于人民公社所建构的子共同体中。个体并没有在公共生活领域获得多少独立的自主权，因为国家不允许公共生活领域中有西方式的个人主义和独立的社会自组织存在。相反，在集体主义制度下，人们对国家形成了魏昂德（Andrew Walder）所说的“组织依附性”。总体而言，从 1949 到 1978 年，家族组织的经济基础和组织结构被系统性地消解，并且被集体农业和草根管理所代替，个体化被压抑。

1978 年，改革开放的春风使个体不再套牢于集体主义这棵大树，个体被“松绑”。市场经济被引入我国，人们不再吃“大锅饭”，而是“不管黑猫白猫，抓到老鼠就是好猫”，个体开始从集体主义中抽离出来。一方面，个体可以更加自由地流动；另一方面，个体在公共领域的主体性提高。这些大大推动了个体化的崛起，个体在国家政策和市场经济浪潮的双重作用下，逐渐从原来自己所熟悉和依赖的生活中走出来，融入更加广阔的公共空间。

弗雷德·赫希·泰勒（Fred Hirsch Taylor）认为，在富裕的社会中，个体的相对经济、社会地位比绝对经济、社会地位更加重要，即当收入增加后，人们的地位变得更加重要。伴随经济的不断发展，人们对地位关注的逐渐增加促进了人们之间的竞争。个体越来越关注个体利益，而群体期望和传统的共同体心态也逐渐减少。此外，随着收入水平的提高，金钱为个体化带来了更大的发展空间。金钱使个体的行动不再受特定地域和特定利益群体的束缚。例如富裕的个体能够频繁在海内外自由流动，并且结识海内外的陌生个体，突破传统人际关系场域的界限，形成兼容并包的“个体化场域”。

总之，随着市场经济的发展，市场这只“无形手”在促进个体的流动性上起了决定性的作用。不仅从精神上推进了个体化的觉醒，还在物质上为个体化的发展打下了坚实的基础。

（二）地域的消失

马克思在论述商品流通的费用时曾提出了“用时间消灭空间”的思想。他认为：“用时间去消灭空间，就是说，把商品从一个地方转移到另一个地方所花费的时间缩短到最低限度。资本越发展，从而资本借以流通的市场，构成资本空间流通道路的市场越扩大，资本同时也就越是力求在空间上更加扩大市场，力求用时间去更多地消灭空间。”随着现代传播技术的迅速发展，用时间消灭空间给现代物质和精神交往带来了革命性变化。特别是各类社交媒体的发展，使个体间交往的空间日益扩大，个体间交往的渠道日趋多元化，个体间交往的内容日益多样化，个体的个体性再一次被“松绑”。

如今，借助新媒体平台，个体突破了空间的界限，迎来了地域的消失。在传统社会，由于交通和传播技术的落后，个体只能束缚在狭窄的实体空间，流通空间较窄，个体间的流动主要通过个体在场完成。而随着传播技术的不断进步，个体可以与全球的陌生个体产生互动关系，从而使个体的人际关系网络突破了传统的首属群体的界限，引入了更多的次属群体关系。如果把传统基于强关系的小群体比作一口水塘，那么现代基于社会契约组成的小群体则犹如一条流动的大河，个体之间的流动更加便捷和活跃，实现了个体缺场和身份缺场的流动。

阎云翔在考察我国的个体化过程中，也主要关注了日益增加的社会流动对个体化的作用。虽然交通和城市化的发展，增加了人口的流动，但是这种流动仍然停留在实体空间，流动的时间和空间有限。而新兴传播技术的发展，个体的流动突破了时空的限制。个体只要在网络空间拥有账号，便可和全球的陌生个体建立互动关系，并且在网络虚拟空间建立基于自我的“个体化场域”。

（三）“个体化场域”的崛起

随着市场经济的飞速发展，以及传播技术的不断突破，个体的个体性日益被解放。如今，个体只要注册一个网络账号，便可在无边界的网络空间公开表达自我的意志，并且以“己”为中心建立“个体化场域”。例如：一个对新媒体感兴趣的个体，可以通过微博的搜索功能找到志同道合的其他个体，并且在不用取得对方同意的情况下关注对方；同时其经常转发或原创一些新媒体相关的内容，亦能吸引其他趣缘个体的关注，从而形成一个以该个体为中心的“新媒体场域”。

曼纽尔·卡斯特（Manuel Castells）在《网络社会的崛起》中指出：“我们的社会是环绕着流动而建构起来的：资本流动、信息流动、技术流动、组织性互动的流动、意象、声音和象征的流动。”新媒体的发展，不仅促进了个体主体性意识的觉醒，而且使自由的信息流动和言论表达成为可能。如今我国微博账号达12亿，新浪微博和腾讯微博每天发帖2.3亿条，这些来自不同地域、不同领域以及拥有不同生活背景的个体积极在微博空间表达自己的观点，甚至参与社会治理。他们构成了我国“民间舆论场”的主体性力量，使“民间舆论场”和“官方舆论场”平起平坐。

总之，随着个体化社会的崛起，全球的个体均可以基于网络平台对同一个热点事件发表自己的意见。由于个体的场域和惯习各异，其观点亦是百家争鸣，这些多元化的观点构成了当今社会的“民间舆论场”。此外，个体以“己”为中心建构的“个体化场域”也是纷繁复杂的，它们使“民间舆论场”日益分裂和碎片化。

三、个体化分割微博民间舆论场

关于“两个舆论场”的概念，在我国由来已久。早在互联网起步阶段的1997年，新华社原总编辑南振中先生在与出租车司机的交谈中，产生了“口头舆论场”或“民间舆论场”的思想雏形；之后，南振中先生在1998年1月的新华社工作会议上提出了正确处理“两个舆论场”的关系问题。在其看来，现实中存在两个“舆论场”：一个是老百姓的“口头舆论场”；一个是新闻媒体着力营造的舆论场。

进入21世纪，互联网在我国迅速崛起，同时也带动了各类自媒体的不断发展。越来越多的个体借助自媒体发声，使“民间舆论场”走进了网络世界。2011年，人民网总裁兼总编辑廖玒先生在《大众麦克风时代与媒体责任》演讲中指出：体制内舆论场即“官方舆论场”，包括国家的报纸、电视台和网站新闻，而民间舆论场则包括口头舆论场和网络自媒体等。可见，如今我国的“民间舆论场”不仅包括了传统的口头舆论场，还发展出了基于网络自媒体的网络舆论场，而且后者的影响力非常大。

从舆论的定义可知，该概念的核心在于公众意见。所以个体意见并不能形成舆论，而是必须与其他个体意见聚合方能形成舆论。而微博的发展将个体聚合到一个共同的平台，在这个平台上，个体基于关系进行信息分享、传播和获取。复旦大学童兵教授认为："从学理上说，包含若干互动因素从而使一些人形成共同意见的时空环境谓之舆论场。"微博的聚合功能将各方观点聚合到一起，让类型纷呈，内容丰富的多重舆论场同时共生，形成纷繁复杂的"微博民间舆论场"。

（一）类型纷呈的多重舆论场

与"官方舆论场"相比，"民间舆论场"生成和传播的舆论，是自发、分散和自由的，基本上是在无组织的情况下自由流动。而随着个体化社会的崛起，使"微博民间舆论场"中的意见更加多元化和混杂，各方意见犹如一盘散沙杂糅在一起。

一方面，微博平台日益成了民间舆论场的聚合场。由于微博具有开放、公平和进入门槛低等特点，越来越多的个体涌入微博世界表达自己的意见。特别是个体可以便捷地对一些时事热点发表自己的观点，从而形成相关舆论场。微博将原来散落在世界各个角落的公共意见聚合到了一个平台，并且让这些纷繁复杂的观点在其中净化和升华。近年来，许多重大舆情事件在微博首发，并在微博空间引发了激烈的讨论，形成强大的民间舆论场，最后倒逼官方舆论场的议程设置。例如：近年来的一些微博反腐案件，主要由于意见领袖在微博平台上的曝光，从而引来了网民们的大讨论，最后引起了官方媒体和政府的注意，将该热点放大，最终推动了问题的解决。

但是个体的不断聚合也带来了一些问题。随着个体化社会的崛起，个体以"己"为中心建立的"个体化场域"亦是千差万别的。这些"个体化场域"犹如西方社会关系理论中的"团体格局"，它们彼此独立，又紧密地联系在一起。他们散落在微博空间中，必须通过一些热点事件或者建立微群方能建构共同体，将较多的个体聚合在一起。然而通过时事热点建构的共同体只是暂时的，各类微群亦是鱼龙混杂。所以，随着微博的发展，聚合这些个体显得日益困难。以新浪微博为例，目前拥有 142 万个兴趣群，6620 万个爱好者，586 万个群话题，要整合如此多的微群非常困难。

另一方面，微博平台日益成了民间舆论场中人际关系的辐射场。马克思主义哲学观点认为，一切事物和现象都表现为各种关系场的形态，每个意见主体都生活在社会组织结构之中，都在复杂交错的社会关系中活动。微博空间中的个体亦不例外。借助微博平台，个体能够非常便捷地与其他陌生个体建立联系，在个体的人际关系网络中引入更多的“弱关系”[①]。如今，微博空间的人际关系网络既包括了“强关系”，也包括了“弱关系”，两种关系错综复杂地交织在一起。

六度空间理论认为：一个人与另一个陌生人之间所间隔的人不会超过五个，也就是说，最多通过五个人就可以在两个陌生人之间建立联系。而借助微博，个体欲与其他陌生个体建立联系甚至不需要一个中介，个体可以便捷地搜索到对方的账号，在不需要对方同意的条件下与其建立联系。然而这种便捷性也带来了一些问题，例如个体关系网络中“弱关系”过度，导致其关系网络离散程度较高，离心亦较远；同时，这种易获得性也带来了人际关系网络的泛滥等。

总之，目前微博空间正聚合着各种各样的“个体化场域”，它们单独或共同形成了众多的“微博民间舆论场”，让公共意见汇聚到一起，形成群体智慧；但是随着“个体化场域”的增加，整合它们日益困难。此外，各个“个性化场域”之间处于错综复杂的关系网络之中，使“微博民间舆论场”更加复杂。

（二）不断博弈中的“微博民间舆论场”

场域理论是法国社会学家皮埃尔·布尔迪厄（Pierre Bourdieu）社会学理论的核心概念之一。布氏认为：“从分析的角度来看，一个场域可以被定义为在各种位置之间存在的客观关系的一个网络（network），或一个构型（configuration）。正是在这些位置的存在和他们强加于占据特定位置的行动者或机构之上的决定性因素之中，这些位置得到了客观的界定，其根据是这些位置在不同类型的权利（或资本）——占有这些权利就意味着把持了在这一场域中利害攸关的专门利润（specific profit）的得益权——的分配结构中实际的和潜在的处境（situs），以及它们与其他位置之间的客观关系（支配关系、屈从关系、结构上的对应关系等）。”

同时，布氏还指出，他偏向于使用开放式的概念，通过将概念纳入一

① 1974年，美国社会学家马克·格拉诺维特提出了著名的“弱连接理论”。他认为人际关系网可以分为强关系网络以及弱关系网络两种。强关系指的是个人所处的社会网络中同质性比较强，人与人的关系紧密，相互的人际关系间有着很强的情感因素加以维系；而弱关系正好与其相反，在这种关系中，个人所处社会网络的异质性较强，人与人之间的关系不紧密，也没有太多的情感间维系。

个系统之中，从而更好地界定这个概念。所以，我们理解场域理论离不开布氏的另外两个重要概念：惯习（habitus）和资本（capital）。所谓惯习就是知觉、评价和行动的分类图式构成的系统，场域形塑着惯习，惯习体现着场域。同时，场域作为一种社会关系总是处于争夺之中，这些争夺旨在维续或变更场域中各力量的构型，即争夺自我在场域中的地位。而取得地位的关键在于特定资本的分配，它推动着拥有一定数量资本的行动者们采取某种特定策略积极参与场域的博弈。值得一提的是，这里的资本并不局限于经济学概念，它包括了经济资本、社会资本、文化资本和符号资本等。可见，“场域”“资本”“惯习”三个概念及其关系构成了场域理论的基本架构。

所以，我们理解“微博民间舆论场”时，也必须把其放在一个系统中进行分析。如今，个体不仅可以建立以“己”为中心的“个体化舆论场”，还可以嵌入其他舆论场。前者主要是指个体在微博上基于自己的需求和爱好选择关注其感兴趣的其他个体，以及发表自己感兴趣的内容吸引其他志同道合的个体，从而形成“个体化舆论场”。后者主要是指个体在微博平台加入一些自己感兴趣的微群或者参与一些微话题的讨论，从而将自己嵌入其他舆论场。这些舆论场都拥有自己的惯习，从而与其他场域区隔开来。惯习的存在，不仅可以培养场域内的共同认识，还可以将其他非志同道合的个体排除在场域外，使该场域更加纯净。

但是，在“微博民间舆论场”中的各“子场域”及其个体由于拥有的资本各异，因而在场域中处于不同的位置；同时，资本赋予了某种支配场域的权力。所以为获得相对更高的位置和更多的资本，“微博民间舆论场”中的行动者采取各类竞争策略进行争夺。例如：微博中的个体经常竞争各自的粉丝数量，努力让自己成为意见领袖；此外，不同的微群也积极运用各种策略吸引更多的加入，从而壮大该群的力量。

总体而言，“微博民间舆论场”中的“子场域”虽然形成了自己的客观关系网络，而且形成了惯习维系这一客观关系，但是由于彼此之间拥有的资本和所处的位置是不平衡的，所以微博空间中的“子场域”也处于不断的博弈之中。

（三）碎片化的“微博民间舆论场”

舆论的形成也是从个人意见开始的。个人意见不是舆论，但是舆论一定是发端于个人意见。根据 Schema 理论可知，不同文化背景的个体，其看问题的角度亦不同。特别是随着个体化社会的崛起，个体的主体性地位日益提高，从而使不同的个体对同一事件的看法也日趋多元化。但是大部分个体还是倾向于与那些有共同语言的个体交流观点，正所谓“话不投机半句多”。可见，在微博平台中，每个对于自己都有一个角色定位，将自我归属于一定的场域内。

在微博平台，个体可以在遵守相关法律法规的前提下，自由地对各类事件发表自己的观点。但是人的精力有限，所以个体的关注点亦有限，其主要围绕着自己场域内的事件发表自己的观点。这种分化使“微博民间舆论场”分割成各类不同的“子场域”，各“子场域”中的个体聚合在一起发表自己的意见，形成碎片化的“微博民间舆论场”。此外，由于各个场域之间存在区隔，特别是一些相差较大的场域，它们之间的区隔更加明显，从而使“微博民间舆论场”中各“子场域”之间存在结构洞①，使各“子场域”更加分裂。

为了改变微博空间中个体支离破碎的局面，微博平台也推出了“微群”和“微话题”等应用，希望借助这些应用将碎片化的“个体化舆论场”聚合在一起。前者主要通过人际关系网络将个体联合在一起，后者主要基于议程设置将个体聚合到一起。但是随着个体主体性地位的不断提高，个体可以主动进行议程设置，而且话题也日益分散。此外，各类微群的分类也不断垂直细分，个体可以自由建群，群的类别日趋繁杂。以新浪微博为例，该平台上拥有142万个兴趣群，分为明星粉丝、兴趣爱好、同城生活、行业交流和同学校园五个大类，各大类下面又有至少六个子类（见表3）。

表3 新浪微博微群分类

一级分类	明星粉丝	兴趣爱好	同城生活	行业交流	同学校园
二级分类	港台、内地、日韩、欧美、电影、音乐、更多	星座、时尚、旅游、摄影、动漫、美食、更多	北京、上海、广州、江苏、山东、浙江、更多	科技、财经、传媒、创意、教育、公益、更多	北大、清华、人大、复旦、中传、浙大、更多
微群数量（个）	105681	170260	98463	128990	95987

注：数据来源于新浪微博，统计时间截至2014年10月11日。

① 结构洞理论认为，社会网络中的某个或某些个体和有些个体发生直接联系，但与其他个体不发生直接联系，无直接联系或关系间断（disconnection）的现象，从网络整体看好像网络结构中出现了洞穴。

总之，随着个体主体性地位的提高，互联网时代基于“个体”的舆论场日趋多元化和碎片化，它们不断分割着“微博民间舆论场”。如今，基于微博平台，个体能够自由地建构和嵌入相关的民间舆论场，它们不断垂直细分“微博民间舆论场”。这种不断细分虽然有利于使各“子舆论场”内个体间关系日益强化，但是各“子舆论场”间的关系却日益弱化，最终造成“微博民间舆论场”的碎片化。

四、共同体聚合微博民间舆论场

人是社会的动物，而社会总是以各种共同体的形式存在，因而人又是共同体的动物。马克思在强调人的本质是社会的人时指出：“人的本质是人的真正的共同体。”可见，在人类诞生之初，共同体就存在着，并且一直贯穿于人类社会发展的过程中，只是在不同的历史阶段，共同体的形式和性质不同罢了。在农业社会，人类的共同体形式属于家元共同体的范畴；在工业化的过程，人类建构起了族阀共同体；全球化和后工业化将预示着合作共同体的生成。而如今，我们正处于从工业社会向后工业社会的转型时期，共同体也应该向互惠合作的共同体进化。

在过去几十年，我们一直注重个体主体性的发展，但是随着个体的不断分化，亦带来了共同体的分裂。在微博上，个体以“己”为中心不断分割着“微博民间舆论场”，使各舆论场的离散程度日益提高，舆论场的影响力亦下降。此外，随着个体的不断垂直细分，原有的共同体对于这些个体的指引也是鞭长莫及。所以，我们必须重新建构新的微博共同体，从而实现微博空间中共同体与个体的“中和位育”[①]。

（一）从宏观层面建构“大共同体”

“共同体”概念的创始人亚里士多德曾说过：“所有的城邦都是某种共同体，所有共同体都是为着某种共同的善而建立的（因为人的一切行为都是为着他们所认为的善），很显然，由于所有的共同体旨在追求某种善，因而，所有共同体中最崇高、最有权威，并且包含了一切其他共同体的共同体，所追求的一定是善。这种共同体就是所谓的城邦或政治的共同体。”

① “中和位育”，是潘光旦先生在1926年提出的概念。他引《中庸》里边“致中和，天地位焉，万物育焉”之义，解释说：“位”的注解是安其所，“育”的注解是遂其生。

可见，在亚里士多德看来“善”乃古希腊“大共同体”的核心，共同的善让古希腊人民凝聚到一起。

而我国作为人民民主专政的社会主义国家，也必须从我国的实际出发，发展具有中国特色的“大共同体”。党的十八大提出了社会主义核心价值观，简单凝练的24个字从三个层面勾勒出了社会主义核心价值体系的内核，体现社会主义核心价值体系的根本性质和基本特征，反映社会主义核心价值体系的丰富内涵和实践要求。所以，我们在建构“微博民间舆论场”的“大共同体”的过程中，必须基于社会主义核心价值观展开，从而使“大共同体”更适合我国的国情，更有助于指导具体的实践。

“大共同体”作为一个整体，是其他“子共同体”和个体的价值观和规范，它为“子共同体”和个体的发展指明了发展方向。它就像一块磁石，吸引着各“子共同体”和个体，将其凝聚在自己的周围，使整个社会结构更加稳定；而不至于使碎片化的“子共同体”和个体迷失在实体空间及网络空间。“大共同体”的建构将使碎片化的“微博民间舆论场”有了前进的方向，同时也使“微博民间舆论场”中的环境更加和谐，减少各类谣言的生产。值得一提的是，“大共同体”只是一个宏观的指导纲领，具体的实践，我们还必须从微观上下功夫。

（二）从微观层面建构“中共同体”

随着个体化社会的不断发展以及微博空间的不断成熟，目前“微博民间舆论场”被不断垂直细分，甚至细分到该小群体中只有一个人。而舆论作为一种公众意见，单个人是不可能形成舆论的，所以“微博民间舆论场”在细分的过程中必须注意一个“度”：既不是越大越好，也不是越小越好。随着个体从传统社会的不断抽离，人们的主体性不断提高，想要建构一个或几个超级庞大的“共同体”日益困难。所以，我们必须将眼光转向构建“中共同体”。

“中共同体”在群体规模上相对较小，一方面使个体间更加充分地进行互动，表达个体的心声，聚合起来形成舆论；另一方面也使“大共同体”更具活力。这些“中共同体”基于各自特色拥有不同的定位，在坚持“大共同体”指导的同时也能联系具体实际进行创新，同时亦更能增强个体间的凝聚力。

根据边际效益递减规律可知：当“微博民间舆论场”细分到一定程度时，会出现边际效益递减的现象。所以，我们必须找到“微博民间舆论场”细分过程中边际效益最大化的那个点，而这个点正是“中共同体”的群体规模。

（三）增强群内凝聚力

通常来说，群体凝聚力能够提升群体的生产力和群体的表现，促进对群体规范的遵从，改善成员的精神状态和工作满意度，促进群内沟通，提升群体的稳定性。

个体作为共同体的基本组成部分，在坚持共同体指导的同时，还必须处理好个体之间的关系，从而增强共同体的凝聚力。“微博民间舆论场”中的个体大多是基于共同的兴趣爱好或需求而聚合到了共同体之中，并且在共同体的不断发展过程中形成该共同体的惯习。这些惯习一方面可以吸引其他志同道合的个体进入，另一方面也可以使那些非志同道合的个体被排除在外。惯习犹如进入该共同体的门票，并且进入的个体都遵守该共同体的惯习，从而使该共同体更具凝聚力。所以，要增强群体内的凝聚力，必须建构绝大多数个体认可且愿意遵守的惯习，从而更好地维系共同体的稳定性。

此外，还必须加强群内个体的交流和沟通，培养个体间的情感，建构情感共同体。在微博空间，大部分个体之间属于“弱关系”，这些“弱关系”具有不稳定性，彼此之间缺乏信任。所以必须加强群内个体之间的沟通，一方面使“弱关系”向“强关系”转化，增强群体的凝聚力；另一方面将个体的意见聚合在一起形成群体智慧，从而产生“一加一大于二”的效果。

（四）加强群际互动

随着“微博民间舆论场”被不断垂直细分，形成了一个个碎片化的“子场域”。由于各个场域代表了一定的客观关系网络，各场域之间的区隔较明显，导致“微博民间舆论场”中的“子场域”之间存在着许多结构洞。这些结构洞阻碍了各个场域之间的交流，使“微博民间舆论场”更加分裂。所以，必须加强“微博民间舆论场”的群际互动。

群际互动有助于将各群体联系在一起，打通结构洞，使各群体依附在一起，从而促进“微博民间舆论场”中群体间关系的稳定性和有序化。微博作为一个完全开放的平台，个体也应该用开放的眼光进行群际互动，而不让自己束缚在自我的“个体化场域”。这种群际互动既可以是线上的，也可以是线下的，总之其目标在于加强“微博民间舆论场”中各“子场域”之间的交流，增强“微博民间舆论场”的凝聚力；打通各“子场域”

的结构洞，使“微博民间舆论场”更加稳定和更具结构性。

五、总　　结

随着个体化社会的不断崛起，“微博民间舆论场”被不断细分，从而使“微博民间舆论场”日趋碎片化。“微博民间舆论场”中的各类“子场域”和个体错综复杂地交织在一起，形成了一个类型纷呈的多重舆论场。在这种混杂的状态下，不但不能使“微博民间舆论场”较好地发挥作用，实现群体智慧；而且使“微博民间舆论场”充斥着许多谣言和欺骗行为。所以，我们必须在“微博民间舆论场”中建构共同体。一方面从宏观和微观两个层面分别构建“大共同体”和“中共同体”，另一方面增强群内和群际之间的互动，从而实现中和位育，构建和谐的“微博民间舆论场”。

参考文献：

[1] 中共中央编译局．马克思恩格斯全集（46 卷下册）[M]．北京：人民出版社，1980：33.

[2] Hirsch F. The social limits to growth [M]. Cambridge: Harvard University Press, 1976.

[3] [英] 曼纽尔·卡斯特．网络社会的崛起 [M]．夏铸九，王志弘等译．北京：社会科学文献出版社，2001：505.

[4] 陈芳．再谈“两个舆论场”——访外事委员会副主任委员、全国人大常委会委员、新华社原总编辑南振中 [J]．中国记者，2013，(1)：43.

[5] 廖玒．官民舆论对峙加大互联网起减压阀作用 [EB/OL]．人民网，2011 年 07 月 29 日．

[6] 童兵．官方民间舆论场异同剖析 [J]．人民论坛，2012，(5)：34.

[7] 中共中央编译局．马克思恩格斯全集（第 3 卷）[M]．北京：人民出版社，2002：394.

[8] 张康之，张乾友．共同体的进化 [M]．北京：中国社会科学出版社，2012：1.

[9] 苗力田．亚里士多德全集（第 9 卷）[M]．颜一，秦典华译．北京：中国人民大学出版社，2003：1.

从“有无相生”到“多元共生”

——作为“场所媒介”的江南水乡灰空间研究

陶文静

摘　要：文化遗产保护的价值在于其对当代以及未来人类生存发展所具有的积极意义。面对日益严重的个体化问题，如何在当代中国城市社区中构建聚合多元异质人群的有效机制，已经成为一个亟待解决的跨学科问题。列入联合国世界文化遗产名录的江南水乡市镇以其“群落”性质而被认为具有“突出文化价值”，也被誉为中国古代真正意义上的城市形态。在其中，多种形态的“灰空间”发挥了重要的“媒介”功能。作为一种场所媒介，江南水乡的灰空间既是民居建筑连接成“群”的有效构件，又是水乡“家庭与社会”“私人与公共”聚合方式的集中体现。以灰空间联结而成的水乡市镇，从本质上讲是一幅多元融合的沟通交往网络。多元主体在形成对特定灰空间“共用”共识的同时，也产生了其特有的“群己”关系模式，在实现交往的过程中促进了水乡内外的多元共生。保护和合理利用江南水乡需要从其传播交往结构和社会关系网络的整体入手，“富有人情味儿的诗意栖居”才是其最为珍贵的现实意义所在。

关键词：灰空间；场所媒介；群己关系；主体间性；多元共生

个体化是现代工业社会的总体趋势。西方世界，随着现代交通和通信的发展，人们借助种种先进的技术手段来使自己的日常生活最大限度地脱离公众领域，这一倾向已成为工业社会的显著特征①。反映在城市形态中，邻里结构单一、人际关系疏离、社区样式的防御性成为交往贫乏和公共生活衰落的有形体现。相似的问题同样发生在中国。虽然在现代早期个体化被赋予解放的意义，但真正的个人主义不仅关注自我，它还调整着自我与其他平等个体之间的关系。而当下中国缺乏秩序、自私的个体化由于缺少

作者简介：陶文静，上海政法学院文学与传媒学院副教授，博士。

① 蔡禾．城市社会学：理论与视野［M］．广州：中山大学出版社，2001：101.

有效的社会组织必然带来一系列问题，导致社会的崩溃和解体[①]。以多样性为基础的城市必须以一定的机制聚合才能成为可能。[②] 伴随新一轮的城镇化建设，如何在日益个体化的中国城市构建行之有效的沟通聚合机制，已经超出了单一的学科框架，成为亟待解决的现实问题。

20 世纪 60 年代，美国学者简雅各布斯就已开始呼吁美国城市重回街道生活，注重人的体验和邻里之间的交流互助。1971 年，扬·盖尔在《交往与空间》中强调了空间具有促进交往的潜能，并探讨了交往空间的设计与条件[③]。但其对"交往"的定义更多局限于个体行为层次而忽略了其在共享意义、建立关系等方面的社会价值。2006 年，美国规划学界和人文学界共同提出了"可沟通城市"（communicative city）的理念，认为城市结构和实体空间能够促成一个可以将其居民整合进一个动态而有活力的整体的传播系统[④]，从而有助于城市多元族群和视角的融合并取得显著的社区成就。这套理念对城市交往场所的营造具有借鉴意义，但更适合有着广场生活传统的欧美世界。日本建筑学家黑川纪章认为，欧洲城市以广场为中心，而亚洲蜿蜒曲折的街道才是其城市最大的特色。他将亚洲建造中这种半室内、半室外和半公共、半私人的空间形态称为"灰空间"，并认为其是达成共生的条件[⑤]。黑川纪章的共生思想根植于亚洲建筑文化传统[⑥]，是对现代西方二元主义城市理念的反思与批判，但对这些空间设置如何促成社会层面的共生却并没有进行充分说明。

从传播学的角度，黑川纪章的共生理念实际上是对一幅多元关系网络的描述与追求，沟通交往则是这幅关系网络得以存在的基础和运行机制。早在黑川纪章提出"灰空间"概念之前，我国传统的江南水乡就已大量存在类似的空间媒介，既是民居建筑连接成"群"的有效构件，又是水乡"家庭与社会""私人与公共"聚合方式的集中体现。本文即是从人与社会的空间交往这一视角展开对江南水乡灰空间的研究，关注其产生、发展、变迁，分析其所构建的传播交往网络与江南水乡市镇形态之间的同构关联，力求揭示灰空间在交流信息、生成意义、建立关系等方面的媒介功能以及在此基础上建构居民社会关系网络、促进市镇多元共生的作用机制，

① 阎云翔．中国社会的个体化［M］．上海：上海译文出版 2012.

② ［美］桑内特．公共人的衰落［M］．上海：上海译文出版社，2006：35.

③ 扬·盖尔．交往与空间［M］．北京：中国建筑工业出版社 2002.

④ Leo W. Jeffres, *The Communicative City*: *Conceptualizing*, *Operationalizing*, *and Policy Making*, *Journal of Planning Literature*, November 1, 2010/25: 99-110.

⑤ 黑川纪章．新共生思想［M］．覃力等译，中国建筑工业出版社 2009.

⑥ 郑时龄，黑川纪章．共生思想的哲学基础［J］．室内设计与装修，2003（10）.

为充分合理发扬水乡古镇的当代价值、应对社会个体化危机、探索更适合中国城镇发展的社会聚合机制提供借鉴。

一、“有无相生”的灰空间——江南水乡交往网络的形成

既有对水乡灰空间的研究多集中于对空间形态的分析，认为江南地区的气候和自然条件、天人合一的居住理念对其产生具有主要影响，并按照建筑形态将其划分为单体建筑灰空间（以披檐、天井为代表）和群体建筑灰空间（以骑楼、廊棚为代表）两个主要类型。这些研究有助于界定灰空间“半室内/半室外”的形态特征，但其“半私人/半公共”的意义特性则更需要从灰空间作为“私人与公共”的连接方式这一社会功能视角来加以理解。

由于灰空间的定义尤其侧重其“意义属性”（私人/公共，室内/室外），从概念界定上属于场所（空间+意义）范畴。舒尔兹认为，建筑从属于诗意，不存在无意识的空间①。江南水乡灰空间是当地居民在“有无相生”的传统建造理念指导下，出于居住和交往的需要而进行的有意建造，在形成“灰空间”场所精神的同时也形成了不同层面的交往关系——选择在特定的地点以特定的方式建造和使用灰空间，本身就是水乡居民对自身与自然、他人、社会之间关系的构建。在此过程中，虚实空间和意义与关系体系同样获得了组织框架，联结成空间、意义、关系多元融合的水乡市镇网络。

（一）家庭灰空间——理想栖居的有意营造

按照场所中交往关系的类型，江南水乡灰空间可分为家庭灰空间、邻里灰空间和公共灰空间三种。以家庭灰空间为建造单元，其他两类则是在此基础上的结构、意义和关系的叠加。

家庭灰空间的营造首先源于水乡居民基本生活的需要。传统的江南水乡是以居住为主的聚落形态，建筑大都以家庭为单位，以住宅为主要构成。沿街商家也是以居住功能对外的延伸（常为前店后宅，上宅下店）。

---

① 诺伯格·舒尔兹．场所精神——迈向建筑现象学［M］．施植明译．台北：田园城市文化有限公司 1995.

作为民居建筑的一部分，家庭灰空间以廊檐、天井、亭台、漏窗等为代表，同样承载着多种居住功能，反映出人们对理想栖居的有意追求。

只有能让人“身心两安”的地方才能称作是“家”[①]，人与自然、人与人之间的交往质量决定生活质量。在以农业为主要生产方式的古代社会，中国传统居住理想以“天人合一”为主导[②]。虽然也要遮蔽风雨，但相比于封闭的室内空间，灰空间的营造更多出于与自然亲切“对话”的需要。其“道法自然”的“天人观念”与“人与自然相分离”的西方建筑理念不同，强调在顺应自然之间的基础上发挥创造，并以“有无相生”为操作原则。

老子在《道德经》中讲到“凿户牖以为室，当其无，有室之用。故有之以为利，无之以为用”。“有”是指建筑实体，“无”是指建筑内部和外部空间，有用的建筑空间必须通过实体的建筑构筑才能取得，但完全封闭的空间也不能使用，贯通才能使空间变得无限。这种传统的“有无相生”“反观和一”的建造理念，被建筑大师赖特誉为“最好的建筑理论”。水乡灰空间的建造即是在这套世代相传的操作原则下，通过对台基、柱和屋顶等建筑构件的“有”，组织起室内与室外延续空间的“无”；通过居住和交往需要的“有”，生发出家族内部伦理关系和生活美学的“无”。

中国传统伦理中的“内向性”使江南水乡的住宅仍旧以合院式为主，天井、漏窗等设置则重新将自然引入家庭的室内环境中。在天井中引入植物、设置水体具有调节微气候的科学作用。许多人家在天井挖水井，被赋予财富的意义，当地的苏商、浙商文化亦是尊重这种天赐财源，不取不义之财。天井还是主人志趣彰显和诗情画意的生发地。郑板桥在《板桥题画竹石》中说天井“其地无多，其费亦无多也。而风中雨中有声，日中月中有影，诗中酒中有情，闲中闷中有伴……”场所精神的形成是利用建筑物赋予场所的特质，并使这些特质与人产生亲密的关系[③]。“生活美学”的生成也标志着天井灰空间场所精神的生成。

除了人与自然的对话，天井也是大家庭成员共同拥有的“半公共”空间。家是第一个学会共处、承担社会责任的地方，受儒家“义理之天”的影响，水乡中除沿街单间排列的小屋外，中宅、大宅都是横向奇数开间、

---

① 张松. 文化景观江南古镇解读［M］//为谁保护城市，生活·读书·新知三联书店，2010.

② 汤一介. 论“天人合一”［J］. 中国哲学史，2005（2）.

③ 诺伯格·舒尔兹. 场所精神——迈向建筑现象学［M］. 施植明译，台北：田园城市文化有限公司，1995：19.

纵向前后进排序，居室—厅堂—宅—进落的组合方式，是中国传统家族内伦理关系的空间反映。而在长期的生活体验中，上述空间布局又反过来塑造了人们在其中的交往模式，延续了阖家团聚、长幼尊卑的秩序。每个进落的天井中种植不同的植物，提示主宾、长幼之仪和家庭内外的交往关系——第一进的门厅供一般客人使用，种上两株玉兰，寓意“玉兰其芳”（谐音“发”）；第二进，轿厅供更为尊贵的客人使用，种上两株桂花，左黄右白，寓意“金银呈祥”；最后进常常是家中长者的居处，种上松竹梅，寓意老人安详或是主人的清高雅洁……功能相异的天井中总有一方是供所有家庭成员共用，也是最常使用的内部“公共空间”。在这里，人们围着天井起居，隔着天井打招呼，共用的天井打破了房间、进落的区隔，重新提示整体的意义，构成水乡聚落关系网络的基础。

（二）邻里灰空间——家庭关系的社会延伸

邻里灰空间的产生首先源于民居建筑向外部的拓展，在界定内外的相对层次中，表现出包容内外的空间特质[①]。这种灰空间多见于一些人口密度较高的城镇，为合理有效地利用空间资源，以自家建筑伸出的“有”来利用街巷空间的“无”，以居住和交通需要的“有”来柔化邻里社区的“无”。

水乡店铺林立的街道两边，众多小巷弄呈鱼骨状展开，如南浔的花园弄、西塘的石皮弄，同里的穿心弄等，比主街更狭窄，也更为多变，连缀水乡百姓的日常生活。每户人家深深的庭院旁总设有或明或暗的备弄，供内侍穿行，在小巷上开两三侧门，方便出入；三五户人家并连起来成了连续的里弄街坊，街坊和街坊间也须留出长长的通道，一头是大街，一头是市河，这是左邻右舍特意留出的巷道，除了通风、防火，也为不沿街或不临河的住户留出通路。巷子伸到河边，必定设个埠头，是巷子两旁邻里上下船的地方，大大的踏步，方便取水，埠头旁的一小块空地，斜向河面的老树，便是一边洗涮、一边闲话的好地方。

与许多聚族而居的古村落不同，江南水乡的居民结构中的业缘、地缘占据了很大比例[②]。共用巷弄、水埠头的邻里间多套用家庭成员的称呼方式，东家“姆妈” “西家阿婆”，结成家庭关系的外在延伸。梁漱溟以“伦理社会”来总结中国传统社会——“是关系，皆是伦理；伦理始于家

---

① 周浩明. 江南水乡古镇“灰空间”解析［J］，装饰，2007（1）：85.

② 洪亮平. 城市设计的历程［M］. 北京：中国建筑工业出版社，2002.

庭，而不止于家庭……”[①] 对于整个江南市镇，巷弄、水埠头等邻里灰空间不仅在空间结构上，也在社会关系上将一家一户的水乡民居连接成一个情感上的“共同体”，人们在此处行走、纳凉，摆上小桌子吃饭，互相打招呼、说闲话，如大家族般相互守望，对内“公共”、对外“私有”，共享安全和便利。

（三）公共灰空间——公私结合的农商社会网络

公共型灰空间由家庭灰空间和邻里灰空间转化而成，其产生与明清江南水乡“农商社会”[②] 的结构紧密相连。以水上运输为主要交通方式的明清江南，想要出门，一天能够来回的叫作“镇”。因贸易繁盛而自然生长出的江南水乡，是区域交通和贸易系统的中心枢纽，被认为是中国古代真正意义上的城市形态[③]。贸易繁荣的一个结果是陌生人的大量增多，许多供家人邻里和来往商客共同使用的公共灰空间应运而生，从满足私人商业需求的“有”出发，衍生出带有公共性质的“无”。

公共灰空间以廊棚为代表，西塘古镇长达 1000 多米的“烟雨长廊”则最为著名。廊是中国传统建筑元素之一，《园治》曾有“廊者，庑出一步也”的论述，提示廊子与室内构造的关联。西塘的廊棚是沿河街道旁民居或商户建筑的一部分，从街头面延伸至河边，圆木柱支撑着一层斜斜的屋面（即“一落水”），由木质的框架加上毛毡的棚顶构筑而成。其建造起初是居民的自发行为——沿街的店户，为了方便顾客多在店门口加一个店廊，又把货架货摊放到了廊子下，变成了店堂的扩大；一些沿街的住户在门前加一个门廊，利用了街道成为自家的前院，可以为房主用，也为外人用。从使用方式上看，廊棚兼具邻里灰空间和家庭灰空间的双重性质，进而衍生出许多独特的“廊下生活”：天气好的时候，这里光线充足，妇女们喜欢在那里择菜、做针线、洗衣服；天气不好时，小孩子们也愿意在廊下玩耍，充分利用这里遮阳避雨又通风宽敞的自然条件；街坊邻居来了，

---

① 梁漱溟．中国文化要义［M］．上海：学林出版社，1996：76-80.

② 农商社会，是我对宋以降江南区域社会经济的一种近似概括，具有：1. 商品性农业的成长；2. 市镇网络形成；3. 经济成长方式向“斯密型成长”转变；4. 区域贸易、区间贸易和国际贸易扩展；5. 商品经济成分的快速成长等五个主要特征。参见，葛金芳：《“农商社会”的过去、现在和未来——宋以降（11—20 世纪）江南区域社会经济变迁》，安徽师范大学学报（人文社会科学版），2009 年第 5 期。

③ 施坚雅认为中国古代有两种城市：一种是所谓自下而上，因经济行为及人口活动所聚落而成的，是商业型的城市：另外一个是自上而下，行政和军事中枢，如长安、北京，但后一种未必都是城市。参见，叶文心：《都市、大众与文化，姜进主编，都市文化中的现代中国》，上海：华东师范大学出版社 2007 年版。

都愿意在檐廊下闲坐、下棋、饮茶，既有在家中舒适的感觉，又不似在人家室内那样过于封闭和拘束；相邻坐在廊下的街坊甚至不需要到对方家门前就能相互招呼，几家阿婆经常凑在一起逐渐演变出吃“阿婆茶”之类的风俗，轮流做东，表示亲密无隙的姐妹情、街坊谊。

廊棚“公共属性”的生成则更多出于商业功能的需要。早在明代初年，西塘镇已经成为远近闻名的贸易中心集市，明周鼎有《西塘晓市》诗：“千金呈百货，跬步塞齐肩”，描绘市集繁荣景象①。镇上的北栅、南栅、朝南埭、里仁街、小桐圩等各沿河街道都为廊棚覆盖，有廊子的店户比没有廊子的店户肯定顾客要多些，廊棚的建造也更为出色，有翻转轩两层雕刻花纹，更具观赏价值。

招揽生意的需要推动各家廊棚的修建，但廊棚公共转型的关键点在于其最终的“连成一气”。由于沿街很多地方不属于一家一户，为了方便行路人和外来的客商，把廊子连接起来的建造就是全镇的公益行为，在当地要有人出资金，有人出面筹办，是利人不利己的集体行动。有了贯通的廊棚，沿河的商店就可以全天候营业，晴天不打伞，雨天不湿鞋。当地的商业闹市一向流传着“晴天塘东街，落雨北栅南棚下”的说法，因贸易和生活交往的需要而产生的廊棚，进一步提高了街巷商业的整体竞争力和居民的自豪感。

综上所述，江南水乡三种类型的灰空间不仅在空间结构，而且在社会关系、意义体系等多个层面，将整个市镇连接为一个家庭-邻里-社会的有机整体。2003年江南水乡获得联合国遗产保护大奖的重要原因，就是其作为一座生活型聚落的“群”的特征②，在此之中，“半私人/半公共”的灰空间发挥了最主要的媒介功能。

二、群己关系——从“共用”到“共生”的内在机制

以灰空间联结而成的水乡市镇，本质上是一幅多元融合的沟通交往网络，反映着这一中国城市社会形态特有的“群己关系”模式。与传统农业社会相对封闭、注重等级的“整体主义”不同，水乡灰空间承载的“群

① 嘉善县志编委会．西塘镇志［R］．北京：新华出版社，1994.

② 《同济大学建筑与城市规划学院教授阮仪三荣获联合国2003年度“亚太地区文化遗产保护杰出成就奖”》，《同济大学学报（社会科学版）》2003年第6期。

己”关系具有更大程度的“主体间性”，即保存了一定程度的“私”，也融合出更为包容的“公”，标志着中国古代城镇现代性的开端。

在哈贝马斯的交往哲学中，主体间性是指主体与主体之间的相互性和统一性。在日益复杂的现代社会，主体间性强调各主体之间的相互理解与沟通，以实现认同与达成共识，是构成多元主体间有效交往的基础①。水乡灰空间中，多元主体在形成对特定灰空间“共用”共识的同时也产生了一定程度的主体间性，在实现和延续交往的过程中促进了水乡内外的多元共生。

（一）有无相生与主体生成

主体的确立是主体间性对话和交往的基础。相比于西方哲学对“个体”的主体地位的强调，水乡灰空间以小家庭为最主要的本地交往单元。这种单元的形式使个人损失了一定程度的自主性，但为交往中的个人提供了身份（如“老三家的孩子”“张家媳妇”等）和交往模式——与“老三家”或“张家人”的沟通交往形成的是与其小家庭整体的关系。小家庭是灰空间中交往活动的内在语境，提供信任基础和意义框架，由此而产生的生活化特征也是水乡灰空间区别于西方公共场所的一个主要差异。

中国传统社会历来有着“家国同构”的组织逻辑，小家庭是这幅谱系中的最基本单位②。江南水乡合院式的住宅以“间”为基本单位，各个院落以进深和一道道门隔开按照长幼排序，但也给予了小家庭以相对隔离的自主性。在此基础上，多种类型的灰空间则从变通的需要出发，既是小家庭展开交往的场所，也是小家庭与自然和社会交往的方式。如前文所述，水乡灰空间是在“有无相生”的原则下构筑生成，其中的“有”从动机和情感上赋予了小家庭以主体地位。在与自然的关系上，虽然传统“天人合一”的栖居观有利于应对全球生态危机的加剧，但也一直受到如“缺少一个以主客二分和主体性思想为主导原则的阶段，因而缺少科学与民主精神”③ 等类似的批评。与对自然的盲目顺应不同，江南水乡灰空间中的“天人合一”从人性中对自然的超越和回归的基本需要出发，以披檐、天井、回廊等构件的主动建造实现对自然的利用，而“借景造园”“以园明志”的生活美学则进一步展现了居住者主体性的生成④。

---

① 哈贝马斯．交往行动理论（中译本）［M］．重庆：重庆出版社，1984：111.

② 杜正胜．中国式家庭与社会［M］．合肥：黄山书社，2012：19.

③ 刘立夫．“天人合一”不能归约为“人与自然和谐相处”［J］．哲学研究，2007，（2）.

④ 李泽厚．关于主体性的补充说明［J］．中国社会科学院研究生院学报，1985（1）：20.

社会关系的建立上，杨·盖尔认为，进入公共空间停留或与人交谈需要相应的动机和需要作为支撑，小家庭因拓展室内空间和沟通交往（交通、交易或交谈）需要的“有”赋予其出现在灰空间中的“动机”，其所从事的必要性活动则是促成场所中自发性活动和社会性活动的基础①。与此同时，家族内部原有的关系模式又赋予灰空间以情感上的象征关联。舒尔茨认为，场所中的“认同感”能使人体验到“在家”的感觉②。水乡的灰空间则是通过“在家”的感觉来增强对灰空间场所本身的认同。“举整个社会各种关系一概家庭化之，务使其情益亲，其义益重，无形中成为一种组织”③，尤其是在公共灰空间中，“家庭-社会”的交往模式是水乡市镇“私人—公共”领域最主要的连接方式。

（二）“共用”共识与主体间性的促成

水乡灰空间的“私有”性质增强了人们在灰空间中的领域感。由于场所的“边界效应”，领域感越强，停留概率越大④，交往主体的“共在”为进一步的沟通交往提供了可能，但主体间性产生的关键则在于对灰空间的“共用”共识的形成。

主体间性产生的基础既要有分化的主体，又要有“他者”的存在，其生成需要主体之间实现“相互认同，相互认识和承认，但同时能在交往中又相互保持距离，并且任何一方都不可能拥有特权”⑤，江南水乡异质化的居民结构和大量陌生人的存在为灰空间的使用提出了规范要求。家族内部，各户小家庭在就近、平均的原则下共用一方天井，除了转脚、柱、庭内外高差等一系列元素自然充当起界限范围的标识外，还存在着“隐匿的界限和尺度”，强调各自的领域。邻里灰空间中，如巷弄、水埠头必须不单独属于“一家一户”，灰空间“半公共”的意义才能得以维系。而在公共灰空间中，虽然各家各户与来往商客共用廊下空间，但通过廊下、外墙、大门等有形和无形的布局来界定交往与居住的次序结构——既要限制公共生活对私人生活的无限介入，又要杜绝私人生活对公共空间的绝对占用。当对一方廊棚“共用”共识在各主体间达成，灰空间场所精神中所需

① 扬·盖尔．交往与空间［M］．北京：中国建筑工业出版社，2002.

② 诺伯格·舒尔兹．场所精神——迈向建筑现象学［M］．施植明译．台北：田园城市文化有限公司，1995：21.

③ 同上，P80。

④ 余抒蔚．交往空间——“边界效应”及其充分条件［D］．北京：中国美术学院，2010：4.

⑤ ［德］哈贝马斯．认识与兴趣［M］．郭官义，李黎译．北京：学林出版社，1999：151.

的“主体间性”也就随之生成。

主体间性的多元交往逐渐培养出水乡居民的公共意识。在西塘人眼中，自家门前的廊棚已经具有了部分“公共”的特征，没有人会把自己建造的廊棚视为“己”有，房屋搬迁，也不会把廊棚拆除；如果廊棚漏了，破了，不用督促，各家各户都会自觉把它修好。人们在临河外侧铺设供人休憩的“吴王靠”，并为连成一气的廊棚起了一个共同的名字：烟雨长廊。费孝通认为中国传统社会所有的社会道德也只在私人联系中发生意义，从私的立场上，甚至可以损害公①。但在公共灰空间中，陌生人与当地居民同样享有活动和交往的权利，公共的道德超越了私人的界限，衍生出特有的公共生活。由于缺乏对社交空间和开放空间的普遍认同，廊事实上成为极为重要的公共活动场所，这种半私人半公共的社会交往模式在当地许多社会场所中均有呈现。曾随水乡农商贸易一并繁盛的各色茶馆，既为街坊邻里提供评事理、“吃讲茶”的场所，又为往来商客、四乡农民、渔民打听本地集市行情提供方便，甚至一度催生出“业、蚁、催、数”以贸易、信息往来为本的四种职业。上海县城的米价要根据集镇朱家角的行情上下浮动②，商客们选择茶馆是因为这里既能了解乡情又可联络四方，成为水乡内外“公私相成”社会网络结构和交往方式的典型特征。

（三）场所媒介与多元共生

黑川纪章认为，亚洲蜿蜒曲折的街道在保护隐私的同时还具有适度的开放性，走在街上和待在家中的人可以不经意地感受到对方的存在是达成共生的条件③。以此为视角，江南水乡多种类型的灰空间便是这样一种“中间领域”，但其意义不仅促成了空间上的“共在”，而且还有利于建构社会关系和社会意义层面的多元共生。

所谓共生，在黑川纪章看来，就是一种流动着的和解状态④。在以灰空间为场所媒介的江南水乡，“家庭”与“社会”“内”与“外”“私”与“公”在领域、意义、功能上的和解则是水乡市镇共生的最主要特征。这种共生的社会结构更适合于高度个体化、“异质价值密集”的现代城市社会。相比于传统社区要求的封闭性和同质性，现代城市共同体不需要整齐划一，但是更需要包容与共存，保证多元参与者的安全感和自我认同的稳

---

① 费孝通．乡土中国［M］．北京：北京大学出版社，1998：36-30.

② 王海冬．回眸青龙翱翔：青浦卷［M］．上海：上海百家出版社，2010：7.

③ 黑川纪章．新共生思想［M］．覃力等译．北京：中国建筑工业出版社，2009：62.

④ 同上，P195。

定性。同样，作为社会存在的纽带，现代城市中传播交往的意义和功能也不仅在于社会整合，而且在于高度聚集的异质个体间多元认同的价值传递[①]。尽管许多既有的关于中国文化的论述中认为“公”的价值要远远高于“私”的需要，但“私”是人类整体的普遍性[②]，对“私”的尊重是对人的本性的顺应和尊重。水乡灰空间的共生意义尤其在于其对“私”的维护和对“家”的文化的发扬，从而有助于保持各交往主体的安全感和地方认同。

传统江南水乡“公私相生”根植于亚洲的文化传统，并从“私”领域实现了向“公”的拓展——其共生的意义不仅在于个体和家庭层面，还在于对于城镇整体意义上的和谐与活力[③]。较长时间的户外逗留意味着富于活力的住宅区和城市空间[④]，在此基础上，交往主体间的相互理解和共享经验则有利于进一步“将众多主体连接起来，形成一个意义的世界”[⑤]。顾炎武有云，“善为国者，亦惟合天下之私，以为天下之大公”[⑥]。以灰空间为媒介而实现的这种多层次的社会聚合机制，在个体化趋势日益显著的当代中国具有显著的社会价值。

三、家的隐退——今日水乡灰空间的变迁与困境

进入近代，江南传统的农商经济被打断，众多水乡市镇从原来的区域中心一度沦落为陆路交通不便的穷乡僻壤，或者是凭票进入的“景区孤岛”，人口结构中的“空心化”和“外来化”日趋严重。在此背景下，原有的灰空间也发生了剧烈变迁。

（一）关上门就不吵了——家庭灰空间的减少

随着人口结构和交往模式的变迁，水乡市镇的空间布局和功能也发生了大幅改变。古镇开发前，大量公共建筑和园林被改为单位、工厂用地，

---

① 孙玮．作为媒介的城市——传播意义再阐释［J］．新闻大学，2012，春季刊．

② 哈贝马斯．在规范和事实之间［M］．童世骏，译．北京：读书·生活·新知三联书店，2003：367.

③ 罗伯特·帕特南．使民主运转起来［M］．王列，赖海荣译．南昌：江西人民出版社，2001：354.

④ 扬·盖尔．交往与空间［M］．北京：中国建筑工业出版社，2002：83.

⑤ 哈贝马斯．交往行动理论（中译本）［M］．重庆：重庆出版社，1984.

⑥ 顾炎武．郡县论五［M］//王春．新编日知录．兰州：兰州大学出版社，2005.

许多原本一家一户的合院式民宅也被迫同时容纳了多户人家，功能的转变和承载量的增加使建筑物的增建和改建十分普遍。即便是遗产保护工作开启之后，除保护建筑范围之外，传统建筑逐渐被新建民房所取代。保护区内，传统的建筑风格在“修旧如旧”的程度下得以虽大限度的保留，然而在保护区外，由于大量明清建筑年久失修且内部结构已不适应现代生活方式的需求，相当大的部分已经被拆除重建。重建后的建筑大多以前院后楼为主，毗邻街道的已不是建筑而是各家的前院，原有的空间形态发生大幅改变。

与空间变迁相伴发生的是水乡原有的“家”文化的日渐衰落，人的个体化带来家族内部关系结构的变迁，以年轻人为主体的文化价值取向和年轻人的大量外流对水乡文化活力的延续提出了挑战。人口结构中出现明显的“空心化”和“外来化”趋势。首先，游客取代居民成为公共空间行为的主体，每天早上 8 点至下午 5 点，是水乡最热闹的时段，河道、街道、水埠、桥头处处游人如织，当地居民吆喝、叫卖，完全以游客为中心；其次，随着外地私营业主逐渐进入古镇，保护区内相当部分的店面由外地人经营，他们中许多并不居住在古镇之中（每天从周边地区来此工作），也并不都能真正认同和习惯原有的传统水乡生活习惯，对于古镇公共空间的认知和使用也与当地居民不完全相同。由于商业利益的驱使，古镇内的公共空间大都被改为商业用途，沿河茶座比比皆是，人流熙熙攘攘时便顿觉拥挤，破坏了原有的街道空间序列，打扰了水乡居民正常的生活起居，令他们关紧大门。一旦不再贯通，即使仍有廊棚、披檐，灰空间的场所精神便已不复存在。被迫关上的大门阻隔了外界的喧闹，也阻隔了水乡居民之间以及居民与外界的交往与情感关联。

（二）新廊棚、新水乡——商业灰空间的符号借用

随着城市化和现代化进程的加快，“时尚元素”侵入古镇，古镇居民以水龙会、灯会、香市节、古戏、皮影戏、龙船、庙会等为主的传统休闲活动和节庆转变成以卡拉 OK、酒吧、上网、逛街、打牌、散步、麻将等迎合外来游客的消闲方式为主。传统文化因子正逐步淡出，如走三桥、桐乡花鼓戏、乌镇拳船等民俗大都变为单纯为招徕、愉悦游客的商业行为，而不再是居民传统活动的有机组成部分。切断了水乡与历史、与生活本身的对话，所谓的“水乡风情”的旅游项目因此沾染上了表演的嫌疑。

除了遮风避雨和扩展活动空间，灰空间的文化表意功能在以提供休闲

体验而非货品贸易为主业的今日水乡获得更大的发挥。现代消费社会，任何一件事物要成为商品，首先需要被“符号化”，游客与目的地社区之间首先存在的是商品的交易关系，交易的内容不仅在于实物层面的旅游商品，更在于水乡古镇整体的场所精神，包括具体的空间形态的完整保存和特定活动以及场所体验等无形成分。为了提供更充分的符号体验，廊棚、披檐等外在可视的公共灰空间作为水乡风情的代表被广泛运用。20 世纪 90 年代周庄开展旅游业的早期，许多居民就联合建议重新修葺凋敝的廊棚，找回“水乡的样子”。2000 年以后，越来越多的水乡古镇在之前没有廊棚的街道和新开设的店铺前修建廊棚，以“统一风格”、招揽顾客。从建筑形态上，大多数这类新建造的廊棚并不是沿街店面的延伸，也并不承载商户居住和邻里交往的功能，抽离了原有的生活意义，样式统一的廊棚虽然也方便了商家与游客之间的沟通交往，但还是有损于对于原有江南水乡人情味的知觉体验。

四、结语：保护人情味——江南水乡灰空间的社会价值

灰空间的变迁是江南水乡整个社会形态转型的缩影，生活功能的退化反映出商业活动对居民私领域的入侵和江南水乡整体保护所面临的困境。王安忆在《江南物事》中曾写到江南水乡特有的生活氛围和归属感让她难以忘怀：“江南小镇的亦静亦闹，可以疗治虚无的病症，药方就是生活……”这种亲切、平和的场所感受，源于水乡古镇人性化的尺度和“可进入”的灰空间及其所承载的社会网络。无论对居民和游客，灰空间所提供的混沌状态，都柔化了其各自原有的行为边界，使游玩行为与居住行为在这种作为“媒介”的空间设置中发生融合，产生社会交往的可能。失去了对灰空间中居民私领域的维护，人与人之间失去了知觉和情感上的归属，江南水乡特有的“群”的特性和多元共生的社会网络也势必会受到损害。近年来我国的城市公共空间、住宅空间、商业空间的设计和营销中也逐渐有使用“灰空间”的案例，但有些设置的利用率也并不理想，片面注重灰空间“半室内/半室外”特征，而没有给这些灰空间注入“半私人”的特质，是人们较少停留的一个主要原因。以空间联结的方式促进城市中个体化的陌生人之间的交往，需要顺应我国市民自身的空间使用文化，才能够充分发挥空间交往应有的社会整合功能。

参考文献：

[1] 刘能．艾滋病、污名和社会歧视：中国乡村社区中两类人群的一个定量分析，社会学研究，2005，(6)：136-164.

[2] Goffman. E. Stigma：Note on the management of spolled identity [M]. New York：Simon&Schuster，1963.

[3] 管健．污名的概念发展与多维度模型建构 [J]．南开学报，2007，(5)：126-134.

[4] Link，Bruce G. and Jo C. Phelan，Conceptualizing Stigma，Annual Review of Sociology，2001：27.

[5] 彼得·伯格，托马斯·卢克曼．现实的社会建构 [M]．北京：北京大学出版社，2009.

[6] 邱林川．多重现实：美国三大报对李文和的定型与争辩 [J]．新闻与传播研究，2002，(1)．

[7] Entman. R. M. Framing：Toward clarification of a fractured paradigm [J]．Journal of Communication，1993，(4)：51-58.

[8] 袁艳．“城中村”的媒介话语建构 [J]．新闻大学，2007，(1)：20-27.

[9] 李洪涛，乔同舟．污名化与贴标签：农民工群体的媒介形象 [J]. 二十一世纪，2005，(7)．

[10] 詹小路，李欣．弱势群体的媒介形象——以“城市畸零人”农民工为例 [J]．当代传播，2012 (6)：39-41.

[11] 刘能．艾滋病、污名和社会歧视：中国乡村社区中两类人群的一个定量分析 [J]．社会学研究，2005，(6)：136-164.

[12] 景军．艾滋病谣言的社会渊源：道德恐慌与信任危机 [J]．社会科学，2006，(8)．

[13] 燕道成，黄果．污名化新闻报道对网游青少年的形象建构 [J]．国际新闻界，2013，(1)：110-117.

[14] 匡文波．网络非理性情绪的产生、蔓延与应对策略——关于城管执法问题的网络舆情分析 [J]．学术前沿，2013，(9)：72-79.

[15] 季兴帅．网络媒体对城管形象的构建——基于《华商网》的定量分析 [J]．今传媒，2012，(2)：92-93.

[16] 本研究选取的 20 家纸媒包括：中央党报（人民日报、光明日报)、地方党报（解放日报、文汇报、广州日报)、都市报（北京：北京晚报、北京晨报、北京青年报、新京报；上海：新民晚报；广州：南方日

报、南方周末、南方都市报、羊城晚报；天津：今晚报；深圳：深圳晚报；成都：成都商报；西安：华商报；武汉：楚天都市报；济南：齐鲁晚报）.

[17] 李彪. 舆情：山雨欲来——网络热点事件传播的空间结构和时间结构 [M]. 北京：人民日报出版社，2011：76.

[18] 匡文波. 网络非理性情绪的产生、蔓延与应对策略——关于城管执法问题的网络舆情分析 [J]. 人民论坛·学术前沿，2013，(9)：72-79.

[19] Entman. R. M. Framing：Toward clarification of a fractured paradigm [J]. Journal of Communication，1993，(4)：51-58.

[20] 袁艳. "城中村"的媒介话语建构 [J]. 新闻大学，2007，(1)：20-27.

[21] 臧国仁. 新闻媒体与消息来源——媒介框架与真实建构之论述 [M]. 台北：三民书局，1999：6-18.

[22] 谢耘耕，王平. 从"金庸去世"看微博假新闻的传播与应对 [J]. 新闻记者，2011，(1). 15-18.

[23] See Todd Gitlin. The Whole World Is Watching：Mass Media in the Making and (Un) making of the New Left [M]. Berkeley：University of California Press，1980：6.

[24] 张潮，黄超. 新闻媒体对"官二代"的话语建构——对33家代表性报纸相关报道的内容分析 [J]. 新闻记者，2013，(3)：39-44.

[25] 许燕. 以近年热点事件及其应对为例看中国社会各阶层媒介话语重构（下）[J]. 新闻大学，2013，(1)：60-68.

[26] 曾庆香. 新闻话语中的原型沉淀 [J]. 新闻与传播研究，2004，(2)：66-72.

[27] 张潮，张洁. 社会现实、集体记忆和标签化报道的互动："官二代"媒介形象的建构及其成因（2009—2012）[J]. 湖南师范大学社会科学学报，2013，(6)：133-142.

[28] 格雷姆·伯顿. 媒体与社会：批判的视角 [M]. 史安斌，译. 北京：清华大学出版社，2007：297.

[29] 廖志坤. 论负面新闻的适度传播 [J]. 湖南师范大学社会科学学报，2013，(5)：131-137.

[30] 道格拉斯·凯尔纳. 媒体奇观：当代美国社会文化透视 [M]. 史安斌，译. 北京：清华大学出版社，2003：2.

[31] 冯莉. "富二代"媒介形象建构研究 [J]. 新闻记者，2012，

(2)：47–52.

[32] 董小玉，胡杨．风险社会视域下媒介污名化探析［J］．当代传播，2011，(3)：41–43.

[33] 陈绚．大众传播伦理案例教程［M］．北京：中国人民大学出版社，2012：75–77.

[34] 陆晔，潘忠党．成名的想象——中国社会转型过程中新闻从业者的专业主义［J］．新闻学研究，2002，(4)：71.

[35] 吴飞．新闻专业主义研究［M］．北京：中国人民大学出版社，2009：40.

[36] 陈力丹．新闻理论十讲［M］．上海：复旦大学出版社，2008：69.

[37] John Wilson. Understanding Journalism：A Guide to Issues［M］. London：Routledge，1996：45.

[38] 杜建华．风险传播悖论与平衡报道追求——基于媒介生态视角的考察［J］．当代传播，2012，(1)：67–70.

编后记

由安徽大学舆情与区域形象研究中心、安徽大学舆情与区域发展协同创新中心共同主办的“舆情与社会发展论坛”，今年已经是第二年了。从今年开始，我们尝试将论坛的论文集与安徽舆情年度报告分开，并分别结集出版。

今年我们论坛的主题是“区域·媒介·舆情：转型中的城市发展”。之所以确定这个主题，是因为当下中国社会正在经历深刻的变化，技术进步带来的媒介革命、社会转型导致的利益分化、市场经济的发展带来的全球化与多元社会思潮，促使社会舆论呈现异彩纷呈的景象。加之中国正在经历工业化、信息化、城镇化的发展历程，转型中的城市业已成为新闻传播学研究的天然“实验场”。我们希望达至的境界是：立足于全球化的视野，观瞻区域化的发展态势；立足于区域视角，探寻城市发展的在地路径。因此，基于区域、媒介、舆情的三个维度，反思中国发展与社会交往方式的变化，对于我们研究舆情与社会具有积极意义。

本次论坛吸引了来自中国人民大学、中山大学、中国传媒大学、重庆大学、香港中文大学以及安徽大学等十余所知名高校的专家学者参加，收到来稿90余篇。经过评审组严格的匿名评审，本着精益求精的原则，我们遴选出22篇论文入围宣讲，分四个专场讨论和学术分享。总结本届舆情与社会发展论坛，大略有以下三个突出特点：

一是论坛的主题新。论坛主题紧握时代脉搏，紧扣舆情研究前沿话题。论坛就新媒体与公共空间、转型期社会的媒介表达与舆论引导、互联网时代下舆情治理与社会治理、网络群体性事件的应对、地域形象的媒介呈现等议题展开了广泛与热烈的讨论。

二是论坛的活动新。本次论坛在第一届论坛成功举办的基础上，增设了案例分享环节，并设置了“2014安徽舆情与社会热点研讨会”的分论坛，力图为舆情业界与学界的朋友们搭建一个交流学习、互相借鉴的平台。

三是论文的质量优。入选的22篇论文，都经过了严格的匿名评审，这些论文视野广博，方法新颖，角度独特，内容多样，体现了我们举办这个论坛的基本初衷：“理论视野，现实关怀，规模控制，质量为先。”

安徽大学舆情与区域形象研究中心成立三年来，围绕网络舆情的监测与研判、社情民意的调查与研究、区域形象的呈现与建构三个方面，我们做了不少工作，下了不少苦功，也产出了一批具有较高质量的学术论文和研究报告。但我们知道，本中心与国内一流研究机构的目标尚有不小的差距，我们将继续努力，也恳请学界同人、业界朋友继续支持和帮助本中心的发展。我们愿意与社会各界携起手来，共同为促进我国的舆情研究与经济社会发展献计献策，发挥学界应有的作用。

刘 勇①

2014年12月初稿，2015年6月改定

① 作者系安徽省人文社科重点研究基地——安徽大学舆情与区域形象研究中心执行主任；安徽大学舆情与区域发展协同创新中心执行主任；安徽大学新闻传播学院副院长，副教授。

图书在版编目（CIP）数据

舆情与社会发展论坛（2014）论文集/芮必峰主编．—合肥：合肥工业大学出版社，2016．4

ISBN 978－7－5650－2729－1

Ⅰ．①舆…　Ⅱ．①芮…　Ⅲ．①舆论—中国—文集②社会发展—中国—文集　Ⅳ．①C912．63－53②D668－53

中国版本图书馆 CIP 数据核字（2016）第 084491 号

舆情与社会发展论坛（2014）论文集

芮必峰　主编　　　　责任编辑　张　慧

出　版	合肥工业大学出版社	版　次	2016 年 4 月第 1 版
地　址	合肥市屯溪路 193 号	印　次	2016 年 7 月第 1 次印刷
邮　编	230009	开　本	710 毫米×1010 毫米　1/16
电　话	人文编辑部：0551－62903205	印　张	18．75
	市场营销部：0551－62903198	字　数	321 千字
网　址	www．hfutpress．com．cn	印　刷	安徽昶颉包装印务有限责任公司
E-mail	hfutpress@163．com	发　行	全国新华书店

ISBN 978－7－5650－2729－1　　定价：40．00 元

如果有影响阅读的印装质量问题，请与出版社市场营销部联系调换。